21 世纪全国高职高专公共课规划教材

公共关系理论、实务与技巧

韩宝森　编著

北京大学出版社
PEKING UNIVERSITY PRESS

内 容 简 介

全书共分 14 章，比较全面和系统地介绍了公共关系的基础知识、基本理论、一般程序和公共关系的实务知识。全书兼顾基本理论和实际应用，同时配备了大量的经典案例、知识拓展的公关视角和富有启发性的思考题，既有利于学生轻松愉快地掌握公共关系理论和知识，又有利于学生在情境模拟中增强公共关系实战的能力和水平。

本书可作为高职高专财经、管理、服务类专业学生的专业基础课教材，也可作为其他专业的公共基础课或选修课教材，同时也适合各行各业管理者、从事公共关系工作的人员及公共关系爱好者自学和阅读使用。

图书在版编目(CIP)数据

公共关系理论、实务与技巧/韩宝森编著. —北京：北京大学出版社，2009.8
（21 世纪全国高职高专公共课规划教材）
ISBN 978-7-301-15345-1

Ⅰ. 公… Ⅱ. 韩… Ⅲ. 公共关系学－高等学校：技术学校－教材 Ⅳ. C912.3

中国版本图书馆 CIP 数据核字（2009）第 095090 号

书　　名：公共关系理论、实务与技巧
著作责任者：韩宝森　编著
责 任 编 辑：邱　懿
标 准 书 号：ISBN 978-7-301-15345-1/D・2326
出　版　者：北京大学出版社
地　　址：北京市海淀区成府路 205 号　100871
网　　址：http://www.pup.cn
电　　话：邮购部 62752015　发行部 62750672　编辑部 62765126　出版部 62754962
电 子 信 箱：xxjs@pup.pku.edu.cn
印　刷　者：北京飞达印刷有限责任公司
发　行　者：北京大学出版社
经　销　者：新华书店
787 毫米×980 毫米　16 开本　17.75 印张　377 千字
2009 年 8 月第 1 版　2017 年 7 月第 5 次印刷
定　　价：30.00 元

前　言

公共关系是现代经济社会发展的产物，它的出现又推动了现代经济社会的发展。随着我国市场经济的发展和经济环境的完善，公共关系越来越以它独特的魅力受到社会各界的普遍重视和各类组织的广泛应用。学习公共关系理论，应用公共关系技术，已经成为了社会组织处理好各种复杂社会关系，提高经营管理水平和决策能力，谋求生存和发展的重要手段。公共关系为社会组织塑造出了良好的形象，创造出了和谐的发展环境，并推动着整个社会的不断进步。在我国构建“和谐社会”的今天，公共关系显得尤为重要。

在当今社会实践中，由于缺乏适当的公共关系理论的指导，一些社会组织和公共关系人员存在着对公共关系理论的不当运用，从而不能有效发挥组织潜力，实现组织目标。笔者认为一本好的公共关系学教材应该是既能坚持理论联系实际，让学生更多地接触公共关系实例，拓展他们的视野，以提高其实际应用能力；又能符合启发式教学要求，善于提出问题，并引导学生进行深层次的思考和分析研究，以培养他们的创新意识和能力；同时为学生创造更多的模拟情景，让学生在身临其境地处理公共关系问题的过程中深化对理论的理解。本书正是为了适应这些需要而编写的。

本书着力体现行动导向的高职教育理念，本着“够用为度，实用为主”的原则，从理论和实践上系统阐述了公共关系的基本理论、方法和技巧，力求构思新颖、结构严谨；重点突出、内容简练；通俗易懂、注重实用。特别是书中大量的经典案例、知识拓展的公关视角和富有启发性的思考题，既有利于学生轻松愉快地掌握公共关系理论和知识，又有利于学生在情境模拟中增强公共关系实战能力和技巧，使学生对内容的掌握更为深刻和全面。

本书在写作过程中，参阅了大量的国内外相关著作和资料，借鉴了有关教材的研究成果，由于篇幅有限未能一一列出，恳请各位编著者见谅。同时，本书也得到了出版社编辑给予的极大帮助与支持，在此一并表示衷心的感谢!

由于编者学术水平有限，编写时间仓促，书中疏漏和不当之处在所难免，真诚希望学界同行与读者提出宝贵的意见，使本书能不断完善。

编　者

2009 年 5 月

目　　录

第 *1* 章　公共关系概述

学习目标

- 了解人类早期公共关系的萌芽。
- 熟悉现代公共关系产生和发展的社会条件。
- 认识现代公共关系在中国发展的历程。
- 理解公共关系的含义和构成要素，把握公共关系的特征。
- 掌握公共关系的目标和职能。

导入案例

北京申奥成功——中国公共关系工作的精彩展示

2001 年 7 月 13 日，一个令整个中华民族都感到振奋和难忘的时刻终于来到了，中国北京获得了 2008 年第 29 届夏季奥运会的主办权。为了这一天，中国国际公共关系协会（CIPRA）以及中国公关界的同仁付出了巨大的努力。

在北京申奥期间，CIPRA 依托其海外资源，凭借大量的与国外企业界、政府界以及媒体的交流与合作机会，不断地将北京申奥的有利条件以及在中国举办 2008 年奥运会对弘扬国际奥林匹克精神的重大意义渗透到世界各地尤其是西方社会。在 CIPRA 工作的影响下，不少世界知名企业家直接与本国国会对话，盛赞中国的投资环境和经济形势，陈述在中国举办奥运会的利害关系，并抵制国会中个别议员的反华提案。

2001 年 5 月 15 日，北京、巴黎与多伦多 3 个城市申奥的竞争已到白热化阶段，CIPRA 召集爱德曼、安可、伟达、宣伟、福莱灵克等著名国际公关顾问公司在京的负责人商讨对策，各公关公司表示：他们会从北京市好市民的角度出发积极参与北京申奥，尽管各公司在商海互为竞争对手，但面对北京申奥，愿在 CIPRA 的领导下，不计商业利益，发挥各公司所长，携手为北京申奥的最后阶段作贡献。

北京申奥的成功也是中国公共关系工作的一次里程碑式的胜利，这一胜利也标志着中国的公共关系开始走向成熟，同时也是中国公共关系工作在世界舞台上的一次精彩展示。

公共关系是现代经济社会发展的产物，它的出现又推动了现代经济社会的发展。随着我国市场经济的发展和经济环境的完善，公共关系越来越以它独特魅力的受到社会各界的普遍重视和各类组织的广泛应用。学习公共关系理论，应用公共关系技术，已经成为了社会组织处理好各种复杂社会关系，提高经营管理水平和决策能力，谋求生存和发展的重要手段。公共关系为社会组织塑造出了良好的形象，创造出了和谐的发展环境，并推动着整个社会的不断进步。

1.1 公共关系的起源与发展

公共关系是一门既古老又年轻的学科，自人类社会产生以来，公共关系活动和思想就一直存在，但它是自发的和盲目的，当时人们并没有意识到它就是公共关系，是后人用现代公共关系的眼光去审视历史而得到的结论。现代意义上的公共关系及其理论，直到 20 世纪初才开始在美国出现，公共关系的相关理论和技巧在中国的广泛传播和运用只有近 30 年的时间，但是公共关系作为一种客观存在的社会关系和一种思想与活动方式却有着久远的历史。

1.1.1 公共关系的萌芽

纵观历史，公共关系的源头可追溯到古代社会人类文明的发源地——古埃及、巴比伦、波斯和中国。当时的统治者虽然更多的是依靠国家机器——军队、监狱等暴力工具来维护他们的统治，但也运用舆论手段处理与民众的关系。这些古代的帝王、政府都曾动用大量的金钱和人力去建寺院、陵墓、写赞美诗，为自己树碑立传，用精湛的艺术手法描述他们的英雄业绩，树立统治者的声誉，宣扬自己的伟大和神圣的身份，可见当时他们也已注意到公共关系对统治国家的重要作用。

考古学家发现，早在公元前 1800 年，伊拉克政府就发布农业公告，告诉农民如何播种灌溉、如何对付地里的老鼠、如何收获庄稼等，这与现代社会中某些农业组织公关部的宣传材料很相似。

古希腊时代的城邦制，促进了公民意识和民主思想的发展，民主政治导致公众代表会议和陪审团制度的形成，它为公众表达自己的意见提供了一个舞台，而这种变化所产生的舆论导向在当时有着非常大的影响。例如，公元前 4 世纪，著名的学者亚里士多德运用严谨的思维逻辑和科学的方法写出《修辞学》，强调语言修辞在人际交往和演讲中的重要性，并提出修辞是争取和影响听众思想和行为的艺术。古罗马的独裁统治者恺撒就精通沟通技术。面对即将来临的战争，他通过散发各种传单来展开大规模的宣传活动，以便获得人民的支持。他办起了世界上第一份报纸——《每日纪闻》，来做为自己和臣民的沟通工具，他还专门请人写了一本记录他战绩的纪实性著作《高卢战记》，使他得到了古罗马人的拥戴。这些活动，堪称古代社会公共关系实践活动的典范。

中国古代十分强调争取“民心”在事业成功上的必要性。取信于民就成为中国古代争取民心的一种常用的方法。孔子认为，人际交往要讲求诚信，即“言而有信”，并提出“人而无信，不知其可也”。对国家而言则是“民无信不立”，即国家如果失去了人民的信任则无法生存下去。这种主张与公共关系中讲求诚信的原则也是一致的。孔子的核心思想之一是“仁”，即仁爱、爱人。主张施惠于民，以教育说服人、感化人。他提倡“和为贵”，认为人际交往中要做到“己所不欲，勿施于人”，表达了一种为他人着想的原则。孟子认为：“天时不如地利，地利不如人和”。这里所说的“人和”，是指人与人之间的协调关系。孟子把追求“人和”，创造一个良好的人事环境与组织环境放在首要地位，恰恰与现代公共关系活动遵循的基本原则和追求的美好目标相一致。正因为如此，有的人把公共关系称为一种追求“人和”的艺术。墨子主张“兼爱”、“非攻”，强调与人为善的指导思想。孙子兵法中有“攻城为下，攻心为上”的说法，推崇“不战而屈人之兵”，诸葛亮七擒孟获的故事也是古代人看中对人心的征服的典型例证。

到了明清时期，公共关系思想开始进入商业活动中。例如，酒店门口悬挂的写着“酒”的旗帜，店铺门上的“百年老店”招牌，人们经商活动中遵循的“和气生财”准则，都是公共关系思想在商业活动中的运用。到了这一时期，人们甚至还有了朦胧的形象意识，已经懂得良好的企业（店铺）名称对顾客的正面影响。

综上所述，无论中外，在历史上都可以找到大量类似现代公共关系的思想和活动。但是，不能把这些带有一定“公共关系”色彩的思想和活动与现代意义的公共关系等同起来。原因是，首先，从自觉程度来看，当时人们所开展的各种沟通、协调活动带有明显的自发性和盲目性，并不是目的明确的自觉的传播活动。其次，从其发挥作用的社会领域和范围来看，由于当时社会生产力相对低下，经济发展水平较低，社会经济关系相对简单。因此，人类早期的“公共关系”活动主要发生在政治、军事领域，带有强烈的政治色彩和伦理色彩。因此，这种早期的“公共关系”思想和活动只能定位为“类公共关系”或“准公共关系”。

1.1.2 现代公共关系的产生与发展

现代公共关系是在特定的社会政治、经济、文化、科技等条件下产生的，并随着这些社会历史条件的变化而不断发展。

1. 现代公共关系产生和发展的社会条件

现代公共关系产生于19世纪末20世纪初的美国。1903年，艾维·李开办了第一家宣传顾问事务所，使公共关系成为一门职业；1923年，爱德华·伯内斯完成了被称为公共关系发展史上“第一个里程碑”式的专著《舆论明鉴》（又译为《舆论之凝结》），同时，他在纽约大学开设公共关系课程，使公共关系逐渐发展成为一门新的学科。那么，为什么现代公共关系产生于美国呢？这与当时美国的社会政治、经济、文化、科技等因素是分不开的。

（1）现代公共关系产生的政治原因——民主政治

从人类社会制度发展看，公共关系的产生是社会民主化发展的必然产物。从封建制度向当代民主制度过渡，是一场深刻的社会变革，也是公共关系产生的重要政治前提。民众社会地位提高，公众队伍形成，老百姓有了维护自己合法权益的可能。民主制度的建立提高了民众的参与意识，而民主政治发展的每一步都需要公共关系活动的配合。言论自由、出版自由是民主制度的重要支柱，也是公共关系运行的重要保证。

（2）现代公共关系产生的经济原因——市场经济

在市场经济社会里，除了传统意义上的家庭关系、地域关系，人与人之间更多的则是由于商品交换而形成的利益关系，公共关系的思想与实践也随之发展起来。随着20世纪科学技术与生产力的发展，物质产品日益丰富，社会上大量中产阶级的出现，就迫使企业家必须高度重视公众的利益和要求。可以说发达的市场经济提出了对公共关系的需要。公共关系适应了市场经济分工协作、社会化大生产的需要。公共关系是物质生产供过于求，市场重心从卖方向买方过渡的产物。

（3）现代公共关系产生的文化原因——人性文化

20世纪30年代，美国哈佛大学教授梅奥在著名的“霍桑实验”中，提出了人群关系理论。人群关系理论注意到了工人的人格尊严及个人价值，注意到了生产过程中要发挥工人的积极性。这种人性的、人文的、开放的文化，是公共关系产生的精神源泉。

（4）现代公共关系产生与发展的物质技术条件——大众传播技术

随着大众传播技术的发展，逐渐形成了一个多空间、多层次、多元化的传播体制，使得言论自由、新闻自由的理想能进一步实现，使得社会舆论的力量、公众意见的表达越来越具有影响力。传播技术与传播有关的信息通信技术、控制技术的出现为现代公共关系的形成与发展提供了重要的物质技术支持。

2. 现代公共关系的发展阶段

现代公共关系在它的发展过程中经历了从愚弄公众到向公众说实话再到与公众双向沟通的过程。总体来说，现代公共关系的发展经历了以下4个阶段。

（1）巴纳姆时期

1833年9月，本杰明·戴伊创办了第一张面向大众的通俗化报纸《纽约太阳报》，从此掀起了美国报刊史上一场便士报运动。当时，一些大公司和财团为了节省广告费，便雇用专门的人员来制造煽动性新闻，制造关于自己的神话，以此来扩大影响。报纸为了迎合下层读者的阅读心理，也乐于接受和发表这些新闻，这样两者相配合，就出现了美国历史上有名的“报刊宣传活动”。

当时最有代表性的是费尼斯·巴纳姆，他是新闻传播方面的行家里手，他具有很强的吸引公众注意的才能，其工作信条是“凡宣传皆是好事”，完全不把公众放在眼里。为了使个人和公司扬名，置公众利益于不顾，任意编造谎言和神话，利用新闻媒介“愚弄公众”，是该时期的显著特点。当时，这种或把新闻媒介视为异己，或利用新闻媒介“愚弄公众”的现象，引起了新闻媒介的不满，报纸杂志率先刊载揭露实业界那些“强盗大王”的恶劣丑闻，形成了美国近代史上著名的“揭丑运动”。

这一时期的公共关系活动已经不再局限于政治和思想活动，而是逐渐与谋利愿望紧密结合在一起，为公共关系在其后的迅猛发展奠定了基础。

案例链接1.1

巴纳姆神话

费尼斯·巴纳姆是19世纪美国一家马戏团的团长，因宣传、推动马戏演出闻名于世。他曾在19世纪50年代编造了一个神话，他谎称马戏团有位名叫海斯的黑人女奴，曾在100年前养育过美国首任总统华盛顿。报纸披露这一消息后，立即引起轩然大波。巴纳姆借机以不同的笔名向报社寄去读者来信，人为地开展争论。巴纳姆认为，只要报纸没有把他的名字拼错，随便怎么说也无妨。他的信条是“凡宣传皆是好事”。神话给巴纳姆带来的好处是每周从那些希望一睹海斯风采的纽约人那里获得1 500美元收入。海斯死后，经解剖发现，海斯不过80岁左右，与巴纳姆吹嘘的160岁相距甚远。对此，巴纳姆厚颜无耻地表示“深感震惊”，他还说自己也受了骗。其实，这一切都是他刻意策划的。巴纳姆时期往往被人称为“公众受愚弄期”、“反公共关系时期”或“公共关系的黑暗时期”。

（2）艾维·李时期

“揭丑运动”的冲击，使工商企业意识到了取悦舆论的重要性。许多企业开始聘请懂行的人专门从事改善与新闻界关系的工作，这种人被称为“新闻代理人”，他们为其委托人作宣传，在新闻媒介之间进行游说，经常与报界联系，邀请记者到企业参观采访，或为公司的政策作解释和辩护等。这些人从事的活动，都可以看成是早期的公共关系活动。但他们都没有将这些活动进行到底，更没有提出现代公共关系的理念，而完成这一历史使命的是被称为“公共关系之父”的艾维·李。

艾维·李（1877—1934）出身于美国佐治亚州一个牧师家庭，曾就读于哈佛大学法学院，毕业于普林斯顿大学，早期受聘于纽约《世界报》当记者。1903年，艾维·李开办了历史上第一家公共关系事务所，这标志着现代公共关系的问世。艾维·李的客户包括洛克菲勒财团、宾夕法尼亚铁路公司、美国电报电话公司、美国钢铁公司、公平人寿保险公司以及纽约市长。1906年，他向新闻界发表了著名的“原则宣言”，全面阐明了他开办事务所的宗旨也是他主张的“公众必须被告知”的信条。艾维·李公共关系思想的核心就是“说真话”。他的思想和行动使公共关系这门学科从对一些简单问题的探讨上升为探求某些带有规律性的原则和方法，大大推动了这门学科的发展。

公关视角1.1

艾维·李的“原则宣言”

1906年，艾维·李在处理无烟煤工人罢工事件时，向新闻媒体发表了著名的具有里程碑意义的“原则宣言”。他指出：“这不是一家隐秘的新闻机构，我们的一切工作都是公开的，我们的目标是提供新闻。这不是一个广告公司，如果你认为我们送到你们企业办公室的文件资料有任何不准确的话，请不要用它。我们的文件资料务求准确。我们将尽快地提供所有有关事件处理的进一步细节，而且，所有新闻编辑在核实事件真相时都将愉快地得到我们的帮助……简而言之，我们的计划是代表企业公司和公共机构坦率地并且公开地向美利坚合众国的新闻界和公众提供迅速和准确的信息，这些信息涉及公众感到值得和有兴趣知晓的有关主题。”

（资料来源：[美] 斯科特•卡特利. 公共关系教程. 北京：华夏出版社，2001.）

（3）伯内斯时期

公共关系职业化的发展，促进了公共关系由简单零碎的活动上升为规律性的较系统的原则与方法的探索，这就使公共关系能够自立于学科之林，其成为一门独立学科的条件已经成熟。

美国学者爱德华·伯内斯出生于维也纳的奥地利奇，后移民美国。1912年从康奈尔大学毕业后即从事新闻工作，1913年，他受聘于美国著名的福特汽车公司，担任公关部经理。1923年，他以教授的身份首次在纽约大学讲授公共关系课程，同年出版了被称为公共关系理论发展史上“第一个里程碑”式的专著《舆论明鉴》（又称《舆论之凝结》），在书中，伯内斯首先详尽阐述了“公共关系咨询”这一概念，而且提出了公共关系的原则、实务方法和职业道德守则等。1925年，他又写出了《公共关系学》教科书。这样，伯内斯通过不断的研究和反复的实践，把公共关系的基本理论、原则和方法结合起来，形成了一个较完整的学科体系。

伯内斯的主要贡献是把公共关系学理论从新闻传播领域中分离出来，并对公共关系的原理与方法进行了较系统的研究，使之系统化、完整化，最终成为一门独立完整的新兴学科。伯内斯在理论上做出的贡献，对于公共关系学科的形成和进一步发展具有划时代的意义。伯内斯公共关系思想的一个重要组成部分就是他提出了“投公众所好”的主张。

（4）卡特利普和森特时期

第二次世界大战后，公共关系实践和理论的发展都进入了一个全新的阶段。1947 年，美国公共关系学会成立，哈洛博士成为第一任主席。1955 年，国际公共关系协会（简称 IPRA）在英国伦敦正式成立。这一时期，以卡特李普、森特和杰夫金斯为代表的一大批公共关系专家和大师，在理论和实践上把公共关系推向了一个新的历史发展阶段。

传统的公共关系理论认为，在公共关系实践中，公共关系都是作为“一项具体工作”而被表现出来。这类工作只注重将有关组织的信息扩散到组织的环境之中，而忽略将有关环境的信息传递给组织。这种理论实质上是把公共关系系统看成一个“封闭系统”，这种一厢情愿式的单向传递模式在特定的历史条件下可能会收到一定的效果，但缺少公众参与的“一头热”模式的弊端则日渐显露出来。在这样的背景下，美国的斯科特·卡特利普和艾伦·森特于 1952 年合作出版了权威性的公共关系专著《有效的公共关系》，书中论述了“双向对称”的公共关系模式，它是指在公共关系的目标上将组织和公众的利益置于同等重要的位置上，在方法上坚持组织与公众之间的双向传播与沟通。“双向模式”的提出，把公共关系实践活动的本质予以理论抽象，并将公共关系理论的知识体系发展到战略性的高度，使公共关系的发展在很大程度上达到了专业化的水平。此书不断再版，成为畅销书，被誉为“公共关系的圣经”，该书的作者成为享有声望的理论权威。

3. 公共关系在世界范围内的传播

由于顺应了时代要求，公共关系一经产生就显示了强大的生命力，在很短的时间里获得了极快的发展。其发展的速度与广度要比其本身发展的深度更为引人注目。

20 世纪 30 年代以后，公共关系在美国获得了高速的发展。自 1960 年，美国公共关系的从业人员达到了 10 万人，职业公关公司 1 350 家，75%的企业设立了公共关系部。而到了 1985 年，全美职业公共关系从业人员已近 15 万人，各种公共关系公司超过 2 000 家，每年的公共关系耗费竟达几十亿美元。1948 年，美国全国公共协会（PRSA）宣告成立，同时制定了作为行为法规的“公共关系人员职业规范守则”。

20 世纪 20 年代以后，公共关系传入欧洲，1926 年，英国成立了第一个正式的公共关系机构——皇家营销部。1948 年英国成立公共关系协会，拥有英联邦的 50 多个国家和地区的 2 500 个会员。1967 年，英国公共关系顾问协会成立，至今已有 170 多家分支机构。1955 年法国公共关系协会成立。大约在同时，德国、意大利、荷兰、挪威等西欧国家的公共关系也积极地发展起来。1940 年，公共关系传入加拿大。1947 年公共关系传入日本。1964 年日本公共关系协会成立。

20 世纪 50 年代以后，公共关系的思想和实践也开始传入第三世界国家，在东南亚、拉美和非洲各国生根开花。50 年代初，香港地区政府设立公共关系部，一些企业也纷纷效仿，使公共关系成为企业经营过程中的重要管理方式。

1955 年，国际公共关系协会（IPRA）在全球公共关系热潮中宣告成立，50 多年来，该协会已发展了 100 多个国家会员，影响遍及全球。

20 世纪 20、30 年代以来，特别是第二次世界大战之后，公共关系在世界范围内广泛传播的助动力，一是由于各国间经济交往的日趋频繁，跨国公司和国际贸易以极快的速度增长；二是由于政治格局变化，人们经过血腥的战争浩劫，渴望和平和重整国际秩序，各国、各政府、各阶层间协商对话得到加强；三是由于科技进步，通信传播迅猛发展，世界日益成为一个天涯若比邻的“地球村”，文明开放的公共关系日益显得重要。

1.1.3　现代公共关系在中国的发展

现代公共关系在中国的发展，经历了 3 个时期，分别为：20 世纪 80 年代初期、中期的引进模仿时期；20 世纪 80 年代中后期的快速发展时期及 20 世纪 90 年代初期以后的成熟稳定发展 3 个时期。

1. 引进模仿时期

20 世纪 80 年代初，随着改革开放的进行，中国在引进资金、技术的同时也引进了先进的管理经验。公共关系作为一种理论和职业，开始引起了国人的广泛关注。在深圳、广州等改革开放的桥头堡，一些中外合资企业和外商独资企业开始按照西方国家的管理模式，设立公共关系部。

1980 年，我国第一个公共关系性质的专业公司——深圳蛇口华森建筑设计顾问公司率先成立。1982 年，深圳竹园宾馆成立公共关系部，开展以招徕顾客为目标的、扩大影响的服务性公共关系活动。1983 年，中外合资的北京长城饭店成立公共关系部，并因成功策划接待美国总统里根访华而名扬海内外。1984 年，广州中国大酒店设立公共关系部。后来，广东电视台以宾馆的公共关系活动为题材，拍摄了中国第一部反映公共关系理论与实践的电视连续剧《公关小姐》。1984 年 9 月，我国国有企业的第一个公共关系部——广州白云山制药厂公共关系部正式成立。至此，中国人用照搬照抄的模式初步完成了公共关系在中国的引进。

案例链接1.2

广州白云山制药厂的公关

广州白云山制药厂运用公共关系向旧的经营方式展开凌厉的攻势。1982年3月，厂长贝兆汉宣布对外实行产品销售“四包”优质服务，即包质量损失、包降价损失、包药品淘汰损失、包药品超期库存损失。为此白云山制药厂虽然付出了巨大的代价，但却赢得了极高的信誉，树立了良好的企业形象，提高了药厂的知名度。此后，广州白云山制药厂又通过一系列举措进一步巩固企业的良好形象。

（1）资助体育事业。1984年，广州白云山制药厂出资“买下”了广州足球队。同时，还举办了广州“白云杯”4城市国际足球邀请赛，企业通过积极赞助体育事业既提升了企业的形象水平，也提高了企业的知名度和美誉度。

（2）积极开展公益赞助。广州白云山制药厂向敬老院、少年蓓蕾剧院、环境市容等单位和项目赞助经费，并向广州杂技团赠送药品。通过这一系列公益行动，较好的改善了企业的整体形象水平。

（3）实行以人为中心的现代化管理制度。广州白云山制药厂秉承“尚贤识贤、举贤任贤”、“随才变器、信而不疑”的用人之道；寓思想政治工作于经营活动之中，激励职工“爱厂、兴利、求实、进取”。孕育出“白云山人”招牌，这是“白云”腾飞的另一个奥秘。

2. 快速发展时期

20世纪80年代中后期，公共关系在中国进入了一个快速发展时期，专业性公共关系公司、公共关系协会如雨后春笋般纷纷建立起来，同时，公共关系教育培训以及公关理论研究也发展迅速。1985年，伟达公司和博雅公司这两家世界上最有影响的公共关系公司先后进入中国。其中，博雅公司与中国新闻发展公司于1986年7月合作成立了我国第一家公共关系公司——中国环球公共关系公司。1987年5月，全国权威性的公共关系社团组织——中国公共关系协会在北京正式成立。

1985年9月，深圳大学传播系率先设立公共关系专业（专科）。此后，中山大学、北京大学、兰州大学、首都师范大学、复旦大学、清华大学、中国人民大学等相继讲授公共关系课或开办公共关系专业。1986年11月，中国社科院编著的《塑造形象的艺术——公共关系学概论》正式出版，同年12月，王乐夫、廖为建等人的公共关系专著问世。随后，1988年1月，中国公共关系第一家专业性报纸——《公共关系报》在杭州创刊。1989年1月，中国第一份国内外公开发行的公共关系杂志——《公共关系》在西安创刊。上述活动，把公共关系在中国的发展推向了高潮。

3. 成熟稳定发展时期

20世纪90年代初期开始，公共关系在中国的发展进入了一个相对稳定、成熟的时期。在这一时期，公共关系的发展受到了党和国家领导人的高度重视。1994年4月，中国国际公共关系协会成立，促进了中国公共关系理论研究与社会实践的国际化。1994年，中山大学被教育部批准开办部属院校第一个公共关系本科专业，随后在行政管理专业的硕士点招收公共关系方向的硕士生。至今，所有的本科院校全部开设了公共关系学课程。全国公开出版的公共关系专著、教材、译著、工具书已超过1 000种。1997年11月15日，国家劳动和社会保障部成立了中国公共关系职业审定委员会，正式将中国公关职业命名为“公关员”，并于1999年5月将公共关系职业列入《国家职业分类大典》，这标志着经过近20年的发展，公共关系职业终于获得了社会的认可。2003年，中国国际公关协会宣布，把每年的12月20日定为“中国公关节”。

总之，随着改革开放的不断深入，我国的公共关系事业无论在实践活动方面、理论研究方面还是公共关系从业人员素质的提高方面，都取得了重大进展，公共关系在我国社会生活中发挥着越来越大的作用。同时，必须清醒地看到，我国的公共关系事业在发展过程中还面临着一些障碍和困难，亟待克服和消除。这不仅需要我国的公共关系专家学者适应形势需要，不断创立符合我国具体国情的公共关系理论，也需要公共关系从业人员不断提高自身素质，努力开创适合我国公共关系事业的新局面。

公关视角1.2

中国公关业存在的问题

中国公关业存在的问题主要有以下几个方面。

（1）社会公众对公共关系的认识还存在很多误区。例如，认为公共关系只是一种知识而不是技能，或者认为公共关系可以“包治百病”，无所不能；而相当多的人仍将公共关系与“人际关系”混为一谈，这是当前开展公关业务的最大障碍。

（2）本地公关公司的专业化水平、服务品质与国际公关公司仍存在较大差距，还没有完整的服务体系，缺乏职业道德的约束；整个公关市场仍处于无序状态，导致客户和社会公众对公关业的服务认识不足，长此以往将影响整个行业的发展。

（3）高素质公关人才的严重缺乏制约了中国公关业的迅速发展。

（4）当前公关教育仍以知识教育为主，培养的学生还不能满足专业公关公司在公关技能方面的要求。

（资料来源：丁军强. 公共关系理论与实务. 北京：北方交通大学出版社，2002.）

1.2 公共关系的含义

1.2.1 公共关系的定义

公共关系一词源自英文的Public Relations。“Public”意为“公共的”、“公开的”、“公众的”，“Relations”意为“关系”、“交往”，合起来，用中文表述便是“公共关系”又为“公众关系”。

自从公共关系诞生以来，人们给公共关系下一个准确的定义的努力就没有停止过，由于每个人的认识角度不同，对公共关系的内涵的理解也各异，于是就形成了许许多多的公共关系定义。20世纪70年代中期，美国著名的公共关系学者莱克斯·哈洛博士就搜集到了472个公共关系定义，还有人说，公共关系的定义已有上千条之多。于是有人便幽默地说：有多少公共关系学者，便有多少种公共关系定义。

下面介绍一些有代表性的定义，以便于多方位地分析、把握公共关系的内涵和外延。

1. 国外学者对于公共关系的定义

美国公共关系学会对公共关系的定义是：“公共关系是一个组织为最有效地实现其目标而与社会公众保持某些方面联系的职能。”

英国公共关系学会对公共关系的定义是：“公共关系是为建立和维持组织与其公众之间的相互理解而付出的一种有目的、有计划的持续努力。”

国际公共关系协会对公共关系的定义是：“公共关系是一种管理职能，它具有连续性和计划性。通过公共关系，公立的和私人的组织、机构试图赢得同他们有关的人们的理解、同情和支持——借助对舆论的估计，以尽可能地协调它自己的政策和作法，依靠有计划的、广泛的信息传播，赢得更有效的合作，更好地实现他们的共同利益。”

《大不列颠百科全书》中对公共关系的解释是：“旨在传递有关个人、公司、政府机构或其他组织的信息，并改善公众对于其态度的种种政策和行动。”

“墨西哥宣言”中对公共关系的解释是：“公共关系的实践是分析趋势，预测结果，执行既有利于组织又有利于公众的行为计划的艺术和科学。”

美国公共关系学创始人爱德华·伯内斯1923年出版的《公众舆论的形成》中对公共关系的解释是：“公共关系就是一种处理一个团体与公众或者是决定该团体活力的公众之间的关系的职业。”

行销大师科特勒以“铅笔（PENCILS）”的妙喻，提出公共关系完整的定义：P——发表；E——事件；N——新闻；C——社区关系；I——确定媒介；L——游说；S——社会理念行销。

美国著名的公共关系研究权威卡特利普和森特在《有效的公共关系》中下了这样的定义："公共关系是一种管理职能，它确定、建立和维持一个组织与决定其成败的各类公众之间的互利关系。"

2. 国内学者对于公共关系的定义

复旦大学的居延安教授在其著作《公共关系学导论》中对公共关系下的定义是："公共关系是一个社会组织用传播手段使自己与公众相互了解和适应的一种活动或职能。"

中山大学王乐夫、廖为建教授在《公共关系学》一书中将公共关系定义为："公共关系是一种内求团结完善，外求和谐发展的经营管理艺术，即一个社会组织在自身完善的基础上，运用各种信息沟通传播的手段，协调和改善自身的人事环境和舆论气氛，使本组织机构的各项政策、活动和产品符合于相关公众的需求，争取公众对自己的理解、信任、好感与合作，在双方互利中共同发展。"

上述定义均在不同程度上突出了公共关系的管理职能、传播职能和交流与沟通职能，按照上述内容，本书认同对公共关系的定义做出如下表述："公共关系是社会组织为了在公众中塑造良好的形象，运用传播、沟通手段，通过有计划、持久的努力，促进组织与相关公众之间的相互了解、相互适应的科学与艺术。"

公关视角1.3

通俗、直观的公共关系定义

公共关系是争取对你有用的朋友。
公共关系是内求团结、外求发展。
公共关系是努力干好，让人知晓。
公共关系是通过良好的人际关系来辅助事业成功。
公共关系是百分之九十用来做对，百分之十用来说好。
公共关系是说服和左右社会大众的艺术。
公共关系就是和气生财的秘诀。
公共关系就是创造同意的学问。
公共关系就是信誉与爱心。
公共关系就是为本组织向公众争取良好印象的学问。
公共关系就是促进善意。
广告是使人买你，公共关系是让人爱你。

1.2.2 公共关系的构成要素

从公共关系的概念中可知，公共关系是由 3 个完整的要素所构成的，即社会组织、公众、传播与沟通（如图 1-1 所示）。这 3 个要素互相依存、互相制约，密不可分。

图 1-1　公共关系构成图

1. 公共关系的主体——社会组织

社会组织是在社会生产、社会分工、社会交换、社会交往的基础上形成与发展起来的社会机构，是有领导、有目标、有管理、有公众的利益机构。它是人们为了执行某种社会功能，达到某种目标，用章程或某种条款来规范，通过一定管理方式组织起来的，对其成员有一定约束力的社会群体。

社会组织包括以下 3 个构成要素。

（1）组织目标

组织目标是指社会组织全部活动的目的和期望。它包括组织的宗旨、方向和利益。组织目标是动员和号召全体成员共同奋斗的旗帜和动力。组织目标有长期、中期、短期之分，并随客观环境的变化而变化。

（2）组织章程

组织章程是以文字形式规定的社会组织全部活动的规则体系，是组织一切活动的依据和准绳。组织章程包括组织的性质和目标、组织原则、组织机构、领导程序、指挥体系、组织纪律、活动方式、管理形式、奖惩办法等。

（3）组织管理

组织管理是将组织成员按一定地位和角色联系起来，持续地实现组织章程、组织目标和保证组织功能顺利实施的工作过程。组织管理的核心是角色的分工，它包括：目标分工、责权利分工、上下级分工、同级分工等。

社会组织是公共关系的主体，是公共关系的主导，这是因为社会组织是公共关系活动利益的主体。社会组织是公共关系的主持者和策划者，是传播活动的信息源。公共关系活动的内容受到社会组织目标的制约，其形式与规模受到社会组织内部结构的限制。

社会组织从公共关系的角度可以分为营利性社会组织和非营利性社会组织两大类。营利性社会组织以经济利益为其生存和发展的直接目标，并且以营利为核心来处理与内外部公众的公共关系。一切生产、交换、经营性的服务机构——企业就是营利性社会组织。非营利性社会组织服务于一定的经济、政治集团，并不直接以经济利益为生存和发展的目标。非营利性社会组织以公共管理和服务为核心来处理与内外部公众的公共关系。非营利性社会组织的非经济利益主要指政治利益、军事利益、科学利益、宗教利益等。非营利性社会组织主要指党政机关、教科文卫组织、社会团体、公益性组织等。

2. 公共关系的客体——公众

公众是社会组织开展各项公共关系工作的对象。公共关系是一种特定关系，而谈到关系时，必须要涉及双方。对于公共关系而言，这个相互影响、相互作用的双方便是组织与公众。

任何组织都有其特定的公众，而公共关系便是组织主动地去与公众建立和维护良好关系的过程。但这并不意味着作为客体和对象的公众是完全被动的。公众随时都可以表达自己的意志和要求，主动地对公共关系主体的政策和行为做出积极反应，从而对公共关系主体形成舆论压力和外部动力。因此，组织在计划和实施自己的公共关系工作时，必须认清自己的公众对象，分析研究自己的公众对象，并根据公众对象的特点及变化趋势去制定和调整公共关系的政策和行动。

3. 公共关系的过程——传播与沟通

社会组织塑造良好形象，争取公众理解、支持与合作的任务是通过传播沟通实现的，所以公共关系的过程就是传播沟通的过程。公共关系从本质上说就是一种传播活动，传播沟通是连接公共关系的主体和客体的纽带和桥梁，因此，传播沟通是公共关系必不可少的构成要素。

为了有效地达到组织与公众的沟通，必须运用各种不同的传播方式，选择适当的传播媒介，实施有效传播的策略和方法。

1.2.3 公共关系的特征

要科学地处理公共关系工作，就必须准确的把握其特征，公共关系最基本的特征包括以下 6 个方面。

（1）以公众为对象

组织的生存和发展、成功与失败取决于公众对组织的认可和支持程度，组织必须将相关公众理解为每一个活生生的、有认识能力的人去看待，它有别于对组织的财产、技术、资金、设施的管理。这一特征要求组织必须善待每一位公众，做到一视同仁，做到“公众至上”。

（2）以提高组织美誉度为目标

在公众中塑造组织的良好形象是公共关系的根本目的。组织形象的塑造是公共关系的核心问题，提高组织的美誉度是问题的关键，良好的组织形象是组织的无形资产和资本。这一特征决定了组织必须把公共关系工作的重心放在组织形象的塑造上。

案例链接1.3

我国政府组织开始重视形象美化

现在，中国越来越多的地方政府在寻求一种独特的竞争性力量用以发展地方经济，他们急于找准自身的定位，以求尽快脱颖而出，这种期待推动他们选择公关公司为政府形象进行策划。例如，奥美（国际公关公司）从2005年起开始尝试帮助中国的地方政府树立品牌，其间帮助过香港、宜昌、平遥等诸多地区。

随着公共关系在中国的发展，政府组织也越来越重视其自身形象。2007年，奥美帮民航总局设计了一套危机处理预案，涉及旅客、行李、恐怖分子、劳资纠纷、食品安全等方面。随后，在2008年智扬（公关顾问机构）也与一些部委签下项目帮助他们提升自身形象。同时，智扬还为一个市的公安局撰写了公关3年规划，计划改善该市的警民关系。

2008年初，奥美与国家计划生育委员会合作，创作了一个系列宣传片，希望改变西方国家对中国的计划生育政策的负面印象。片子的素材讲了4个故事：香格里拉地区少数民族婚姻仪式的改变；宁夏回族自治区对女童上学的资助；政府救助河南上蔡艾滋孤儿；以及云南白族的婚俗正在向男女平等方向转变。这些宣传片如今已成为计生委在国际交流时，赠送给外国友人的礼物，而奥美也成为计生委的“传播战略伙伴”。

（资料来源：沈亮，蔡木子. 南方周末，2008-09-04.）

（3）以沟通为手段

公共关系活动的过程就是组织与公众之间实现信息双向交流的过程。社会组织只有了解了公众的需求，才能为公众服好务，满足公众的需求，这样公众在组织传播沟通中才能产生合作行为。社会组织要及时、准确、真实地向相关公众传播组织所采取的行为和政策，“让公众知晓”才有可能得到公众的了解、理解、支持和合作。因此，将组织的公共关系计划和目标付诸于实践，离不开传播和沟通。这一特征要求社会组织应具备传播沟通意识，积极主动地做好信息双向交流，只有这样公共关系才能落到实处。

公关视角 1.4

改变他人观点的方式

美国公共关系学专家艾伦·森特认为一个人想要别人同意自己的观点，有以下几种方式可供选择。第一种选择是采取某种强制手段，诸如诉诸法律或进行恐吓，施加压力；第二种选择是采取补偿、奖励、提拔、默许、当众褒扬或其他类似方法；第三种选择是劝说，说服别人相信自己所提出的观点与他们的利益是相一致的，或者让他们相信，他们应该让个人的利益服从更多人的利益；第四种选择是无为，然而却可以很有效，例如，一个正直廉洁的公关人员本身比什么公关方法都灵验，他良好的声誉会给人带来无形的影响。

在通常的公共关系实践中，人们一般偏重于采用劝说的方式，不去使用强制或补偿的手段；而成功的公关人员则更愿意采用无为的方式，他们十分注重维护自己的名声，并通过这一优势去获得成功。

（4）以互惠为原则

任何组织在社会实践中，都希望得到对方的尊重与信任。同时，也都希望在平等的交往中满足自己的需要，即平等互惠。平等互惠是公共关系活动必须遵循的原则。公共关系要求社会组织必须做到平等互惠，因为只有公众“有利可图”，公众才能与组织合作；只有首先实现了公众的需求和利益，才能实现组织的利益。这一特征要求社会组织如果采取暴利行为、短期行为、“杀鸡取卵”行为都是不可取的。

案例链接 1.4

微软和苹果因竞合而双赢

微软公司销售 IBM 个人电脑上使用的视窗操作系统，在这方面它最大竞争者是苹果公司的麦金托什电脑。苹果公司和微软公司多年来一直在争夺市场占有率，但它们不仅是竞争者，也是伙伴，因为微软也生产用于麦金托什电脑上的文书处理和计算软件。没有微软公司的软件，较少有人愿意购买麦金托什电脑；没有麦金托什电脑，微软公司也会丢掉部分利润丰厚的应用软件市场。这两家公司的关系即是竞合关系——某个领域内合作，某个领域内竞争。如果微软公司和苹果公司都视对方为死敌，这样的关系便无法存在。只有双方领导人都抛弃狭隘的“军事心态”，不再沉溺于“毁灭竞争者”的念头里，进行动机良好的竞争，甚至与竞争者合作以炒热市场，双方企业才能获得更丰厚的利润。

（资料来源：陶德言．知识经济浪潮．北京：中国城市经济出版社，1998.）

（5）以真诚为信条

公共关系要求社会组织在公众中树立一个诚实的形象，这样才能取信于公众。诚实与信用是并存的，没有诚实就没有信用，是诚实创造了信用。这一特征要求社会组织要以真实为基础，以信誉为目标，尊重客观事实。“诚能生信，金石为开”，真诚是组织生存的生命线。

案例链接1.5

只有一名乘客的国际航班

一架英国航空公司所属波音747客机008号班机，在准备从伦敦飞往东京时，因故障推迟起飞20小时，为了不使乘客耽误行程，英国航空公司及时帮助这些乘客换乘其他公司的飞机，190名乘客欣然接受了英国航空公司的妥当安排，但有一名叫大竹秀子的日本老太太，说什么也不肯换乘其他班机，坚决要乘008号班机，另有飞行安排的008号班机只好照旧到达东京后再飞回伦敦。

一个罕见的情景出现在人们面前：伦敦——东京，1.3万千米航程，可是英国航空公司008号班机上只载着1名旅客，这就是大竹秀子，她一人独享该机353个飞机坐席以及6位机组人员和15位服务人员的周到服务。据估计，这次只有1名乘客的国际航班使英国航空公司至少损失10万美元。

从表面上看，这次飞行的确是个不小的损失，可是从更深一层来理解，它却给英国航空公司带来了无法估价的收获，正是英国航空公司这种一切为顾客服务的行为，在世界各国来来往往的旅客心目中塑造了无法用金钱衡量的良好公司形象。

（资料来源：张美清主编. 现代公共关系原理与实务. 北京：中国林业出版社. 2007.）

（6）以长远为方针

社会组织与公众建立起良好的关系、在公众心目中塑造良好的形象，这一目标的实现必须经过长期的艰苦努力。如果说广告和推销着重眼前效果的话，那么，公共关系则主要着眼于长远效果。

1.2.4 公共关系的实质

公共关系活动的实质是什么呢？特别是企业的公共关系活动的实质是什么呢？解决了这个问题，才能更准确地把握企业公共关系，更完美地策划公共关系活动，起到事半功倍的作用。首先，企业公共关系活动是“在商不言商”，即企业公共关系活动在形式和内容上没有任何商业气息，完全是公益性活动，这样公众才容易接受，容易理解。其次，企业公共关系活动是“既求名又求利”。雷锋做好事不求名不为利，而企业做好事是既求名又求利。只不过“名”是指企业形象，是美誉度，是现实的、直接的，而“利”是潜在的、间接的。公众只有理解了企业，接纳了企业，才能支持企业，成为企业的顾客。雷锋做好事是默默无闻的，而企业做好事是大张旗鼓的，追求的是知名度、美誉度和更大的社会效应。

1.3 公共关系的基本目标和职能

1.3.1 公共关系的基本目标

公共关系的基本目标就是在社会公众心目中塑造良好的组织形象。

1. 什么是组织形象

形象一词的本意，是指人与物的形态、相貌、外观等，而组织形象则是指社会公众对组织及其行为综合认定后形成的一种总体评价，是组织的表现与特征在公众心目中的反映。

案例链接 1.6

良好的组织形象是一笔巨大的无形资产

有人曾经预言，如果被誉为“世界第一饮料公司”的可口可乐公司其遍布全球的工厂在一夜之间都失火烧毁，那么，第二天，各国的银行、财团会竞相向它提供贷款，使它东山再起。这是因为，可口可乐公司有着良好的形象，其产品是国际上广为承认的“饮料大王”，是打不倒的拳头产品。向它提供贷款，必然会得到丰厚的回报。据专家估计，可口可乐公司的品牌价值近300亿美元，这巨额的无形资产使人们相信它不会被轻易击败。

（资料来源：赵晓兰. 最新公共关系学教程. 北京：经济管理出版社，2001.）

2. 良好形象的重要意义

良好的组织形象，对任何一个社会组织而言，都是一笔无形的财富，也是每个组织为之追求的最高目标，它支配着公共关系活动的各个方面、各个环节以至整个过程。良好的组织形象对内可以产生强大的团体凝聚力，激励员工奋发向上；对外可以产生强大的吸引力，为组织的迅速发展创造良好的内部环境和外部环境，并给组织带来无法估量的经济效益，从而顺利实现组织目标。因此，塑造良好的组织形象，是公共关系的基本目标。

3. 塑造良好的组织形象的程序

塑造良好的组织形象是一项十分复杂的工作，必须遵循一定的程序，采用科学的方法，进行周密的计划和严密的组织。美国公共关系界权威人士卡特利普和森特等人认为，不管是哪种形式的公共关系工作，自始至终都要遵循 4 个基本步骤，即组织形象的调查分析、公共关系的策划、组织活动的实施和组织活动整体效果的检测评价。本书在参考了其他专家学者观点的基础上，将公共关系的一般运作程序分为 4 个基本阶段，即公共关系调查——这是公共关系的基础性工作；公共关系策划——这是公共关系的核心性工作；公共关系实施——这是公共关系的关键性工作；公共关系评估——这是公共关系的总结性工作。这 4 个阶段步骤相互衔接、不断循环，体现了公共关系运作的计划性、系统性和动态性的特点。

公关视角 1.5

良好的组织形象能给组织带来无穷的益处

良好的组织形象能给组织带来以下几个方面的益处。

（1）良好的组织形象为带有该公司名称的任何产品或服务创造出一种消费信心。

（2）良好的组织形象为保留或吸引人才创造了条件。

（3）良好的组织形象为吸引社会资金提供方便。

（4）良好的组织形象有助于增进政府对组织的好感和帮助。

（5）良好的组织形象有助于增进社区的支持。

（6）良好的组织形象有助于良好的营销网络的建立与完善。

1.3.2 公共关系的职能

围绕公共关系以塑造组织的良好形象、协调组织与公众之间的关系为主要工作目标所展开的具体活动和工作便形成了公共关系的职能范围，它包括以下几个方面的内容。

（1）搜集信息

公共关系首先要履行搜集信息、监测环境的职责，即作为组织的预警系统，运用各种调查、研究、分析的方法，搜集信息、监视环境、反馈舆论、预测趋势、评估效果，以帮助组织对复杂、多变的公众环境保持高度的敏感性，维持组织与整个社会环境之间的动态平衡。

（2）传播推广

随着市场经济的日益发达和竞争的日益激烈，社会组织对其他组织和社会整体的依赖性日益增强，组织之间的联系更加密切，传播推广成为每一个社会组织生存和发展必不可少的手段。社会组织要为自己的生存和发展创造有利的环境，就必须争取公众的理解和支持，塑造良好的组织形象。组织就要主动地、有效地与公众沟通，让组织了解公众，让公众了解组织，把双方的利益、意向和态度统一起来，才能有效地塑造组织的良好形象，实现公共关系目标，实现组织目标。

公关视角 1.6

消除彼此隔离，优化心理环境

美国黑人运动领袖马丁·路德·金指出，人们之所以会互相仇视，是因为他们害怕；他们之所以害怕，是因为他们互相不了解；他们之所以不了解，是因为他们互相不能交流；他们之所以不能交流，是因为他们彼此隔离。因此，接触、对话、交流这些公共关系的基本概念，是优化社会心理环境的绝妙良药。

（资料来源：丁军强. 公共关系原理与实务. 北京：北方交通大学出版社，2002.）

（3）协调关系

社会组织处在一个复杂的环境之中，它面对着各类公众及复杂多变的内部、外部环境，要处理各种各样的矛盾和问题，这些矛盾和问题的妥善解决，有利于组织的生存和发展。公共关系作为组织与公众沟通的桥梁，发挥着协调关系的重要职能，因而又被称为组织运行的“润滑剂”。

案例链接 1.7

“澳星”成功发射背后的故事

1992 年 3 月 22 日 18:40，全世界都在关注着中国发射“澳星”，这是中国航天史上重要的一页。但在全国数以亿计的电视观众盼望看到“澳星”发射成功的画面时，却发生了意外情况，首次“澳星”发射没有成功，观众目睹了惊心动魄而又令人惋惜的一幕。面对这突如其来的异常事件，现场采取了冷静、妥善的处理，并及时、公开、真实地进行了报道，把“澳星”中止发射的原因做了准确说明，特别是公开介绍了火箭本身的计算机自动关闭控制系统，在事故发生的瞬间有效实施关机，保证了火箭的安全，保住了“澳星”，使广大公众既知道了事故的原因，又了解了我国航天技术先进的一面，从而坚信“长二捆”火箭以后一定能发射成功。在这一事件中，充分体现了公共关系工作的协调关系职能，能够及时化解危机，消除误解。由此可见，协调关系职能可以在组织遭遇危机时，通过在组织与公众之间进行充分、真实的信息交流，使双方实现信息对称，相互理解，为组织创造“人和”的环境。

（4）咨询建议

公共关系咨询建议，是指组织公共关系部门向决策层和各管理部门提供公共关系方面的意见和建议，为组织决策出谋划策，使决策更加科学化、系统化。公共关系机构充当的是“参谋”，公共关系人员扮演的是“军师”。

组织公共关系部门不同于组织的其他部门，其受组织具体业务和利润指标的影响较小，比其他部门更关注公众利益。因此，在领导决策时提供公众需要、心理和舆论方面的信息，提出自己的见解和意见，敦促领导从公众利益出发予以考虑，就成为其职能之一。

思考题

1. 另外举出一些中国古代开展是公共关系活动的例子。
2. 现代公共关系兴起和发展的原因和动力是什么？
3. 从现代公共关系的发展阶段思考人们对公共关系的认识经历了什么样的变化。
4. 你对历史上各种公共关系定义有什么看法？你最赞同哪一个？
5. 公共关系的6个特征对我们今后的个人发展有怎样的指导意义？

案例分析

一个国家的公关

回溯历史，几乎所有的公关专家都指认为2003年中国经历的SARS之战，是政府重视对国内受众使用公关技巧的开端。而SARS期间，国务院总理温家宝到北京大学与学生共进午餐，也被视为政府公关史上“跳跃性的一步”。而后的北京奥运会又是政府公关的典型事例。

在2008年北京召开奥运会期间，在体育以外的另一个竞技场上，中国政府正在与国际媒体暗战，其唯一有效的工具是：沟通。因为政府意识到，奥运会成功与否并不是自己说的，而是要看国际评价。所以，在奥运期间，北京奥组委先后邀请了18批、近200位国际媒体的记者来中国，安排他们和奥组委领导沟通，去环保、交通等相关部门参观。与此同时，奥组委领导也多次去《纽约时报》、《华盛顿邮报》、《洛杉矶时报》等美国主流报刊走访。在这种良性互动下，8月27日，《纽约时报》专栏作家托马斯·弗里德曼发表文章赞美中国非常强大，他写道：“没错，如果你从北京往外走，驱车一个小时就会看到中国更广阔的世界，中国的富裕部分，北京、上海或大连的现代部分，如今比富裕的美国要先进。”

从2007年至2008年，北京奥组委共召开新闻发布会160多场。2008上半年，基本保持了每周两次的频率。基于文化差异与国家利益的不同，政府在面对国内外不同受众群体时，采用的公关策略并不一样。对内，我们会宣传金牌榜第一，但对外只说奖牌总数尚未超越美国，以减弱他国对中国的疑虑。

2008 年最难处理的公关事件是抗震救灾。因为就在此后 3 个月内，奥运会便将召开，大悲和大喜之间的冲突不容易转化。

曾有人提出，在奥运会的开幕式上为地震的死难者默哀 3 分钟，但此项建议没有被采纳。最终的安排是，在中国代表团进场时，让地震中舍己救人的小英雄和篮球明星姚明并排走近会场。这样做既没有把中国的悲伤强加给全世界的人，也由此纪念了亡灵。

（资料来源：沈亮，蔡木子. 南方周末. 2008-09-04.）

分析思考：

1. 公共关系对成功举办北京奥运会有何意义？
2. 结合案例，说明北京奥运的公共关系实践体现了公共关系的哪些特征和职能。

第 2 章　公共关系的组织和人员

学习目标

- 了解公共关系部的职能、组建原则和组织类型。
- 熟悉公共关系公司的基本类型和业务范围。
- 理解选择公共关系公司的标准。
- 掌握公共关系从业人员的素质要求。

导入案例

现代企业需要公关部

21 世纪是传播的世纪，公共关系的世纪。只要一个人或组织需要依靠公众生存，他就需要公共关系。所以，如果在商务领域或在经营领域，企业遇到以下几种情况，就应该成立公共关系部了。

（1）企业的产品因质量出了点小问题，电视台的记者来到工厂门口采访拍摄，工厂的保安与记者发生了肢体冲突，经过媒体的报道，第二天全城的民众都在指责企业生产黑产品，雇佣黑保安。

（2）企业苦心经营的产品，质量很好，但却总是竞争不过那些产品宣传做得很轰动的同类产品，例如，用超级女生做代言的产品。

（3）国家遇到了一场自然灾害，全国人民都在捐款和声援，某商界名人一时激动在网上跟人争执，建议本公司员工捐款一律不超过 10 元，透过媒体和网络对这件事的报道，第二天，该商界名人和其领导的公司成了舆论指责的焦点。

（4）某人被评为“全国知名企业家”，在央视颁奖晚会上只能有一分钟的时间可以发表获奖感言，多一秒都不行，该说什么，怎么在一分钟之内让全国的电视观众记住企业？

（资料来源：商务周刊．2008-7.）

公共关系工作是一项长期的、复杂的、具有较强专业性和技术性的工作。随着我国市场经济的不断完善与发展，这项工作的职业化特征越来越明显，因此需要专门的组织机构来从事这项工作，以保证组织公共关系工作的专业化、职能化和战略化。目前，专门从事公共关系工作的组织机构可分为组织内部的公共关系机构（一般称公共关系部）和不从属于任何组织的专业性社会机构（一般称公共关系公司）两大类。公共关系作为一项复杂而重要的工作，需要专业人员去操作，这就要求组织的公共关系人员必须具备一定的素质和专业素养。

2.1　公共关系部

公共关系部是指社会组织内部设立的专门性公共关系工作机构，它主要是组织为处理、协调、发展本组织与社会公众和组织内部公众关系而设立的专业职能机构，它与组织内部其他的职能机构一样，是组织的重要职能部门，且它的地位与作用是其他部门无法取代的。

公关视角 2.1

公共关系部可能存在的劣势

公共关系专家斯科特·卡特利普指出，一个人可能为了成为一名团队的成员而牺牲了客观性和独立视角；如果人员过于忠诚了，他们可能会被利用，导致他们缺乏独立见解；对其他部门随时提供帮助可能使公关职能部门丧失履行职责的能力。也就是说，因职责不清、团队思维导向、支配从属关系等因素而引致的客观性和独立性的丧失是公共关系部的最大劣势所在。

2.1.1　公共关系部的基本职能

根据公共关系部在组织中充当的角色，其基本职能表现在以下 7 个方面。

（1）调查研究

调查研究在公共关系工作中具有重要的意义，它是一切公共关系工作的出发点，公共关系部需要经常地对公众进行调查，了解公众的舆论、态度、需求等，同时也要对市场、竞争对手及职工的心理和思想进行调查，只有在全面调查的基础上，才能使公共关系工作发挥出更大的效力。

（2）协调关系

公共关系部要与组织内外部公众（即与组织发生联系的社会组织和个人）保持沟通和

协调，为组织广结良缘、沟通信息、扩大社会联系，解决与公众间的矛盾、冲突等，为组织创造上下、内外、左右各方面和谐的人际关系和社会环境。

（3）参与管理

公共关系是一种有效的软性管理手段，这就决定了公共关系部参与管理的职能。组织的公共关系部要向组织的最高决策者提供相应的有关信息。在重大问题决策时，向组织决策者提供其决策可能引起的公共关系效应分析，并提出更为合理的解决方案。

（4）公共关系文书的书写

公共关系的文书写作主要有：撰写新闻通稿、写作演讲稿、编写内部刊物、编写企业年报等宣传、沟通性材料。从广义上讲，一个组织与公众之间沟通、传播的文字、图片、音像等都会对公众产生一定的影响，都应赋予一定的公共关系意义。此外，企业所颁布的规章制度，既是对员工的约束，也应看做是与员工沟通关系的一个纽带，也具有一定的公共关系色彩。

（5）举办专门活动和处理突发事件

公共关系部要适时地策划、举办各种专门活动，以使组织形象的发展有利于预期目标，例如，赞助活动、新闻发布会、展览会、庆典活动等，这些专门活动能有效塑造组织的良好形象，营造有利于组织生存发展的环境。对突发事件可能给组织形象带来的影响，公共关系部要及时协助组织最高决策层，迅速客观地调查处理。包括与媒体积极接触，澄清真相，对公众进行沟通、安抚、释疑，与法律部门有效沟通等。

（6）接待来访和投诉

公共关系部是组织与公众联系的桥梁和纽带。接待公众来访和投诉，了解公众的意见、建议、要求等，是组织与公众有效沟通、建立感情的良好机会。在组织了解公众信息的同时，还可以把组织的信息传递给公众，在信息交流的同时，增进沟通，加深感情。对于组织来讲，既能及时发现问题，又能在信息直接反馈的情况下使问题得到及时、有效地解决。

（7）专项技术制作

在组织的公共关系活动中，有一些需要一定技术性的制作工作，如摄影、录像、录音、企业形象标志设计、广告标志设计、商品商标设计等，都需要专项技术制作，这也是公共关系部的日常工作内容之一。

2.1.2 公共关系部的组建原则

1. 精简原则

精简原则，就是“因事设岗”，在考虑组织本身的规模、组织内部各职能部门的职能分配及组织对公共关系部的要求、组织的公众特点等情况的前提下，把层次、机构和人员减少到最低限度，做到规模适当、人员结构合理。同时公共关系部的内部层次不宜过多，以免影响内部思想交流和工作效率。

公关视角 2.2

公共关系部人员规模

英国著名公关专家弗克兰·詹夫金斯在其《实用公共关系学》中提出了一个参考标准，如表 2-1 所示。

表 2-1　不同规模的组织中公共关系部人数表

年销售额	公共关系部人数	年销售额	公共关系部人数
10 亿美元以上	65 人	1～2.5 亿美元	12 人
5～10 亿美元	20 人	0.5～1 亿美元	6 人
2.5～5 亿美元	13 人	0.5 亿美元以下	4 人

2. 专业性原则

公共关系部是专门开展公共关系工作的机构，在组织上和工作内容上都要保证其正规性，同时还应做到工作人员的专业化，即组织公共关系机构的工作人员应具有强烈的公共关系意识，受过一定的专业训练，具备一定的专业素养和专业技术等。

3. 效能原则

公共关系部是专门开展公共关系工作的组织机构，它的每一项工作都可能涉及组织的声誉和形象。因此在设立公共关系机构时，必须考虑让公共关系机构充分发挥其效能，行使其职能。这就要求，一方面要界定公共关系部的职责和权力，让公共关系部拥有其职责范围内相应的人、财、物的决策权，以保证其工作的主动性和积极性；另一方面，要合理设置公共关系部内部的二级机构，使整个公共关系部能有效地整合起来，形成整体效应，发挥机构的最大效能。

4. 灵活机动原则

公共关系部的工作既包括日常性的信息收集、信息分析、公众来访接待、常规公共关系宣传等工作，也包括一些临时性大型专题活动的组织和临时性突发事件的处理。这就要求组织在设立公共关系部时，要充分考虑这两种不同性质工作的特点，使组织的公共关系部能适应客观环境的变化和组织工作的调整，保持高度的灵活性和应变能力。

2.1.3 公共关系部的组织类型

1. 按公共关系部在组织内部的位置分类

(1) 最高领导直接负责型

最高领导直接负责型是一种比较理想的模式，对公共关系工作的开展最有利。公共关系经理直接向总经理报告工作，对总经理直接负责，也有的组织由最高领导（总经理）直接兼任公共关系经理。其组织结构如图 2-1 所示。

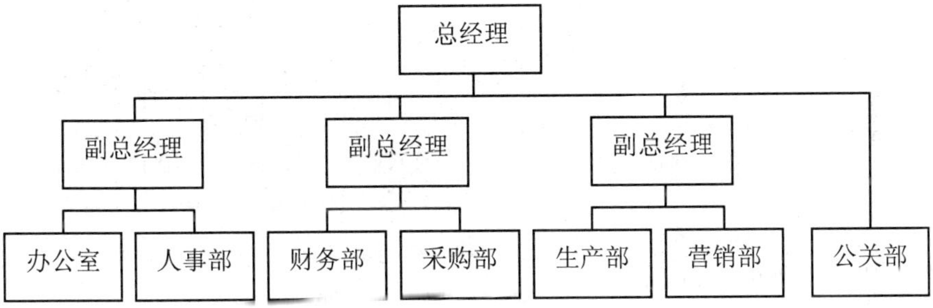

图 2-1 最高领导直接负责型组织结构

(2) 部门并列型

部门并列型也称最高领导间接负责型。在这种模式中，公共关系部是组织的一个二级职能部门，与生产部、营销部、财务部等业务部门处于并列地位，公共关系经理向其主管领导报告工作。其组织结构如图 2-2 所示。

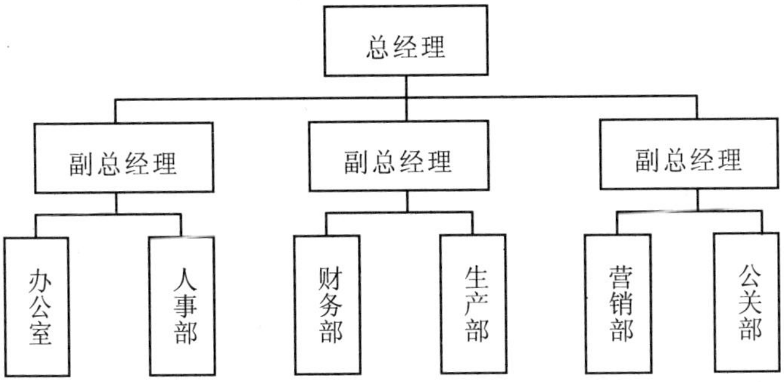

图 2-2 部门并列型组织结构

(3) 部门附属型

在部门附属型模式下，公共关系部只是组织二级部门下的一个附属机构，即组织的 3 级机构。它可能隶属于销售部门、广告宣传部门、行政办公部门等。其结构如图 2-3 所示。

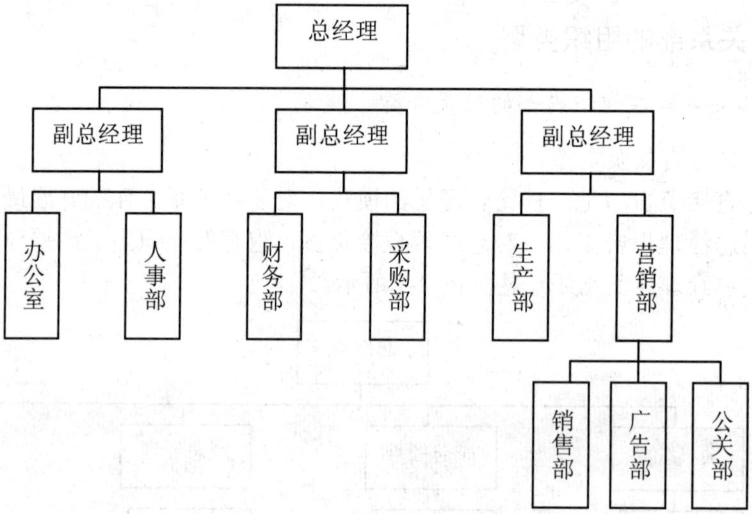

图 2-3　部门附属型组织结构

（4）公共关系委员会型

有的组织没有常设的公共关系机构部门，也没有专职的公共关系人员，而是成立一个公共关系委员会，负责组织重大的公共关系事务，一些日常工作则分散到各个职能部门。公共关系委员会的成员一般包括组织最高负责人及组织的各位副职、各职能部门负责人及相关人员，其组织结构如图 2-4 所示。（注：图中虚线表示公共关系委员会为非专职职能部门，即非常设固定机构）

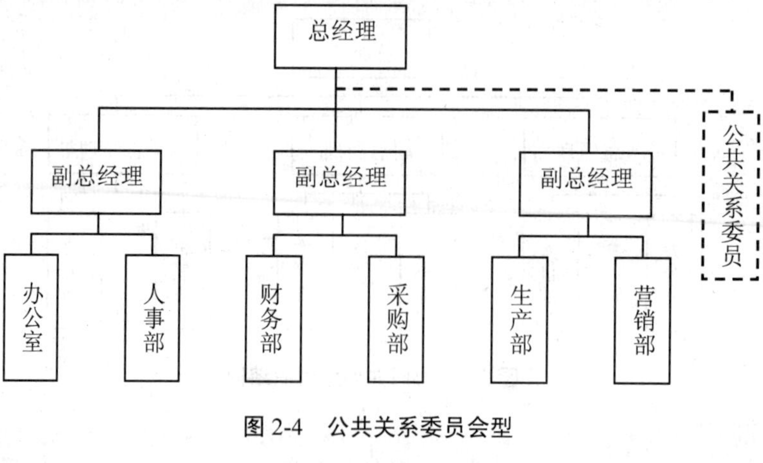

图 2-4　公共关系委员会型

2. 按公共关系部的内在结构分类

（1）过程型

过程型的组织结构如图 2-5 所示。

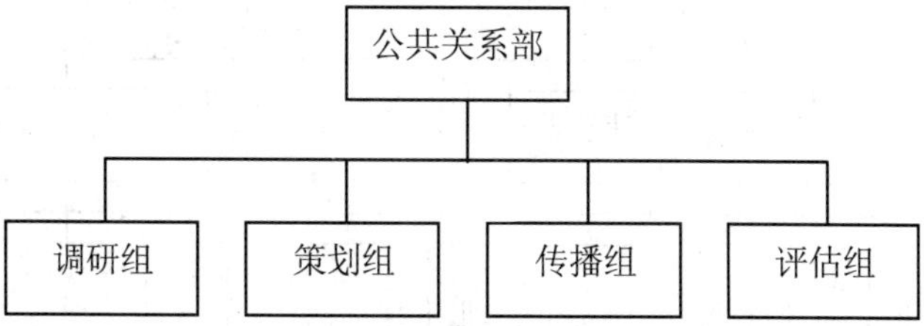

图 2-5　按公共关系过程设置的公共关系部

（2）对象型

对象型的组织结构如图 2-6 所示。

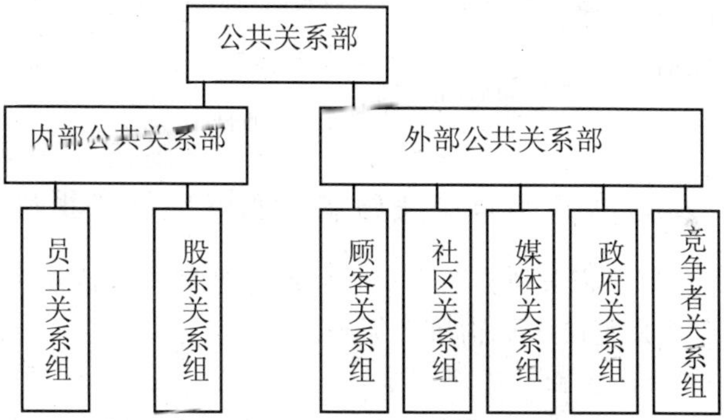

图 2-6　按公共关系对象设置的公共关系部

（3）手段型

手段型的组织结构如图 2-7 所示。

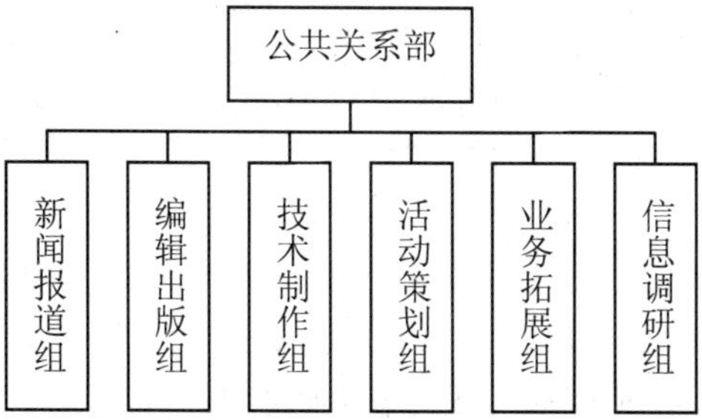

图 2-7　按公共关系手段设置的公共关系部

(4) 区域型

区域型的组织结构如2-8图所示。

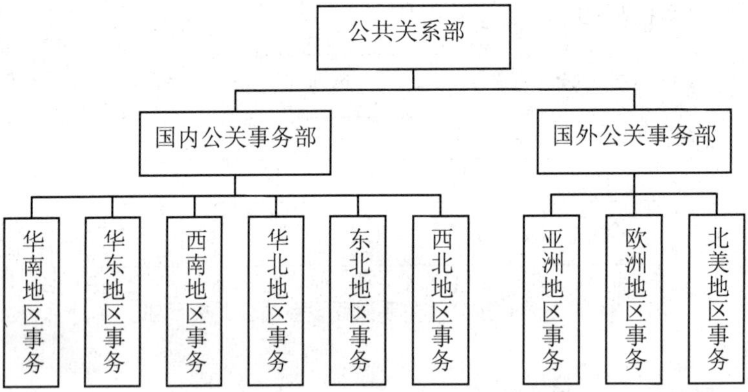

图2-8 按工作区域设置的公共关系部

公关视角2.3

2003年广州市公关组织机构情况调查报告

2003年11月，广州市公关协会与中山大学政务学院公共传播学系联合策划并进行了广州地区2003年度企业公关组织机构情况调查。

(1) 已设立公关部门的企业

① 企业设立公关部门的目的：强化企业对外沟通联系、进行企业形象策划与传播、开展企业礼仪接待工作、协调企业内部关系是企业设立内部公关部门的主要目的。

② 资金投入情况：调查中75%的企业公关部门只能得到企业年度资金总投入额5%以下的资金投入，而12.5%的企业内部公关部门可以得到企业年度资金总投入额5%～10%的资金投入。

③ 企业公关部门设置情况：调查显示，37.5%的企业公关部门由总经理直接负责，37.5%的企业公关部门与其他职能部门平行，25%的企业公关部门归属于某职能部门的3级机构。

④ 企业公关部门参与企业组织决策的情况：调查显示，50%的企业公关部门经常参加企业组织决策，25%的企业公关部门基本参加企业组织决策，12.5%的企业公关部门需要时才参与企业组织决策，基本不参与到决策当中的有12.5%。

⑤ 企业公关部门工资待遇情况：企业内部公关人员的工资待遇(月平均)从2 000～

8 000 元不等，其中，2 000～3 000 元的占 50%，2 000 元以下、3 000～4 000 元和 4 000 元以上的各占 12.5%。

（2）尚未设立公关部门的企业

企业对设立公关职能部门的态度：85%的受调查企业将与公关相关的事务交由其他职能部门（主要是行政办公室、市场部）处理，少数受调查企业则由秘书兼行公关职能；有 5%左右的企业表示准备筹建公关部门；10%的企业表示并没有太多公关事务，没有必要专门设立该部门。

（资料来源：广州市公关行业 2003 年度行业调查报告）

2.2 公共关系公司

2.2.1 公共关系公司的概念

公共关系公司是公共关系咨询公司、公共关系顾问公司、公共关系事务所、公共关系服务公司等独立的公共关系服务机构的统称。公共关系公司是由各具专长的公共关系专家组成的，它是专门从事公共关系咨询服务或受理委托为客户开展公共关系活动的营利性服务机构。

世界上最早的公共关系公司诞生于 20 世纪初的美国，被誉为“现代公共关系之父”的艾维·李于 1903 年首创了具有公共关系公司性质的宣传顾问事务所；1920 年，美国人艾尔正式开办了公共关系公司，开启了公共关系咨询行业和公共关系公司在全球发展的新篇章。1986 年，我国第一家专业性公共关系顾问公司——中国环球公共关系公司正式成立，我国公共关系咨询行业从此快速发展。

公关视角 2.4

环球公关公司概况

中国环球公共关系公司（以下简称“环球公关”）是中国第一家本土专业公关公司，作为中国内地成立的第一家专业性公共关系顾问公司，环球公关拥有信息、人才及技术与业务网络等方面的优势，与政府、传媒、社团、同行保持着良好的关系。环球公关的服务范围包括：企业发展战略顾问咨询；长期公关代理；企业定位；市场沟通计划；员工关系计划；新闻宣传与有效媒介关系；财经传播与投资者关系；公共事务与政府关系；大型活动策划与实施；市场调查；议题管理；危机预警和危机处理。

2.2.2 公共关系公司的基本类型

1. 综合服务型公共关系公司

综合服务型公共关系公司通常可提供多种公共关系服务，此类公司一般拥有先进的信息收集系统和信息存储与分析系统，通过多种途径广泛采集世界各国的政治、经济、文化、法律、社会政策、风俗习惯以及市场动态等多方面的信息。通常，此类公司拥有一大批擅长处理不同方面问题、协调不同方面关系的经验丰富的专家。综合服务型公共关系公司一般具有较大的规模，联系广泛，实力雄厚，可为不同类型的客户提供服务。

2. 专项服务型公共关系公司

专项服务型公共关系公司是指仅为客户提供特定项目服务的公共关系公司。其服务项目一般仅局限于一种或几种，例如，专门为客户提供公众调查服务，专门策划某种类型的公共关系活动等。专项服务型公共关系公司的人员通常都是某一领域的专家，或在该领域有广泛的联系和丰富的经验。这种类型的公司跟综合服务型公司相比较，其规模与业务范围要小得多。

3. 顾问型公共关系公司

从某种意义上说，顾问型公共关系公司也是一种专项服务型公司。它所开展的服务一般仅限于为客户提供咨询，作为客户的“参谋”，对其公共关系运作提出意见、建议和策划方案等。顾问型公共关系公司的组成成员，一般都是具有一定声望的某一公共关系领域的专家，例如，公共关系专家、新闻传播专家、社会心理分析专家、公共关系协调专家、市场分析预测专家等。这些专家知识渊博、阅历宽广、思维深邃，不仅能为客户做出决策咨询，还可对公共关系的各种具体业务进行指导。

公关视角 2.5

2007 年度 CIPRA（中国国际公共关系协会）TOP20

CIPRA TOP 公司排行榜是中国国际公共关系协会于 2001 年创设的年度公关公司榜单。2006 年，“TOP10-intl” 和 “TOP10-local” 两榜合一，统称 “CIPRA TOP20”，即中国公共关系市场“综合实力 20 强”，上榜公司简称“TOP 公司”。

TOP20 公司排行榜（按公司英文名排序）

（1）信诺传播（Across China）

（2）安可顾问（Apco China）

（3）蓝色光标（Blue Focus）
（4）博雅（Burson—Marsteller China）
（5）迪思传播（D&S）
（6）时空视点（Evision）
（7）福莱国际（Fleishman Hillard China）
（8）际恒公关（Genedigi）
（9）海天网联（HighTeam）
（10）伟达中国（Hill & Knowlton China）
（11）智扬公关（InSight）
（12）凯旋先驱（Ketchum Newscan）
（13）灵思传播（Linksus）
（14）新势整合（New Trend Integration）
（15）东方仁德（O&R）
（16）澳美公关（Ogilvy China）
（17）普纳营销（Push Marcom Group）
（18）罗德（RuderFinn China）
（19）宣亚国际（Shunya）
（20）万博宣伟（Weber Shandwick China）
特别说明：
本次入围门槛为2007年度营业收入大于3 000万人民币、在两个以上城市设有办公室、业内知名度较高、竞争力较强、具有专业品质的公共关系公司。

（资料来源：http://www. chinapr. corn. cn）

2.2.3 公共关系公司的业务范围

由于公共关系公司的规模、类型不同，其所经营的业务范围也有所不同。一般来讲，公共关系公司的服务项目即业务范围主要包括以下4个方面。

（1）公共关系咨询

公共关系公司可根据客户的要求，凭借现代化的通信、办公技术，以及众多的专门人才，为客户提供社会政治、经济、文化、教育等多方面的情报，还可以为客户提供市场信息、公众态度、社会心理倾向、社区文化习俗的分析资料等；为客户进行公共关系问题的分析与诊断；为客户的组织形象设计、公共关系战略或决策等提供咨询建议。

（2）信息传播

为客户提供各种信息传播服务，例如，为客户撰写新闻稿、选择新闻媒体、协调与新闻媒体的关系、举办记者招待会（或新闻发布会）；为客户设计、印刷宣传资料和纪念品以及统一标志的物品等；为客户制作宣传片、录像带或光盘等视听资料；设计制作产品广告及公共关系广告；协助客户推广产品信息，营造有利的市场氛围等。

（3）活动组织

协助客户与相关的公众进行有效地联络与沟通，帮助客户与政府、社区、媒体等公众建立并维持良好的关系；为客户安排、组织重要的交往活动，如贵宾和各级领导的参观访问等；为客户策划组织各种专题活动，如剪彩仪式、庆典、联谊会、公益赞助活动等；组织各种会议，如信息交流会、产品展销会、业务洽谈会、合作谈判会等；针对企业、产品、品牌等形象受损时产生的各种危机，提供专业的危机公共关系服务，使其快速摆脱困境，维护和提升公众形象；针对企业的各类产品做出行之有效的市场营销策划方案，协助企业开拓广阔的市场，创造更大的经济效益和社会效益。

（4）人员培训

公共关系公司可代替客户为其公司的各类人员进行知识和技能培训，使经培训人员具备必需的公共关系理论知识和实际操作技能，以适应岗位的需要。

2.2.4 公共关系公司选择

组织在选择公共关系公司代理业务时必须依据一定的标准，策略性地进行选择，一般需要考虑以下 4 个方面的因素。

（1）公共关系公司的信誉状况

一个组织在选择专业公共关系公司时，应有侧重性地考察该公司成立的时间，现有规模，所提供的服务项目，组织和开展过哪些公共关系活动，产生了什么效果，以及社会公众对该公司的评价等。

（2）公共关系人员的素质

公共关系人员的素质决定着一个公共关系公司的服务水平，组织在选择公共关系公司时要考虑该公司的工作人员是否经过专门训练，专业技术水平如何，能否胜任客户委托的公共关系工作等。

（3）公共关系公司的客户情况

公共关系公司的客户情况即考察该公司现有哪些客户，这些客户的市场地位、公众评价如何，客户对公司提供的服务满意度如何等。

（4）公共关系公司的收费标准

通常，一家公共关系公司的实力越强，服务水平越高，其收费也相应越高。所以，组织在选择公共关系公司时，要把公司的实力水准、服务质量、信誉口碑等与公司的收费方式和收费标准等进行综合考虑，以做出最优的选择。

公关视角 2.6

聘请公关公司的理由

美国著名公关学家卡特利普在其《公共关系教程》中，开列了各种组织聘请公关公司的6个理由。

（1）管理层先前没有开展过正式的公共关系活动项目，缺乏组织公共关系活动项目的经验。

（2）组织所在位置与传播和金融中心距离较远。

（3）组织有着范围广泛的不断更新的业务。

（4）组织没有能力单独为有经验的公关行政主管和有创造力的公关专家提供服务。

（5）一家拥有自己的公共关系部门的组织很可能还需要一些高度专业化的服务，而这种服务是公共关系部门所不能提供的，或者是不需要在全日制和持续不断的基础上提供的。

（6）组织至关重要的政策问题需要参考外部专家的独到见解。

（资料来源：[美]卡特利普，等．公共关系教程．北京：华夏出版社，2001.）

2.3 公共关系从业人员的素质

公共关系人员从狭义上理解是指从事公共关系职业的专职人员。劳动与社会保障部为公共关系人员下的定义是：专门从事组织机构公众信息传播、关系协调与形象管理事务的调查、咨询、策划和实施的人员。从广义上理解，公共关系人员泛指组织内部和外部从事直接的公共关系工作、公共关系理论研究和公共关系教学的人员，以及在公共关系协会等公共关系组织机构工作的人员。

任何一次严谨的调查、巧妙的公共关系策划、有力的传播、圆满的操作、科学的评估都要由训练有素的公共关系人员来完成。有人说公共关系的竞争就是公共关系人才的竞争，此话不无道理。优秀的公共关系人才在为组织开拓市场时可以想人之所未想、能人之所未能，创造奇迹；可以为组织塑造国际名牌、积累巨大的无形资产。在国外有人将公共关系人员、医生与律师并称三大自由职业者。20世纪80年代，美国统计的最富竞争力的20项职业中，有8项与公共关系有关。“美国99在线”于1999年统计的21世纪最需要的职业中，公共关系排第10名。

公关视角 2.7

挖人成风，凸现公关业人才供求矛盾

每年国内专业公关公司人才需求以30%的速度增长,因此，现在每个公关公司都重视人才，如何吸引和留住人才已经成为各公司发展过程中考虑的重点。公关公司为开拓市场，想尽一切办法从其他公司挖人，公关业的人才流失率一直居高不下。

很多公关人才在工作过程中都会为自己将来跳槽做准备，许多人都跳槽到自己曾做过项目的公司里去，做市场部或公关部负责人。由于人才流动的频率太快，公关人员在工作中甚至还等不到有所积累就频繁跳槽，因此优秀者也就屈指可数。公关业内目前普遍的做法就是从别的公司挖人。“开店不如买店，买店不如买人”。这些挖来的“高手”不仅“身怀绝技”，更重要的是，他们往往有固定的客户群和自己的“追随者”。作为服务行业的经营主体，公关公司在非理性的市场体制中经常体现出的特点之一就是“认人跟风”。所以，“挖人”不仅是“挖”来了他们的专业技能，也可能会“挖”来他们手中的客户。

（资料来源：国际公关网）

公共关系从业人员的素质，是指在实现组织与公众的联系中，运用各种传播手段增强组织机构的能力，以及在公众心目中塑造良好形象的过程中，公共关系从业人员所表现出来的意识、品德、常识、情操、风度、能力等方面的综合素质。下面从公共关系从业人员的公共关系意识、心理素质、知识结构、能力结构、职业道德等5个方面分别进行表述。

2.3.1 公共关系意识

公共关系意识是一种综合性的职业意识，是公共关系从业人员应该具备的基本素质的核心。良好的公共关系意识能促使从业人员让自己的公共关系行为永远处在自觉的状态，这种状态使公共人员既能很好地从事公共关系策划工作，又能创造性地完成公共关系实施任务。公共关系意识由以下6个方面构成。

（1）塑造形象的意识

塑造形象的意识是公共关系意识的核心。良好的组织形象是一个组织的无形资产和无价之宝。因此，公共关系人员必须具备极强的形象塑造意识，能针对组织公众对组织形象的知名度、美誉度、忠诚度等进行分析和评价，成为组织形象的设计大师，并且时刻注意维护组织的形象，甚至视其为组织的生命。

（2）服务公众的意识

服务公众的意识是公共关系意识中一种最重要、最基本的意识，公共关系人员要有公众优先的意识、投公众所好的意识、尊重公众的意识，要能处处利用条件、创造条件为公众服务，真正做到“公众就是上帝”。特别是当组织利益与公众利益发生冲突时，更要将公众的利益放在第一位。

（3）真诚互惠的意识

真诚互惠意识是指公共关系活动不应建立在“你死我活”、“尔虞我诈”的基础上，而应建立在既竞争又合作，共同发展的基础上。虚情假意、欺骗他人、坑害公众的行为终将会导致组织形象的声名狼藉。

（4）沟通交流的意识

公共关系人员要确切地意识到，自己除了是本组织形象的维护人之外，还是组织与内外部公众、社会环境进行信息交流的中间人，因而负有搜集和整理组织的外部信息和内部员工信息情况，并将其同组织的信息传播活动进行双向沟通的职责与任务。

（5）立足长远的意识

塑造组织良好形象，不是一朝一夕、一蹴而就的事，而是一个不断积累的过程，需要组织长期的努力。这就要求公共关系人员不能只顾眼前利益，患“短视症”，而必须具备立足长远的意识，具有战略的发展眼光，能够合理地处理短期利益与长远利益、组织利益与社会利益的关系。

（6）创新审美的意识

组织形象塑造过程中的每一个公共关系活动，其策划和设计都需要创新。公共关系是一门科学，指的是它有客观规律可循，有相对固定的操作程序；公共关系又是一门艺术，指的是它有突破固定程式、追求创新的特点。每一次公共关系活动都是一次创新，都需要超越对手、超越昨天、超越自我。所以，公共关系人员只有不断创新才能塑造出独特而鲜明的组织形象；只有不断创新才能使组织的良好形象在现代市场竞争中立于不败之地；只有不断创新才能使组织的良好形象不断螺旋上升。同时，组织形象必须具有审美的意识和水平，才能为人们所欣赏、所接受，才能使人们参与、投入。具有创新审美的人，才能深刻地体会到塑造形象的奥妙和乐趣。

2.3.2 心理素质

公共关系从业人员的心理素质是其基本素质的基础，它包括以下几个方面的内容。

（1）优良的性格

性格是一种潜在的能够对人的行为起决定作用的心理素质。性格构成人的态度体系，给人以惯常的行为方式。性格与能力的关系极为密切，良好的性格能推动能力的发展并能补偿能力的某些弱点，相反，性格缺陷则会成为能力表现和发展的障碍。公共关系从业人员首先必须具备优良的性格。

（2）自信、豁达的风度

自信，这是对公关从业人员心理素质的基本要求，是其取得事业成功的基石。古人云："自知者明，自信者强。"充满自信的公共关系人员，才敢于追求卓越、面对挑战，最终创造出奇迹。

公共关系人员要与社会上各种各样的人交往，要为组织建立一个和谐的公共关系氛围，这需要具有宽宏大量的气度。要能宽容别人的弱点与不足，能够容纳与自己不同的观点、态度、意见和方法，善于求同存异，能够和各种人结交成友，能着眼大事，不计较小是小非。另外，公共关系人员还要能以豁达乐观的态度冷静地对待、处理工作中的困难和挫折，不斤斤计较个人的得与失。

（3）热情、开放的心理

公共关系工作是一种需要人们付出大量智力劳动和体力劳动的艰辛工作。很多公共关系人员的头脑中几乎没有定时工作制的概念，他们要经常加班加点超负荷地工作。可以说，没有极大的热情，没有全身心地投入，是干不好公共关系工作的。

公共关系工作是一种开放型的工作，从事这种工作的人需要有一种开放的心理。能够不断接受新的事物、新的知识、新的观念，在工作中敢于大胆创新，作出突出贡献。

（4）良好的心境

良好的心境是指个体无论是在积极的心理体验中还是在消极的心理体验中都能保持积极进取的心境。具有良好心境的人能用理智控制激情，能用主体意识选择感情，能保持心理平衡。具有良好心境的人，一般能够排除环境的影响，在挫折和失败面前，能主动寻找失败的原因，寻找前进的方向，巧妙地使自己渡过难关。公共关系人员的工作任务艰巨复杂，可能遇到各种各样的麻烦、打击、挫折、失败，所以，公共关系人员不能只"跟着感觉走"，而应该选择自己的情绪，保持良好心境，即使处于极其不利的境地，也应该保持良好的、积极进取的心境。

2.3.3 知识结构

公共关系工作是一项涉及面广、内容丰富的工作，这就要求从事公共关系的人员必须具有广博的知识，他们应该是"通才"、"杂家"。公共关系人员的知识结构具体包括以下几个方面内容。

（1）公共关系理论知识

公共关系理论知识，包括公共关系的产生和发展、公共关系的基本概念、公共关系的特征、公共关系的职能、公共关系的构成要素等。公共关系人员具备了基本的公共关系理论知识，有利于克服盲目性，增强自觉性，用以指导实践活动，提高公共关系活动的效果。

（2）公共关系实务知识

公共关系实务知识，包括公共关系调查、公共关系策划、公共关系实施、公共关系评估等。了解和掌握公共关系实务知识，不在于死记硬背某些条文，而在于创造性地开展公共关系实践活动。

（3）公共关系技巧知识

公共关系是一门应用性学科，掌握公共关系技巧知识，是公共关系人员的基本功。公共关系技巧知识，包括公共关系的形象塑造、内部公共关系处理、外部公共关系处理、公共关系专题活动、公共关系礼仪、公共关系危机处理等。了解和掌握公共关系技巧，才能更好地运用科学的方法和周密的组织实施去实现组织的公共关系目标。

（4）公共关系相关学科知识

公共关系是边缘性、综合性的学科，要求公共关系人员具有广博的知识，包括传播学、社会学、心理学、经济学、管理学、行为学、市场学、新闻学、广告学、决策学等。掌握这些学科的基本原理和方法，会使公共关系人员在工作中得心应手。此外，公共关系人员还应掌握一些文学、艺术、写作、外语以及编辑等方面的知识。

（5）专门知识

公共关系人员的工作与他们所在组织的行业特性是密不可分的，如政府公共关系、非营利性组织的公共关系与企业公共关系在内容上就有很大差异。因此，作为公共关系人员，必须掌握和懂得本行业的基本特性与相关知识，例如，在 IT 企业工作，就要了解 IT 产品方面的基本知识、技术发展趋向、市场发展动态等；在服装制造企业工作，则要懂得面料、服装设计、加工技术等方面的基础知识，还需要掌握服装面料的流行花色、服装款式的流行趋势等知识。

2.3.4 能力结构

1. 表达能力

表达能力包括口头表达能力和文字表达能力，能说会写是对公共关系人员的两项基本要求。

口头表达能力就是通常所说的口才。口头表达是公共关系工作中实现信息双向交流沟通最主要、最直接、最迅速的传递手段，其形式主要有：在特定场合对公众发表专题讲话，创造和引导舆论以便争取公众的演讲形式；在人际交往中与个别公众面对面沟通，进行解释、说服等的交谈形式；为争取组织利益而与其他组织进行的谈判形式。为此，公共关系人员要掌握口头表达的规律和艺术，能充分借助面部表情、动作、体态等辅助语言，增强口头表达的说服力、亲和力和感染力。

书面表达能力，就是写作能力、文字能力。公共关系人员在工作中涉及写作的范围非常广，从日常的邮件信函、公文告示，到公共关系计划、调查报告、总结汇报，从新闻稿、演讲稿、广告语，到公共关系手册、公共关系策划书，都需要公共关系人员有熟练的文字功夫和写作技巧。因此，公共关系人员要熟练掌握包括新闻、信函、计划、总结、分析报告等各种类型的文体，同时要注重严谨的逻辑思维和朴实流畅的文风。

2. 社交能力

社交能力是进行交往、联络公众的能力，是公共关系人员广结良缘，协调各方关系，争取公众理解和支持的基本条件。一个公共关系人员只有具备较强的社交能力，才能在任何场合中相机行事，应付自如，使别人在与你的交往中感到信任、愉快，从而营造出对公共关系工作有利的人际环境。

案例链接 2.1

张晔说了不合时宜的“真话”

某单位总经理在欢迎新员工见面会上念新来员工的名单，当念到“张晔”（yè）时，总经理读成“张华”。张晔马上站了起来，当场给予纠正：“经理，我的名字不叫张华，那个字读‘晔’，我叫张晔”。全场愕然。就在此时，总经理秘书马上站起来打圆场，对总经理说：“经理，不是您读错了，是我在打字的时候把‘日’字旁丢掉了。”回头对那位新员工说：“张晔同志，对不起，这事责任在我。”张晔说错话了吗?

张晔说的是真话，但他选错了时间、场合，更没能准确把握自己的身份，作为一名新员工，他当众纠正总经理的错误，使场面变得十分尴尬，这也是他缺乏社交能力的表现。

3. 组织能力

公共关系人员经常组织各种类型的公共关系活动，因此，必须具备较强的组织能力。公共关系人员的组织能力主要表现为在落实和实施公共关系计划、方案过程中所需要的组织与指挥能力，也就是能够有效地控制公共关系计划、方案的实施过程，排除不可控因素的干扰，保证最大限度地实现公共关系目标，当任务完成后，能够及时地提出新的奋斗目标，使公共关系工作能持续地开展。

4. 应变能力

公共关系工作中经常会出现一些突发事件和事先无法预料到的问题。面对突变，公共关系人员应处变不惊，保持冷静的头脑和镇静的心态，快速查明原因，做出正确的判断并提出妥善的对策。一名成熟的公共关系人员，越是困难越应具有高度的自信心，善于在困境中调动客观或主观的一切有利因素，变被动为主动，使组织逐步摆脱困境，化险为夷，求得问题的圆满解决。

5. 创新能力

公共关系领域非常广泛，这为公共关系人员发挥想象力、施展才华，提供了理想的环境。公共关系工作人员要善于捕捉新信息，增进新知识，确立新观念，提出新设想，敢于创新，巧于构思一些新颖别致的活动形式，把公共关系工作开展得有声有色，生机勃勃，充满活力。

案例链接 2.2

机会要靠自己去创造

美国实业界巨子华诺密克参加了在芝加哥举行的美国商品展览会，遗憾的是，他的摊位被分配在一个极偏僻的角落，这个角落是很少有游客光顾的。因此，为他设计摊位的装饰工程师萨孟逊劝他索性放弃这个摊位，等待明年再来参加商品展览会。华诺密克却回答说：“萨孟逊先生，机会要靠自己去创造，不会从天而降。”华诺密克随即向他的公关部求援。公关人员明白了他的处境和要求之后，召开会议，集思广益，最后得出一条妙计：设计一个美观而富于东方色彩的摊位。萨孟逊不负所托，果然为华诺密克设计了一个古阿拉伯宫殿摊位，那摊位前面的大路，变成了一个人工做成的大沙漠，当人们走到摊位前面时，就仿佛置身于阿拉伯世界一样。这个阿拉伯式的摊位设计，引起了参加展览会的商人们的兴趣，不少报纸、电台的记者都报道了这个新奇的设计。展览会结束了。华诺密克做成了 2 000 多笔生意，其中有 500 多笔是超过 100 万美元的大交易，他的摊位成为展览会中顾客最多的摊位。

（资料来源：http://media. open. edu. cn）

2.3.5 职业道德

职业道德是一定社会对于特定职业从事者的要求，是社会道德在职业劳动中的具体体现。公共关系人员的职业道德就是指公共关系人员在从事公共关系活动中所必须遵循的行为规范的总和。公共关系人员的职业道德主要可以归纳为以下 4 个方面。

（1）恪尽职守，真诚老实

塑造组织的良好形象，为组织的生存和发展创造良好的环境，对公共关系事业的发展作出贡献，是公共关系人员的基本工作和根本任务。因此，评价一个公共关系人员是否具有职业道德，最重要的是看他对公共关系事业是否尽心尽力，对公共关系工作是否恪尽职守。尽心尽责、恪尽职守，要求公共关系人员热爱本职工作，有强烈的职业责任感，能充分履行本职工作的社会责任、经济责任和道德责任，而不能从事任何与履行职责无关或相悖的事务，不能违背国家和政府的法纪和规章制度，不能泄露组织的机密或做有损于组织形象、信誉的事。那些玩忽职守、自由散漫、无组织无纪律的思想和行为，都是不道德的。

另外，公共关系人员在对待职业的态度上要体现出客观真实的原则。"真实"是公共关系的生命所在。缺乏"真实"，就不能取得公众的信任和支持，就不能有效地开展公共关系工作。公共关系的真实性原则要求公共关系人员真诚老实，讲真话，讲实话，注重透明，注重公开，不可弄虚作假，欺上瞒下。公共关系人员说话、办事、做人都要表里如一，实事求是，不可投机取巧，他们的一切行为都要经得起检查和考验。

案例链接 2.3

女总统的微笑

马耳他女总统芭芭拉访问上海期间要下榻锦江饭店。锦江饭店公关部的工作人员在接到任务后查阅了大量资料，进行了周密的准备。当芭芭拉一走进总统套房时，就意外地发现了化妆台上放置了她喜爱的化妆品、吹风器和珠花拖鞋，房内还放置了一架昂贵的钢琴，她对饭店的精心安排非常满意临行时她亲笔留言："在上海逗留期间，感谢你们给予我第一流的服务，并祝你们幸福，前途美好。"

（2）努力学习，有效工作

公共关系是实干的事业，因此，公共关系人员的职业道德水平如何，不仅要看其有无自觉履行职责的愿望，而且还要看其有无出色履行职责的过硬本领。公共关系人员只有积极钻研业务，勤奋学习，才能维持工作的高水准。那种不学无术，碌碌无为，工作中常出差错，以致给公众、组织乃至整个社会带来损失的人员，都是不道德的。

（3）廉洁奉公，不谋私利

公共关系工作是服务于公众、服务于组织、服务于社会的，每个公共关系人员只有为公众、组织、国家谋利益的义务，而没有谋个人私利的权力。公共关系的工作性质和特点决定了公共关系人员拥有较多的社会关系，且掌握着一定的权力，这些关系和权力，不仅对组织有利，而且对个人也有用，因而，廉洁奉公、不谋私利，对公共关系人员来说十分重要。

（4）公道正派，谦虚团结

公共关系事业是高尚的事业，献身于这一事业的公共关系人员应有高尚的品德，这就要求公共关系从业人员要为人正直、处事公道、作风正派、公私分明、不拿原则做交易。那种投机钻营、圆滑虚伪、趋炎附势、傲慢自大、个人第一、夸夸其谈、浮躁狭隘、争功夺利、妒贤嫉能的思想行为，都是背离公共关系职业道德的。同时，公共关系工作是一种群体工作，合作、互助、团结、友爱、互相信任和互相尊重，是工作顺利、事业成功的可靠保证。

综上所述，公共关系必须以德为本，公共关系的是非成败、真伪优劣与德行息息相关。实践证明，不以德为本、不讲职业道德、不注重社会效益和公众利益，公共关系就会迷失方向，失去应有的价值。

思考题

1. 许多人认为，由于他们的性格内向，身材及长相一般，所以不具备成为成功公共关系人员的条件。你如何评价这种看法？你认为性格和容貌在优秀公共关系人员的成功中起到多大作用？

2. 如果让你通过面试和笔试来选择公共关系人员，你会怎么做？请设计一下笔试的问题和面试的内容。

3. 假设你是一家公司的公共关系部部长，你如何组建一个公共关系部？你认为公共关系部应具有哪些责任和权利？

4. 结合自己的实际，谈谈如何才能成为一名出色的公共关系人员？

案例分析

帕兰朵意大利餐厅的开业——酒店公关部的精彩之作

波特曼丽嘉酒店位于上海市南京西路1376号，这家酒店为适应新形势和餐厅的发展要求决定开办帕兰朵意大利餐厅。

波特曼丽嘉酒店的公关人员围绕帕兰朵意大利餐厅开业而进行的一系列策划活动主要包括以下几个部分。

（1）通过媒介，对餐厅的厨师进行宣传。宣传的目的是为了让目标公众了解帕兰朵意大利餐厅的美味是出自纯正、资深的意大利厨师之手。

（2）激发目标客户对餐厅的兴趣和关注度。由酒店的总经理邀请上海商城的公寓住户及商务住户到餐厅试餐，提高这些具有代表性的潜在客户对帕兰朵意大利餐厅的兴趣和关注程度。

（3）酒店在2000年10月26日晚举行充满意大利风情的开业典礼。

公关人员按照上述策划开始具体实施公关活动。

首先，9月中旬，公关部向美国、英国、澳大利亚和中国香港地区的有关媒体发出邀请，并于10月1日最终落实媒体采访的日程安排。10月中旬，公关部向上海的一些大公司、驻沪领事馆的大使、上海市的政府官员和上海市的媒体及外国记者发出邀请函，向上海商城的住户发出邀请其试餐的请柬，10 月 22 日、23 日，上海商城的公寓住户和商务住户分别被邀请到帕兰朵意大利餐厅试餐。试餐的气氛非常热烈，受邀嘉宾对餐厅表现出极大的兴趣。

2000 年 10 月 26 日晚上 6 点 30 分，帕兰朵意大利餐厅的开业典礼正式举行。受邀参加典礼的嘉宾有波特曼丽嘉酒店的住店客人、上海市政府部门的一些领导人、驻沪领事馆的一些官员、与波特曼丽嘉酒店有合作关系的大公司的客户，以及上海电视台、上海有线电视台、《周末画报》、《上海日报》、《旅游时报》、东方人民广播电台等媒体的记者们。

总的来说，波特曼丽嘉酒店公关部为帕兰朵意大利餐厅开业而进行的一系列公共关系工作收到了预期的效果。开张两个月后，帕兰朵意大利餐厅还获得了由美国服务科学院颁发的“五星钻石奖”。这一奖项的获得是帕兰朵意大利餐厅经营服务水平的真实写照。

（资料来源：毛经权. 新世纪的公共关系——研讨与案例. 上海:上海外语教育出版社，2002.）

分析思考：

1. 公共关系部在组织的经营中发挥着怎样的作用？
2. 公共关系人员在公共关系活动中履行着怎样的职责？

第 3 章　公共关系的对象

学习目标

- 了解公众的含义和特征。
- 掌握公众分类的方法。
- 理解公众心理现象。
- 熟悉公众心理定势。

导入案例

亚马逊网上书店的成功

1995 年 7 月，原美国华尔街某大公司的副总裁杰夫 · 贝索斯创办的亚马逊网上书店正式开张了。书店一开业，提供的图书目录就有 110 万种之多，而美国最大的图书连锁书店巴诺才只有 17 万种。

读者只要在网上选中了书，输入自己的账号、密码、住址，3 秒钟后，想要的书就能买下。只要在亚马逊网上书店买过一次书，再去买书时，亚马逊就会自动根据顾客第一次的购书经历，分析出这个人可能喜欢的书籍属于哪一类。

亚马逊网上书店不但提供最快的服务，还提供最好的服务。

1998 年 12 月，贝索斯宣布让出一部分网页空间，让出版商做新书促销广告，这一举动，却引来顾客的强烈不满，人们担心一直坚持高标准的亚马逊会受到金钱的污染。

第二天，贝索斯宣布纠正以上做法。同时他向顾客公布，将实行“所有新书不满意则退款的政策，他向顾客保证：“不管书籍是否被损坏了，甚至是个别读者故意撕破几页，或者你觉得内容不满意，都可以获得全额退款。”

这种独一无二的做法，不能说别的书店不能做，但只有贝索斯的亚马逊网上书店先说了，也做到了。如今，贝索斯的亚马逊网上书店，拥有顾客已达 1 400 多万人，击败了美国最大的巴诺书店——有着 120 多年历史和 1 000 多家连锁店。

亚马逊网上书店的经营者贝索斯始终坚持“顾客第一”的公关原则，当顾客公众提出批评意见时，他立即改正，并且进一步提出更加优惠的服务措施，这种信守诺言、决不欺骗顾客的服务宗旨，以及在处理顾客关系时，站在顾客角度去设身处地替顾客着想的做法，赢得了更多的顾客，也使得贝索斯的亚马逊网上书店获得了巨大的成功。

（资料来源：吕维霞．案说公共关系．北京：对外经济贸易大学出版社，2002.）

公共关系也称作公众关系。公共关系主体的工作对象就是公众。社会组织开展公共关系工作，就是为了使自己与公众建立起和谐、友善、相互支持、彼此合作的良好关系，提高本组织在公众中的知名度和美誉度。公众是公共关系工作的出发点，也是衡量公共关系工作好坏的重要标准。本章将分别介绍公众的含义和特征、公众的分类，并对公众的心理和行为进行分析。

3.1 公众概述

3.1.1 公众的含义

公众作为公共关系的基本构成要素，是公共关系学中最基本的概念之一。它最初由英文 Public 一词翻译而来，泛指公众、民众的含义，也特指某一方面公众、群众的含义。从公共关系的一般意义上说，公众是与公共关系主体利益相关并相互影响和相互作用的个人、群体或组织。

在组织与公众相互作用的过程中，组织是处于主体地位的，公众是组织公共关系工作的对象，我们称之为公共关系的客体。因此，公共关系的公众也称为组织公众，它是相对于特定的社会组织而言的，与日常所说的“大众”、“群众”不可等同，它不是泛称，而是特指对组织这个主体的生存和发展有着现实或潜在利益关系的那些个人、群体和社会团体。

组织开展公共关系工作，实质上就是要处理组织与其面对的各类社会公众之间的关系，使组织与各类社会公众之间应有的相互理解、相互信任、相互合作、相互依存的关系得以发展和稳固，创造一个有利于组织生存和发展的、和谐的人际环境和舆论环境。

3.1.2 公众的特征

公众的基本特征主要表现为以下 5 个方面。

（1）整体性

任何组织的生存和发展都离不开一定的公众环境，公众环境是指社会组织在运行过程中必须面对的社会关系与社会舆论的总和。这些社会关系与社会舆论的范围很广，涉及组织内部和外部的方方面面，并且相互关联，构成复杂的整体。组织在开展公共关系活动时，不能只注意其中某一类公众，而忽略了其他公众。因为对其中任何一种公众的忽略都可能导致整个公众环境的恶化。因此，公共关系工作必须将组织面对的公众视作一个完整的系统，用全面系统的观点来分析自己所面临的公众。

（2）共同性

公众不是一盘散沙，而是具有某种公共特性的群体。当某一群人、某一社会阶层、某些社会团体因某种共同性而发生内在联系时，便成为一类公众。这种共同性即相互之间的某种共同点，例如，共同的背景、共同的兴趣、共同的利益、共同的需求、共同的问题等。这样一些共同点，使一群人或一些团体有着相同或相似的态度和行为，从而成为某一组织的公众。例如，一群消费者在同一超市购买的冰箱存在质量问题，因而他们的态度和行为便具有内在的联系，不约而同地或者有组织的对该超市采取某种共同的行为，如向消费者协会投诉等，从而对该超市构成一定的公众压力和舆论压力。因此，公众总是和某一特定的共同点联系在一起的，从而体现了公众的共同性。

（3）多样性

公众的存在不是单一的，而是复杂多样的。“公众”仅是一个统称，具体的公众形式可以是个人、群体、团体或组织。日常的公共关系对象，包括各种各样的个人关系、群体关系、团体关系、组织关系等。即便是同一类的公众，也可以有不同的存在形式。比如，消费者公众，可以是松散的消费者个体，可以是特殊的利益表达团体（如消费者委员会），也可以是一个严密的组织（如使用产品的其他公司乃至政府）。不同形式的公众，要选择不同的沟通渠道和不同形式的沟通手段。公众形式的多样性，决定了沟通方式和传播媒介的多样性。

另外，多样性还表现在不同的公众具有不同的需求和目的。虽然作为特定组织的公众，他们都面临着一个共同的问题，但在解决这一问题的过程中，他们所表现出来的利益追求和价值取向存在一定的差异。

（4）可变性

公众不是封闭僵化、一成不变的对象，而是一个开放的系统，处于不断变化发展的过程中。首先，公众的形成取决于共同问题的出现，一旦这个问题解决了，那么作为公共关系意义上特定问题的公众就不存在了。其次，任何组织面临的公众，其性质、形式、数量、范围等均会随着主体条件、客观环境的变化而变化。公众环境的变化，必将导致公共关系工作目标、方针、策略、手段的变化。反过来，组织自身的变化，也会导致公众环境的变化，如组织的政策、行为、产品的变化，使公众的意见、评价、态度或行为发生相应的变化，这种变化的结果又可能反过来对组织产生影响、制约的作用。可见，组织必须以发展的、动态的眼光来认识和把握自己的公众。

（5）互动性

互动性，是指组织公众与本组织在利益上存在着相互影响、相互制约的关系。一群人之所以成为某一组织的公众，是因为他们面临的共同点与该组织具有一定的互动性。即他们的意见、观点、态度和行为对该组织的目标和发展具有实际或潜在的影响力、制约力，甚至决定组织的成败；同样，该组织的决策和行为也对这些公众具有实际或潜在的影响力、作用力，制约着他们利益的实现、需求的满足、问题的解决等。这种互动性是组织与公众形成公共关系的关键。寻找公众、确定公众很重要的就是寻找和确定这种互动性，并把它们揭示出来，分析清楚，从而确定组织的工作目标、选择组织的对策和行动方案。

公关视角 3.1

辨别和确立公众

组织要辨别和确立与某一公关项目有关的公众对象，否则，可能导致如下几个方面的后果。

（1）组织的有限资源将被不加区别地分散到过多的公众中。

（2）组织发表的消息缺乏针对性和适用性。

（3）组织的公关工作将不会有计划地按时进行，使得组织的人力、时间、物资和设备不能得到最有效的使用。

（4）组织的公关目标将不会实现。

（5）组织的管理部门将会因公关工作缺乏成效而感到失望。

（资料来源：天行. 公关艺术. 广州：广东旅游出版社，1999.）

3.2 公众分类

公众是组织赖以生存的基础，是公共关系活动的对象。在现实生活中，公众不是一个简单的整体，而是一个极其复杂的网络系统。每个组织在开展公共关系活动之前，都必须根据不同的需要、从不同角度、按不同方法对复杂而且广泛的公众进行分类，这样才能做到有的放矢地确定公共关系目标，制订公共关系计划。因此一般来讲，对公众进行必要分类，把握其内在规律性，是公共关系人员必须掌握的基本功。

1. 按与组织的关系分类

根据公众与组织的关系可以将公众分为内部公众与外部公众。

（1）内部公众

内部公众即组织内部的成员群体，包括员工、股东和员工家属等。

（2）外部公众

外部公众即组织的外部沟通对象群体，包括消费者、政府部门、新闻媒体、社区居民等。

2. 按对组织的重要性分类

根据公众对组织重要性程度不同，可以把公众划分为首要公众和次要公众两类。

（1）首要公众

首要公众是与组织关系密切，对一个组织的生存和发展具有重要影响力或起决定性作用，而且还影响和制约着其他公众的公众。一般而言，所有组织的员工和股东、商店的顾客、宾馆的旅客、工厂的用户都是首要公众。首要公众是组织生存发展的“生命线”，是公共关系对象中最关键的公众，因此，组织的公共关系部门应该投入最多的人力、财力和物力来维持和改善同这类公众的关系。

（2）次要公众

次要公众是对一个组织的生存发展有一定影响，但这种影响尚不具有决定性作用的公众，如社区公众、新闻界公众。由于组织的人力、财力、物力资源总是有限的，因此开展对此类公众的公共关系工作应放在次要地位，以突出公共关系工作的重点，提高效益。但应该注意的是，次要公众虽然不是组织公共关系的重点对象，但如果完全忽视了他们的存在，则会造成组织公共关系恶化，因为在一定条件下，次要公众也可能转化为首要公众。

例如，某水泥厂建在市郊，筹建期间，社区内的公众并未有任何异议，此时，社区公众就是次要公众。可是，当水泥厂投产后，废水对附近的农田造成了严重污染，农民的利益极大受损，他们强烈要求该厂要么采取措施治理废水，要么搬迁到别处，否则就会对该厂的设备采取行动，这时，本来属于次要公众的社区就成了水泥厂能否在此处生存下去的首要公众。

3. 按公众本身的发展过程分类

根据公众发展过程的不同阶段，可以将公众划分为非公众、潜在公众、知晓公众和行动公众 4 类。

（1）非公众

非公众是指处在某组织的影响范围中，但其观点、态度和行为不受这个组织的影响，也不对这个组织产生影响力。在组织的视野中，他们就成了非公众。例如，一般条件下，造纸厂可以被看做是轴承厂的非公众，丝绸店可以被看做是起重机厂的非公众。一个组织只有正确找出非公众，将其排除在公共关系的工作范围之外，才能减少公共关系工作的盲目性，增强针对性，减少人力、物力和财力的浪费。但要注意，非公众有可能发展成为潜在公众。

（2）潜在公众

潜在公众是指已经同组织发生了某种利益关系，由此引起了某种问题，但其本身暂时未意识到这种问题存在的公众。例如，某电冰箱厂由于质量管理不严，在一段时间内生产2 000台压缩机存在缺陷的电冰箱，等到发现问题时，2 000台电冰箱已全部卖给了消费者。这批貌似完好无缺的电冰箱在数月之后将出现制冷效果不稳定的现象。在这里，2 000名买主都即将面临一个共同的问题，电冰箱数月之后将出现制冷效果不稳定的现象，但他们尚未意识到这个问题的存在。于是这2 000名买主便成了该电冰箱厂公共关系部的潜在公众。

潜在公众在一定时间内，至少在意识到他们面临的问题之前，不会采取行动，不会对组织构成威胁，他们对组织的影响力只是潜在的。但是，这种状况不会始终存在下去，问题迟早会暴露，一旦问题暴露就会损害这家电冰箱厂的形象。较明智的公关部经理往往不抱侥幸心理，在潜在公众形成的时候就着手进行工作。例如，上述电冰箱厂，应及时向2 000名买主发出道歉和换货公告，将“问题电冰箱”的压缩机进行维修或更换，并负责赔偿因换货而造成的时间浪费和其他损失，虽然，这家电冰箱厂的经济效益在短期内会有所损失，但它在公众心目中树立起了知错就改的良好形象，信誉会大大提高，从而赢得了一笔“无形的财富”。

（3）知晓公众

知晓公众一般是由潜在公众发展而来。当公众面临着由一个组织的行为引起的共同问题，而且他们本身已经意识到这种问题的存在时，他们就成了知晓公众。知晓公众一旦形成，就会急切地想了解问题的真相、原因和解决办法。作为组织应以积极的态度、正确的方法对知晓公众开展公共关系活动，必须向知晓公众讲真话，妥善解决问题，使知晓公众的态度和行为向有利于问题解决的方向发展。

（4）行动公众

行动公众是由知晓公众发展而来的。当公众不仅意识到由组织行为引起的问题，而且准备采取或已经采取行动以求问题的解决时，他们在组织的视野中就成了行动公众。他们的形成可以对组织的生存发展构成直接威胁。以上述电冰箱厂为例，如果该厂公共关系部对已经形成的知晓公众仍无动于衷，甚至还千方百计隐瞒事实的真相，那么心有怨气的买主就会使该公共关系部的电话响个不停，甚至聚集在工厂大门前指责或咒骂企业不讲信誉，同时向工商管理部门和新闻媒介反映，如果记者把这一件事写成新闻，在电视和报纸上进行报道，并附上几个公众围攻电冰箱厂的图像或照片，那么，这家电冰箱厂将陷入非常被动、难堪的境地。一时间，该厂信誉扫地、声名狼藉，经济效益和社会效益都会受到很大损失。

总之，从非公众到行动公众是由组织行为引起的公众态度、行为连续发展的过程，如图 3-1 所示。

非 公 众 ⟺ 潜在公众 ⟺ 知晓公众 ⟺ 行动公众

图 3-1 公众态度和行为的发展过程

案例链接 3.1

大亚湾核电站工程指挥部的公关策略

20 世纪 80 年代末期，中国政府经过科学的分析和调查，决定在深圳大亚湾修建一座核电站。然而建设之初，工程指挥部对外封锁消息，公众被蒙在鼓里，处在潜在公众的位置。1986 年，苏联发生了切尔诺贝利核电站爆炸的事故，造成了严重后果。核电站，这一攸关人类生存的重大问题引起了世界各国人民的广泛关注。我国在大亚湾建核电站的消息也成为香港各界公众的热门话题，此时潜在公众发展成为知晓公众。与此同时，反对在大亚湾修核电站的呼声越来越高。香港公众组织了反核的专门机构，还将有 125 万香港公众签字的请愿名单送至北京，此时，知晓公众发展成为行动公众。工程指挥部经过分析，认识到风波产生的原因在于对大亚湾核电站的修建缺乏宣传，于是指挥部门采取了以下对策。

（1）立即组建核电站公关处，由一位高级工程师任处长，以增强公关宣传的针对性。

（2）通过新华社、中新社等新闻媒介如实报道苏联切尔诺贝利核电站核爆炸事故调查及救援工作开展的情况，指出该事故是由于操作人员操作不慎所造成的，并非技术问题。

（3）由具有权威的核科学家和核电专家在香港举办关于核电知识的讲座。

（4）组织香港人士参观大亚湾核电站基地和设施，增加工程的透明度。

通过以上公关活动的开展，一场轩然大波终于平息了。

4. 按公众对组织的态度分类

一个组织面临的公众，由于他们所处的地位、环境，扮演的社会角色，主观认识水平，以及利益追求等条件的不同，从而形成对组织的不同态度。在公共关系中，按公众对组织的不同态度，可将其分为顺意公众、逆意公众和边缘公众。

（1）顺意公众

顺意公众对组织的政策、行为和产品持赞成、支持和认同态度，他们是推动组织发展的基本工作对象。这类公众对美化、宣传组织，提高组织的知名度和美誉度，有着极为重要的作用，应该把这类公众作为组织宝贵的财富，悉心维护。

（2）逆意公众

逆意公众对组织的政策、行为或产品持批评、反对甚至敌视态度。这类公众是公共关系工作的重要对象，他们之所以产生逆意，一定事出有因。组织的公共关系人员要全面调查逆意公众产生的背景条件，主动进行适时有效的沟通，澄清事实、说明情况，争取谅解、理解和合作，促其改变敌对态度，由逆意向顺意转化，多交友、少树敌。

（3）边缘公众

边缘公众对组织持中间态度、观点和意向不明朗。这类公众介于顺意公众和逆意公众之间，他们对组织缺乏感情定向，既可能成为顺意公众，也可能成为逆意公众，是公共关系工作争取的对象。边缘公众的态度倾向往往成为组织竞争中的决定性因素，因此，是公共关系工作的“兵家必争之地”。公共关系人员要耐心细致地做好这部分公众的工作，努力引导他们向顺意公众转化。

5. 按组织对公众的态度分类

组织根据自己的需要，对不同公众也会形成不同的态度。按组织对公众的好恶程度分类，可以把公众分为受欢迎的公众、被追求的公众和不受欢迎的公众。

（1）受欢迎的公众

受欢迎的公众是指完全符合组织的需要并主动对组织表示兴趣和沟通意向的公众。例如，自愿的投资者、捐赠者、赞助者，主动为组织采写正面宣传文章的记者等。这类公众的特点是，主动地对组织表示兴趣和意愿，组织也对其相当重视并期望与之建立和发展良好的关系。受欢迎的公众与组织之间是一种两相情愿、一拍即合的关系，不存在沟通的障碍，沟通的结果兼顾了双方的利益。

（2）被追求的公众

被追求的公众是指符合组织的利益和需求，但对组织却不感兴趣、缺乏交往意愿的公众，例如，著名的记者、社会名人等。这类公众符合组织的利益和需要，组织一厢情愿地单方面希望与其建立和发展关系，而对方却缺乏相应的热情。这类公众与组织之间存在较大的传播障碍，不易沟通，需要组织制定较为特殊的传播对策，通过切实有效的公共关系活动，去努力争取和追求。

（3）不受欢迎的公众

不受欢迎的公众也称须回避的公众，是指那些违背组织的利益和意愿，对组织构成潜在或现实威胁的公众。例如，各种对组织抱有敌意的人士，或对组织构成额外压力和负担的索取赞助的团体等。这类公众有求于组织，试图与组织建立关系，但他们却对组织不断构成压力、负担或威胁，成为组织的“入侵者”，与这样的公众接触，会使组织感到不安，或受到损害，因而组织不愿意与其交往和接触，力图回避。对待这样的公众，组织往往需要采取针锋相对的传播对策。

6. 按公众构成的稳定程度分类

公众受客观环境、外在条件发生变化的影响，其稳定性和组织性程度也有很大的差异。按照这一标准，可以把公众分为流散性公众、临时性公众、周期性公众、稳定性公众和权利性公众。

（1）流散性公众

流散性公众流动性大，分散性强，如飞机上的乘客、观光的游客、饭店的顾客等。对此类公众开展公共关系活动，能取得更好、更快、更广泛的传播效果，有利于扩大组织的知名度。

（2）临时性公众

临时性公众是指因某一临时事件、活动或某一共同问题临时聚集在一起的公众，例如，舞会的来宾，球场、剧院、展览会、运动会的观众，因飞机航班误点而滞留机场的乘客。

（3）周期性公众

周期性公众是指按一定规律和周期出现的公众，例如，逢节假日出游的游客、购买节假日货物的顾客、招生时节的考生和家长、定期到某学校上课的函授班学员等。周期性公众的出现具有规律性，可以预测，这有利于组织作好必要的准备，有计划地开展公共关系活动。

（4）稳定性公众

稳定性公众由于兴趣、爱好、习惯的影响，比较集中地与某些组织发生稳定的联系，是组织的基本公众。例如，定期去某医院体检的老年人、经常购物的顾客、组织的内部公众、社区的居民等均属此类。

（5）权利性公众

权利性公众是组织最为严密、拥有某种行政权力的公众，主要指政府及各级行政管理机构、上级主管部门。

从以上分类的方法和标准可以看出，公众的分类是多维度的，每一类公众都可以按各种分类标准细分为相应的类型。但实际上，任何现实生活中的具体公众都不纯粹属于某种类型。某一个体公众或组织公众可能同时承担或被赋予多重公众身份。例如，某一类公众既是外部公众，同时也可能是首要公众、顺意公众、行动公众等。在具体的公共关系实践中，应有针对性，有重点地选择公众对象，在符合公众利益的前提下进一步对公众施加影响，并取得公众的信任和支持。

公关视角 3.2

同一组织有不同的公众

任何一个组织都不会只面对着一种公众，由于利益的相关点不同，需求或问题的性质、层次不同，一个组织会面对着不同类型的公众，也就会有不同的公共关系对策和传播方法。所以，对同一组织的公众整体必须细分为不同性质、不同类型的目标对象。比如，一家企业由于内部管理和外部经营的复杂性，以及其专业职能的分化和经营范围的变化，所涉及的公众异常复杂。这些公众，一般都是要求从某个企业得到某些利益、获得某些信息的个人、群体或组织，并对该企业的生存和发展具有实际或潜在的影响力和制约力。企业的公共关系人员必须充分地了解他们，熟悉他们，并根据他们的利益、需求或问题引申出公共关系工作的具体目标，制定具体对策。

（资料来源：廖为建等. 公共关系学. 北京：经济科学出版社，2000.）

3.3 公众心理

公众心理又称大众心理，是社会心理的一种特殊形式，是日常社会生活中普遍存在的一种群体心理现象。

公共关系工作的对象是公众，公众的感情和思想影响着组织与公众的沟通。随着社会的进步和公众生活水平的提高，人们不再只是满足于吃饱穿暖，而是更多地需要情感、心理的满足。若不能及时了解公众的心理状况和思想状况就无法与公众建立起良好的公众关系。

公众心理不仅是存在于人们心底的一种状态，而且是一种无形的力量，控制并支配着人们的现实行为。虽然从根本上来说，社会组织的公众形象以及所处的公共关系状态，是由组织的服务、管理以及产品的质量决定的，但是在日益激烈的竞争面前，获得公众的理解与认同，是做好公共关系工作的关键。要想获得公众的理解与认同必须把握公众心理及其规律。

3.3.1 公众心理现象

在现实生活中，对于同一件事，不同的公众会有不同的反应，会采取不同的行为。这些反应和行为的差异与公众心理差异有关。常见的影响公众行为的心理现象有时尚心理现象、从众心理现象、恐慌心理现象和逆反心理现象。

1. 时尚心理现象

追求时尚是一种普遍存在的社会公众心理现象。它通过公众对某一事物的崇尚追求，达到身心等多方面的满足。即一方面渴望能求同于他人，求同于有地位、有魅力的人，求同于文化水平高于自己的人等；另一方面，又渴望求异于人，求异于与自己同层次的人，求异于低层次的生活方式、观念等。这种向高层次求同、向低层次告别的时尚，通过人自身的移情想象，满足了人们的心理需要，因而会给人带来了强大的心理动力。在这种心理现象的驱动下，产生了在每个时代、每个地区特有的时尚服饰、时尚歌曲、时尚书籍、时尚的生活方式等。时尚是一种短暂爆发、涉及面广、影响力惊人的大众心理现象。因此，公共关系人员要具有预测时尚、制造时尚、领导时尚、出奇出新、满足并刺激时尚心理的能力，有针对性地开展公共关系工作。

2. 从众心理现象

从众心理是指公众个体在群体的压力下，不愿意因为自身与众不同而感到被孤立，从而放弃自己的意见，采取与群体中多数人一致的行为，以获得安全感、认同感和归属感。

从众行为也称为羊群效应，用羊群来比喻那些没有自己的判断力，盲目跟从的普通大众。从众行为的主观原因是人不愿意被孤立，为了避免被孤立，人们会放弃标新立异的机会，从众行为不是自上而下的要求，也没有硬性的条例规定。从众行为的客观原因是外来的影响和压力，它是通过多数人的一致意见和态度，形成一种无形的压力，对个人的心理构成影响，这往往比权威命令更能制约和改变人的行为。

公共关系人员要认真研究如何培养和利用从众心理去增强人们对组织的凝聚力和向心力，尽量避免组织给公众留下不好的印象，以免公众采取从众行为，给组织造成形象上的损坏。

3. 恐慌心理现象

恐慌是公众在社会危机状态下，面对现实的或想象的威胁作出的不合作或不合理的心理与行为反应，不合作指的是恐慌打破了社会生活中正常的合作关系。例如，某地元宵节游园中，由于急着过桥的游客相互拥挤，结果造成道路堵塞，而知道道路堵塞反过来又进一步加剧了游客的恐慌心理，先由争着过桥造成人挤人，再到争着逃命造成人踩人，使社会生活中正常的合作关系完全陷于瘫痪状态。

不合理指的是在恐慌状态下，公众的作为与他们期望达到的目的正好相反。如上文所述，当产生拥挤和人被踩踏的情况时，大多数人都想逃离现场，避免踩伤别人或被别人踩伤，但奔逃的结果却加速了拥挤的程度，越挤越想突围，越想突围结果越挤。惨案结束后，那些在场的人都觉得不可思议，他们都感到那天的行为极不合理。

恐慌极易发生于火灾、水灾、沉船、地震、军事入侵和经济波动等社会危机状态下，其中以经济因素造成的恐慌最为常见。由于恐慌现象具有明显的不合作、不合理等特征，容易产生不良后果，公共关系部门对此要引起足够的重视，避免因组织的决策或行为失误而酿成危机。

案例链接 3.2

"非典"对百姓消费心理的影响

2003 年的"非典"使人们的消费心理产生了极大的变化，消费安全在非常时期成了人们的主要消费意识。据工商银行牡丹卡中心的数据显示，北京地区的银行卡消费交易额增长迅速，在各大商场，4 月份以来，购物刷卡结算的比例增长了 20%左右。

"非典"改变了人们的出行方式，"非典"时期的一项调查表明，买车的人中，25%的购车者完全是因为"非典"因素买车，买车考虑到"非典"因素的消费者占到 39%。以前私家车拥有者感受到的只是私家车的快捷和便利，如今拥有私家车又添加了安全和健康的新含义。

"非典"时期人们购物考虑得最多的是安全，同一家商场，"非典"开始时，人们出于安全的考虑，去购物就餐的人很少，后来，商场安装了体温检测设备，去购物就餐的人就明显增加。根据北京市的重点监测，王府井百货等 10 家百货商场，安装体温监测设备后，一周的销售额比没安装前的一周增长了 38.2%，其中王府井百货大楼安装后，日销售额增长一倍。消费安全心理在消费者心中的地位可见一斑。

（资料来源：北京城调队."非典"对百姓消费心理的影响. 北京统计信息网，2003-07-01.）

4. 逆反心理现象

逆反心理是指作用于人的同类事物，超过了人感官所能接受的限度而使人产生的一种相反的体验，这种相反的体验使人有意识地脱离习惯的思维轨道，向相反的思维方向探索。

逆反心理形成的原因通常是出于好奇心、好胜心和抵触情绪。公众对于组织表现出来的过分的东西，往往会产生厌恶的感觉，从而产生抵触情绪。在这种抵触情绪支配下，为了证实自己的判断力，就努力搜集相反的信息和资料，从相反的方面获得论据，形成相反的认识和判断，并采取相反的行动。逆反心理会造成逆反行为、抵触行为。社会组织要防止公众产生逆反心理和逆反行为，就需要注意信息量和刺激要适度，信息量过大，刺激过度易造成公众的逆反心理，导致相反的效果。

3.3.2 公众心理定势

心理定势，是指在一定社会条件下，由人与环境相互作用而出现的公众对于某一对象（人、事、物等）的共同的心理状态和一致的行为倾向。心理定势形成后产生的心理效应既可成为人们认识新事物、解决新问题的心理动力，也可成为人们认识新事物、解决新问题的障碍。如何利用心理定势，如何对待和处理公众心理定势，是公共关系活动中必须解决的问题。

1. 首因效应

首因效应是指在对人或事物的知觉过程中，第一印象很重要，它具有先入为主的作用，而且这种作用具有持续影响人的认知活动的效应。例如，公众第一次进入一个新环境，第一次和某个人接触，第一次通过传播媒介了解组织，都会在心理上留下深刻的印象，形成一种定势而难以改变。因此，在公共关系活动中，应通过塑造良好的组织形象，给公众留下深刻的第一印象，这对以后的工作是极为有利的。

2. 晕轮效应

晕轮效应也叫光环效应，是指从对象的某种特征推及对象的整体，从而产生美化或丑化对象的印象。例如，超市将生活必需品的价格定得较低，使消费者形成超市商品价格都便宜的印象。因此，晕轮效应同首因效应一样，带有强烈的主观色彩，往往容易产生“一叶障目，不见森林”的片面性。晕轮效应在公共关系中的重要意义在于，组织形象的每一个因素，组织行为的每个环节，都会通过这种效应在公众心目中留下波及整体的印象和评价。

3. 刻板效应

刻板效应是指在人们头脑中存在的关于某一事物对象的固定印象。因为它只凭一些过去的经验，或是沿袭下来的看法，以有限的信息得出较为普遍的结论，所以容易出现偏差，同时也阻碍了人与人之间的正常沟通。因此，公共关系人员在与人打交道时，切忌只凭职业、地区、年龄、性别等方面的已知经验，把人分为豪爽、细腻、粗鲁、诚实等品质类型。不要只是为了交往的方便，用笼统的概括对公众加以没有根据的类推。

4. 移情效应

移情效应也叫情感效应，是指人们把对特定对象的情感迁移到与该对象相关的人或事物上的一种心理现象。“爱屋及乌”就是移情效应的典型表现。在公共关系活动中，公众往往会因组织的一次热情周到的服务、一件物美价廉的商品而对组织形象和组织的其他行为产生移情。同样，公众因对组织形象的好感而喜爱组织的服务或商品。因此，组织应该自觉树立良好的组织形象，认真对待公共关系工作中的每个环节，自觉利用移情效应形成的心理定势为组织的发展服务。

案例链接 3.3

胡雪岩与金华火腿

金华火腿是中华名食之一，金华火腿如此出名，应归功于杭州“胡庆余堂”老板胡雪岩。

事情发生在清朝咸丰年间，胡雪岩受封“红顶商人”后，消息很快传到东阳上蒋村火腿业主蒋雪舫耳中。他为了扩大自家火腿的声誉，有心想找胡雪岩做靠山。那年寒冬，蒋雪舫精心腌制了八只优质火腿，大年初二亲自赴杭州送到胡府。凑巧这日胡雪岩宴请浙江抚台，蒋雪舫送的火腿正好派上用场。那火腿是精工细作的，味道格外醇香，深得胡雪岩和抚台的赞赏。至此东阳上蒋村的火腿在杭州城有了名气。

有一次，胡雪岩要上京城办事，他让蒋雪舫备上等火腿 200 只，带到京城馈赠官吏。京城官吏吃后一致赞其味美。自那以后，东阳上蒋村出产的金华火腿很快名扬京城，并通过官吏之口，传入了咸丰皇帝耳中。咸丰皇帝一道圣旨盛赞“金华火腿”，由此金华火腿便名扬天下。

思考题

1. 公共关系理论一方面强调公众至上观念，要求组织认真、公平地对待每一个公众；另一方面又要区分首要公众、次要公众，受欢迎的公众、不受欢迎的公众等，并且分别对待，这里是否有矛盾呢？

2. 为什么说组织把握公众心理及其规律是获得公众的理解和认同的前题？

3. 为什么说心理定势形成后产生的心理效应会成为人们认识新事物，解决新问题的障碍？

案例分析

速溶咖啡的畅销之路

20 世纪 40 年代初期，速溶咖啡首先在美国市场问世。它方便、省时，不会发生配料错误而且价格低于新鲜咖啡。基于这些优点，厂家以为该产品一定大受欢迎，广告制作者也觉得只要刻意宣传其价廉与方便，一定能拨动消费者的心弦而马到成功。结果，销售状况大大出乎他们的意料，速溶咖啡竟然不受欢迎！公司请来消费心理学家调查其中的原因。

初期的调查结果是，速溶咖啡的味道比新鲜咖啡要差，但消费者又说不出速溶咖啡和新鲜咖啡在味道上到底有何区别。在进行了进一步的调查研究之后，消费者拒绝购买速溶咖啡的深层原因被揭示出来了，原来，当时美国消费者的社会心态是，购买速溶咖啡的人被看做是懒汉，是一个生活无计划的、邋遢的和可能没有贤妻照顾的人，而购买新鲜咖啡的顾客，则是有经验的、勤俭的、讲究生活的、有家庭观念和喜欢烹调的人。有谁愿意被冠之以懒汉的称号呢？有哪个家庭主妇愿意被他人看成是不能很好地照顾丈夫和家庭的妻子呢？广告制作者刻意宣扬的“方便”特征并没有与消费者的需求相契合，而是正好与消费者的精神需求相抵触。不难想象，这样的宣传越是卖力，则越是引起消费者的反感与厌恶。

在深刻地认识到这一点以后，广告制作者便改变策略，不再强调速溶咖啡方便的特点，而是着力宣传新鲜咖啡所具有的美味、芳香和质地醇厚等特点，速溶咖啡也同样具备。他们在杂志的整版广告上画了这样一幅图画：一杯美味的咖啡，它后面高高地堆着很多褐色咖啡豆。同时厂家在速溶咖啡罐头上贴上“100%的真正咖啡”的标签。很快，消极印象被克服了，速溶咖啡的销路也好起来。多年后，速溶咖啡成为西方咖啡中最受欢迎的东西了。

上述实例表明，如果不了解消费者的需求倾向，仅凭主观想象盲目行事，公关宣传就很容易失败。一旦掌握了消费者的需求倾向，并采取相应的、有效的策略予以满足，同样的商品便能大受欢迎。由此可见，了解消费者的需求是何等的重要。

分析思考：

1. 速溶咖啡为什么能由没人光顾变成畅销产品？
2. 结合本案例，谈谈你对“公共关系＝90%做＋10%说”的理解。

第 4 章　公共关系传播

学习目标

- 了解公共关系传播的概念和特征。
- 掌握公共关系传播的要素、模式、内容和类型。
- 熟悉公共关系传播媒介及其特点。
- 认识有效传播的条件和传播媒介的选择。
- 掌握改善传播效果的方法。

导入案例

通用汽车——中国进入 WTO 后第一个报关的跨国企业

2002 年，是中国进入 WTO 并开始实践承诺的开端，随着汽车市场的逐步开放，各个国外汽车制造商都希望在此期间向中国公众传递进口汽车的品牌和价格信息，以树立公司的良好形象。为此，通用汽车公关部策划了一次公关活动——在 2002 年海关报关第一天成为第一个报关的汽车制造商。通用汽车公关部在半个月前就确定并着手准备该活动，同时，他们运用良好的客情关系和媒体关系使他们对这次活动的筹备情况做到严格保密。

2002 年 1 月 4 日，是中国加入 WTO 后进口产品第一个报关日。这一天上午 8∶00，在天津海关，持有通用汽车产品报关单的报关员早已等在报关厅的窗口前，被录入为“××××0”、“××××1”号的报关单被送进窗口开始报关手续。而通用汽车公关部事先安排好的记者及时拍下了这一具有历史意义的镜头。同时，通用汽车公关部还安排拍摄了通用汽车在中国海关标志下的镜头以增加新闻冲击力。

“通用汽车是中国进入 WTO 后第一个报关的跨国企业，其旗下的×××品牌的轿车以关税下降后的价格进入×××市场……”这条非常简单的新闻及配发的图片在当天就通过新华社报道出去，第二天就被《人民日报》、《中国青年报》、《北京青年报》、《深圳特区报》等报社刊登，并被多家报社刊登在头版显著位置，全国有近百家报刊先后刊登了这条消息。

这件事情虽然运作成本非常低，但产生的扩大效应却非常可观。

（资料来源：聂晓惠. 长袖善舞径情直遂——公关新闻传播技巧之“兵法”谈. 中国公关网，2003-09-30.）

公共关系是一种组织与公众环境间的信息交流关系，通过组织与公众之间的传播沟通行为来实现，它所使用的手段和方法是各种信息沟通与传播的媒介。不同的传播媒介具有不同的传播特点，对传播媒介的选择是提高传播效果的根本前提。离开媒介，传播的作用就无法实现。传播行为是人类最主要的社会行为之一，我们的一切生产和社会活动都离不开传播。

4.1 公共关系传播概述

控制论的创始人诺伯特·维纳曾经说过：“传播是社会的黏合剂”。没有传播，也就没有社会，传播将人们连接在一起形成社会，现代社会，传播无处不在。人们的日常交谈、身体姿势、表情等每时每刻都在传播信息。与此同时，报刊、广播、电视、广告这些大众媒介无时无刻地在向我们传递各种各样的信息。无论是动态的还是静态的，传播活动千姿百态，我们接受着来自各方面的信息，同时又按照自己的方式理解和传递信息，周而复始。传播是维系人类社会的纽带。

4.1.1 公共关系传播的含义

1. 公共关系传播的概念

“传播”一词是英语 Communication 的对译词。传播实质上是人与人之间的一种互动，传播在特定的社会关系中进行，又是一定社会关系的体现。如果我们把社会组织看成公共关系工作的主体，把公众看成公共关系工作的客体，那么传播就是二者之间的纽带。透过传播与公共关系之间的联系，我们可以得出这样的结论：所谓公共关系传播，就是信息交流的过程，它是社会组织开展公共关系工作的重要手段。

组织与公众的沟通在很大程度上依靠信息传播，离开了传播，公众无从了解组织，组织也无从了解公众。公共关系传播的目的正是在于沟通组织与公众之间的信息，使组织在公众中塑造良好的形象。因此，一个社会组织充分利用传播手段开展公共关系活动，是赢得公众好感、舆论支持，以及获得良好经济效益和社会效益的重要条件。

2. 公共关系传播的特征

（1）双向性

所谓公共关系传播的双向性，是指传播是公众与组织之间的互动行为，它包括组织的信息向公众传递，公众将这些信息反馈到组织这样两个环节。组织的信息传递是前提，公众的信息反馈是结果，组织的理念、意图、决策是否正确，是否符合公众的实际，要靠反馈来检验和修正。没有组织的传递，便没有公众的反馈。

（2）共享性

共享性主要是指传播信息在时间上和空间上由传受双方共同享用。信息作为一种重要资源，不管使用者多少，每个人都可以完整地使用信息内容，有效的信息可以永久地跨时代地储存和享用。

（3）快速性

快速性是指公共关系的信息传播迅速而快捷，表现出及时、机动的外在特征。对于公共关系传播而言，追求时效和提供方便简捷的信息，扩大传播途径是必不可少的。公共关系工作人员在策划传播时，要做到题材多样化、大众化，传播信息要快、要准，语言表达要力求简洁、明快等。

（4）广泛性

广泛性是指公共关系信息被所有传播媒介所追求并经传播媒介广泛扩散，直至在公众中形成日渐成熟的公共关系意识。现代科学技术的飞跃性发展，为信息传播广泛性的实现提供了现实条件。

4.1.2 公共关系传播的要素

公共关系传播的构成要素有两大类：一类是传播的基本要素，包括信源和信宿、信息、媒介、信道和反馈等；另一类是传播的隐含要素，包括心理因素、文化背景和信息质量等。

1. 传播的基本要素

（1）信源和信宿

信源，即信息的发布者，也就是传播者。在传播过程中，传播者占主动积极的地位。这里一般是指某一个具体的社会组织。信宿，即接受并利用信息的人，也就是接受者。这里一般是指公众。

（2）信息

信息是传播的内容，是指具有新内容、新知识的消息，其中包括观念、态度和情感等。

（3）媒介

媒介，原意指中间物，这里指用以记录和保存信息并随后由其重现信息的载体。

（4）信道

信道，是指信息传递的途径、渠道。信道的性质和特点，将决定对媒介的选择。如果以频道为信息传递渠道，那么，其媒介选择只能是电子类的载体。

(5) 反馈

反馈，这里指接受者对传播者发出信息的反应。在传播过程中，这是一种信息的回流。传播者可以根据反馈检验传播的效果，并据此调整、充实、改进下一步的行动。

例如，收听广播就是一个传播的过程，具备以上各个要素。在收听广播的过程中，信源是指广播台的编导及主持人；信宿是指收听广播的各类听众；信息是指主持人讲述或播出的节目内容；媒介是指口语、声音、无线电波；信道是指收音机、听觉、感觉等；反馈是指电台通过电话、信函、互联网等形式了解听众对播出节目的看法或评价。

2. 传播的隐含要素

(1) 心理因素

心理因素是指信息接受者的情感和心理状态。公众在不同的情感状态下，接受信息的效果不同。情绪愉悦时，能迅速接受信息，并强化其行为；情绪低落时，会抑制信息的接受量。因此，传播要建立在信息发送者和信息接受者愉悦的基础上，缺乏心理沟通的信息传播活动，不能获得最佳效果。公共关系人员在实施信息传播时，一定要了解和把握公众的心理状态，才能获得理想的信息反馈，这有利于组织目的的实现。

(2) 文化背景

传播是一种文化现象，它既反映了广泛的时代文化背景，又受到了文化特质的制约。在传播过程中，传受双方的文化差异，必然会对传播效果产生影响。不同的经济环境、风俗习惯、民族心理、性格特征、思维方式和价值观念等，使人们对同一信息内容可能产生不同的主观感受。这就是人们常说的“物以类聚，人以群分”、“入乡随俗”等惯用语的文化依据。

案例链接 4.1

跨文化传播

据说有一种牌号为 CRICKET 的小型汽车，在美国的销售情况与在英国的不一样。究其原因，在于两种文化对“CRICKET”这一词的理解不同。这是一个多义词，既可指蟋蟀，又可指体育运动中的板球。美国人不爱打板球，所以一听到“CRICKET”就理解为蟋蟀，于是觉得这种汽车虽然很小，却跑得很快，如同蟋蟀三跳两跳就跑了一样，所以在美国市场上这款车很有吸引力。而英国人则相反，听到“CRICKET”就以为是板球，“板球牌”汽车怎能吸引人呢？同理，中国的知识分子曾一度被污蔑为“臭老九”，如果脱离了当时的社会和文化背景，是很难理解这一称呼的含义的。

1980 年初，联合国秘书长飞抵伊朗协助解决人质问题。伊朗的大众传播媒介播放了他抵达德黑兰时发表的谈话“我来这里是以中间人的身份寻求某种妥协的”，这段谈话一经播出，他的努力立即遭到严重的抵制，甚至连他的座车也受到石头的袭击。产生这种传播效果的原因是“中间人”一词在伊朗是指“爱管闲事的人”。因此，在跨文化传播中，务必了解和尊重受者的文化习惯，避免产生沟通障碍。

（资料来源：熊源伟. 公共关系学. 合肥：安徽人民出版社，2000.）

（3）信息质量

通常把信息对信息接受者的使用价值称为信息质量。每时每刻信息接受者都会面临着大量可选择的信息，只有那些最有价值、最能满足其需求的信息才能吸引他们的注意，才能产生最满意的效果。公众往往容易对权威性高的信息接受、信服。公共关系活动中，信息发送者要提高信息的可信程度，并不断提高其在信息接受者心中的信赖程度。

案例链接 4.2

值得信赖的信息

1988 年 9 月 11 日，《新民晚报》刊登了一则鲜为人知的消息：“注意，99.68％的成年人脸部都有螨虫感染”。不久，市场上出现一种螨虫克星——虹雨牌肤美灵嫩肤霜。对于这样一个还没有被人了解的新产品，厂家（扬州美容化妆品厂）采取了提高广告信息可信度的方法，广告宣传该产品获第十四届日内瓦国际发明奖、中国首届发明奖成果专利应用，并指出该产品“系全国著名皮肤病专家曲魁遵教授发明”。这样的广告语增强了信息来源的可信度，起到了改变公众心理倾向的有效作用。

4.1.3 公共关系传播的主要模式

传播模式就是要研究传播过程是由哪些部分组成的，各部分在传播过程中起什么作用。传播的模式很多，大致可分成两大类：一类是传统的线性传播模式，即将传播过程确定为以信息发送者为起点，经过媒介以信息接受者为终点的单向直线运动。另一类是新型控制论传播模式，是美国著名传播学专家韦尔伯·施拉姆提出的，他引进了反馈机制，把反馈过程与传播双方的互动过程联系起来，使传播成为一种互动的循环往复过程。这里主要介绍 3 种具有代表性的传播模式。

（1）哈罗德·拉斯韦尔的 5W 模式

5W 模式是由美国著名的传播学者哈罗德·拉斯韦尔提出的，它是典型的线性传播模式。拉斯韦尔认为传播活动需要回答下列 5 个问题：① 谁传播（Who）；② 传播什么（Say What）；③ 通过什么渠道（Through Which Channel）；④ 向谁传播（To Whom）；⑤ 传播的效果怎样（With What Effect）。因此，拉斯韦尔把传播学的研究内容分成 5 个部分，即控制分析、内容分析、媒介分析、对象分析和效果分析，如图 4-1 所示。

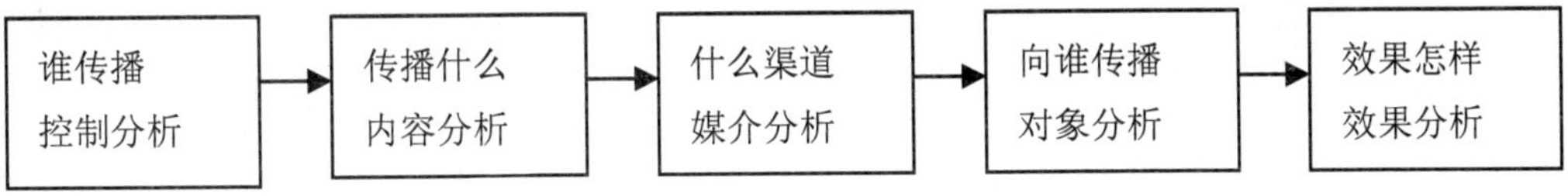

图 4-1　哈罗德·拉斯韦尔的 5W 模式

“5W”模式的提出在传播学史上具有重要的意义，但是这个模式却是不完全的，这主要表现在它是一个直线单向模式，没有揭示出人类社会传播的双向性和互动性。

（2）施拉姆传播模式

施拉姆传播模式又称为互动传播模式，它是由美国著名传播学专家韦尔伯·施拉姆提出的，是典型的新型控制论传播模式。施拉姆将控制论的研究成果运用于传播学的研究，在他的传播模式中引进了反馈机制，将反馈过程与传受双方的互动过程联系起来，使传播成为一种互动的循环往复过程，如图 4-2 所示。

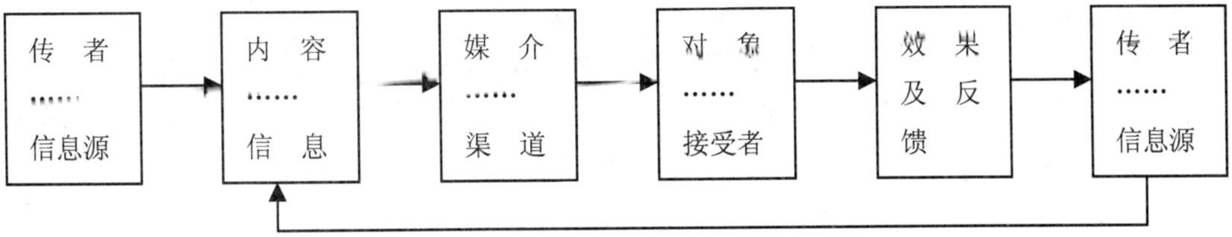

图 4-2　施拉姆传播模式

施拉姆的传播模式是建立在 5W 模式对传播要素的界定基础上的，它弥补了拉斯韦尔 5W 模式的缺陷，进一步揭示了传播过程的实质，为传播活动的运作提供了科学的机制。

（3）公共关系传播的一般模式

公共关系传播的一般模式是根据新型控制论模式的理论提出来的，同时包含了“5W”模式中的基本要素，在这一传播活动中包含以下 5 个环节。公共关系传播的一般模式如图 4-3 所示。

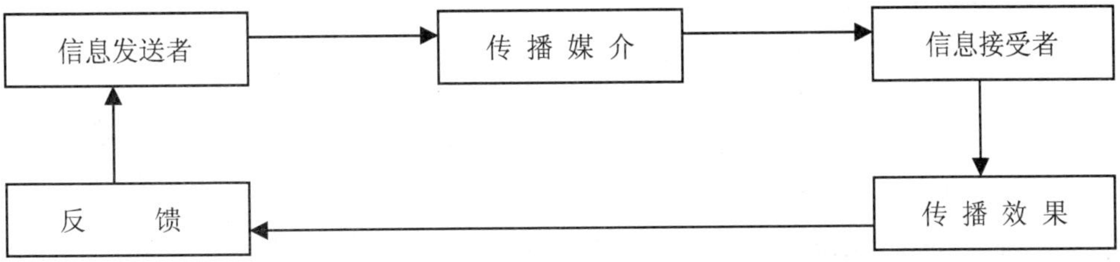

图 4-3　公共关系传播的一般模式

公共关系工作中要由信息发送者发出信息，通过各种传播媒介，向公众传播有利于本组织在公众中塑造良好的形象和声誉的公共关系信息内容，以获得最佳传播效果。同时，根据反馈信息调整修改原定公共关系目标，以达到公众与组织利益一致性，也为下一个公共关系目标提供可靠依据。

4.1.4　公共关系传播的内容

1. 信息的传播

信息的传播是公共关系传播中最主要、最基本的内容。组织要在公众中塑造良好的形象，获得广泛的合作与支持，就必须积极宣传自己，传递有关本组织的新情况、新政策、新产品、新行动，多从正面传播有利于组织形象的信息，这是公共关系工作的主要内容。

2. 情感的传播

情感是人类共有的东西，组织运用各种传播手段在组织与内外公众之间进行情感交流是公共关系活动的重要内容。例如，员工生日，公共关系人员送上一张写满祝福语言的贺卡；逢年过节，公共关系人员打电话给组织的重要公众，这些活动都能加强组织与内外公众的沟通与交流，在组织内部能形成较强的凝聚力和向心力，在组织外部则更易于获得社会的青睐。

4.1.5　公共关系传播的类型

人类的传播活动丰富多彩，从不同的角度进行分类，得到的结果并不相同。一般情况下，从传播的样式上可把公共关系传播分为以下 4 种类型。

（1）自我传播

自我传播又称内向传播，是行为主体自身内部进行的信息传播，它集主传者与受传者于一身，表现为自我意识、自我表露、自我宣泄、内心冲突等。自我传播的过程是行为主体不断完善自我、发展自我的过程，它是公共关系人员必备的基本素质。

（2）人际传播

人际传播指的是个体与个体之间的沟通交流。具体地说，是个人与个人之间借助语言符号和非语言符号来彼此交流信息、沟通情感、协调行为的社会活动。它是最常见、最广泛的一种传播方式。一般地说，它有两种方式：一种是面对面的交谈，一种是通过中介进行的信息沟通。

（3）组织传播

组织传播指的是通过组织所控制的媒介与公众进行的信息传播活动，它是具体组织或社会固定机构所展开的信息活动，是组织和其成员、组织和其所处环境之间的沟通交流，公共关系活动则是一种特殊的组织传播行为。组织传播具有以下特点。

① 传播主体的组织化

组织传播的行为者、实施者、承担者是组织机构而非个人。

② 传播对象的具体化和大众化

组织传播的对象比人际传播的对象更为复杂和庞大，它既有内部的沟通对象，又有外部的公众环境。组织传播活动总是涉及特定范围内的公众，当然也包括大范围的公众，并对其产生舆论影响。

③ 组织内部的传播活动具有双重性

公共关系组织在内部信息传播活动中，同时存在着正式的组织沟通和非正式的人际沟通形式。正式沟通以正式方式达到主要目标，非正式沟通以感情、兴趣为润滑剂辅助正式沟通，形成富有弹性的人际沟通，从而达到组织目的的最大实现。

④ 组织外部的传播方法具有综合性

面对外部公众对象的多样性，组织在传播活动中必须综合运用人际传播、公众传播和大众传播等方式，集各种媒介的优势于一身，广泛开展传播活动。

组织和其成员之间的传播有两种形式：一种是职能传播，例如，厂长与车间主任、经理与员工之间的角色沟通，其沟通方向一般为下行和上行的垂直传播；另一种是非职能传播，如员工与员工、校长与师生之间的感情沟通，其沟通方向一般为平行的横向传播。

组织和其所处环境之间的沟通交流，就是组织和其外部各类公众的沟通交流。这种传播的特点是：传播的主体是组织，传播的对象十分广泛、复杂，传播具有明确的目的性和可控性。

（4）大众传播

大众传播是指由专业传播机构面向社会上不特定的大众进行的传播活动。其特点是：传播活动完全由专业机构进行；信息传递依赖于技术手段和传播工具；传播的信息量庞大、覆盖面广；传播的速度快；传播的受众不特定且不可预知；传播的信息完全公开化；传播的信息反馈速度慢。主要的大众传播媒介有报纸、杂志、书籍、广播、电影、电视、互联网等。

总之，公共关系的传播是组织传播，但它又经常借助于其他各类传播形式为自身服务。在实际活动中，一个完整的传播过程，往往是各种传播形式并用，它们互相补充，互相促进，共同实现理想的传播效果。

4.2 公共关系传播媒介

传播媒介是信息进行传递的渠道、途径、手段。它是传播内容的载体，传播要借助于传播媒介进行信息或观点的扩散和宣传。离开媒介，传播的作用就无法实现；同样，离开传播的需要也就无所谓媒介。公共关系传播媒介是公共关系借以沟通、传播信息的载体。按传播过程中所选媒介的物质构成形式和表现态势来划分，可将公共关系传播媒介分为符号媒介、实物媒介和大众传播媒介。

4.2.1 符号媒介

符号媒介是信息传递过程中极有意义并极易引起互动的载体，是现代社会运用最广泛的传播媒介，也是公共关系传播中最常用的媒介。它包括语言符号媒介和非语言符号媒介。

（1）语言符号媒介

这里所讲的语言，既包括书面的文字，也包括言语。语言既是人际传播的载体，例如，写信使用文字，面对面的交谈、打电话使用言语，同时又是大众传播的载体。又如，报纸、杂志多使用文字，而电影、电视、广播多使用言语。正因为这样，习惯上把语言称作“公共关系的第一媒介”。语言对于人际传播和大众传播而言，具有不可分离的重要性。

（2）非语言符号媒介

日常的人际传播中，人们可以感受到大量的非语言符号媒介，如一个人的姿势、表情、眼神，以至某种气味、服饰、个人所处的空间。据统计，大多数人实际上每天所讲的话仅仅只有 10～15 分钟。在一般的两人会话中，三分之一用语言符号表达，三分之二是用非语言符号传递的。人们在与他人沟通时获得的信息，有很大一部分来自暗示，而不是来自字句。

4.2.2 实物媒介

实物媒介是指为特定目标而制作，能充当信息传递载体的东西，例如，产品、象征物、模型、公共关系礼品等。产品是一种典型的实物媒介，通过其质量、性能、外观、商标、包装等能全面地、直观地传递出产品最实在可靠的信息。象征物也常常用来传递组织的各类信息，例如，印有组织名称或标志的手提袋、信签、购物袋等。公共关系礼品是非商品化的实物，是用于加强组织与公众情感交流的实物宣传品，其中含有信息价值和情感价值，故其交际价值大于礼品的使用价值。

实物媒介具有直观明确、可信度高等特点，其作用范围不如符号媒介广泛，但其作用比符号媒介更牢靠。实物媒介充当了组织对外传递信息、沟通及与公众联系的特殊媒介。

4.2.3　大众传播媒介

大众传播媒介是指专门负责向社会传播信息的机构及其产品。大众传播媒介在公共关系传播中发挥着极为重要的作用，它是其他诸多媒介实现最佳效果的“助推器”和“放大机”，它是实现大众传播形式的载体。大众传播媒介具有传播范围的广泛性、传播速度的快速性、传播内容的重要性等特点，其主要功能是传播信息、引导舆论、传递社会文化系统、提供娱乐休闲享受等。对组织来说，它能为组织的各类信息提供承载和传送服务，并能迅速形成有利于组织的舆论状态。

案例链接 4.3

大众传播媒介的魅力

1991 年，珠海市工业年增产速度达 67%，其中依靠科技进步增加产值占全市年增加值的 34%。为进一步推动作为第一生产力的科学技术的发展，珠海市决定重奖“有突出贡献的科技人员”。1992 年初，梁广大市长向来珠海考察的邓小平同志汇报了该项计划，得到了小平同志赞同。3 月 8 日，珠海市委、市政府召开隆重的首届科技进步奖励大会。会上，“凝血”的首席获奖者迟斌元、“BH-0111 型 80-480 门系列控制用户交换机”的首席获奖者沈定兴、“丽珠得乐冲剂”的获奖者徐庆中，分别获得重奖——一辆奥迪小汽车、一套住宅、一笔 30 万元的奖金。许多记者迅速对此进行报道传播，一时间，“珠海重奖科学家”的新闻传遍大江南北，海外传媒也做了大量的报道。

“重奖”产生了多方面的效应，不仅珠海市尊重知识、尊重人才蔚然成风，而且也使人才、成果、资金源源不断地涌入珠海市，珠海市经济发展速度显著提高，同时也极大地提升了珠海市的认知度、美誉度、和谐度。

（资料来源：马纯，张袆编. 公共关系学. 合肥：合肥工业大学出版社，2007.）

大众传播媒介主要包括印刷类媒介和电子类媒介两种类型。

1. 印刷类传播媒介

印刷类传播媒介是指以印刷作为信息复制的手段并以纸张作为主要介质的传播媒介，包括报纸、杂志、书籍、小册子、传单等。这类媒介有以下几个方面的特点。

（1）信息符号以文字为主，图片为辅（画报、画册例外）。这一特点使印刷媒介能深入阐述抽象内容，揭示事物的本质和规律，但它不如其他媒介直观、生动，且对受众有文化水平的制约。

（2）信息符号具有记录性，不会转瞬即逝。这一特点使印刷媒介便于保存、剪辑和查阅，具有较高的收藏价值。

（3）信息符号以空间序列展开，在时间上没有先后性。这一特点使受众在接受信息时具有较大的选择自由，减少获取信息的不必要环节。

（4）信息制作的速度相对缓慢，且必须大量复制后方能广泛流传。这一特点使印刷类传播媒介在信息的传播速度上要逊色于电子传播媒介。

2. 电子类传播媒介

电子类传播媒介是指以电磁物理现象作为信息传播基础，以电子产品作为传播工具的一类传播，包括广播、电视、电影、音像出版物、互联网等。这类媒介有以下几个方面的特点。

（1）信息符号以声音或图像为主，以文字为辅。这一特点使得这类媒介形象生动、感染力强，能满足文化水平较低的受众的信息需求，但它对信息的深刻揭示性较差，无法与印刷媒介相匹敌。

（2）信息符号是非记录性的（除录像和音像出版物），播出后立即消失。这一特点给信息的保存和反复接收带来诸多不便，如果使用现代技术摄录下来，既增加开支也增加麻烦，这就减少了信息能够长久发挥作用的性能。

（3）信息符号以时间序列展开，在时间上具有先后性。这一特点使受众的选择性降低，影响全部信息的效能发挥。

（4）信息制作快捷，覆盖面广，不需要太多的复制就能广泛传播（音像出版物除外）。这一特点是可以做到信息即时传播，大大提高了信息传播速度且容易克服自然障碍，成为区域联络、跨国交流的信息工具。

（5）该类媒介自身制作成本较高，故使用该媒介费用较大。

公关视角 4.1

互联网传播的特点

互联网传播的特点主要有以下几个方面。

（1）范围广泛

互联网实际上是一个由无数的局域网连接起来的世界性信息传输网络，因此，它又被称为“无边界的媒介”。

（2）超越时空

互联网的传播沟通是在电子空间进行的，能够突破现实时空的限制和障碍，真正全天候地开放和运转，实现超越时空的异步通讯。

（3）高度开放

在互联网上，任何人可以平等地利用它获取信息和传递信息。传受双方在这一媒介中享有充分自由。

（4）双向互动

互联网成功地融合了大众传播和人际传播的优势，实现了大范围和远距离的双向互动。

（5）个性化

在互联网上，无论信息内容的制作、媒体的运用和控制，还是传播和接收信息的方法、方式及消费，都具有鲜明的个性色彩，使传播在高科技信息基础上大放异彩。

（6）多媒体，超文本

互联网以超文本形式，使文字、数据、声音、图像等信息均转化为计算机语言进行传递，不同形式的信息可在同一网上同时传送，综合体现了其他各种大众传媒的优势。

（7）低成本

在费用方面，互联网只需支付地方性费用便可享受全球性联络.

（资料来源：赵晓兰. 最新公共关系学教程. 北京：经济管理出版社，2001.）

以上两大类型的传播媒介，就其社会功能来说，大致是相同的，但由于其信息载体不同，传播过程的环节也不同，加之许多人文因素的影响，使印刷类传播和电子类传播之间存在着鲜明的差异，其特点、优劣也各不相同。

4.3　公共关系传播效果

传播效果是人类传播活动的出发点和归宿。传播作为人类的一种有目的的社会活动，其价值在于通过人们的传播交往达到传递信息、沟通情况、交流经验以及协调行动等目的。传播效果贯穿于传播活动的全过程。它始于传播活动实施之前，并显现于某一传播活动完成之后。

4.3.1　公共关系有效传播的基本要求

要获得良好的传播效果，不仅取决于传播的媒介和技术，还应符合最佳传播者的形象水平、良好的信息制作方式、尊重受众的选择权、营造良好的传播背景、完善传播沟通的技巧等要求。

1. 最佳传播者的形象水平

传播者自身的声誉和形象是改善传播效果的一个重要条件。传播者的声誉和形象往往是与权威性、客观性以及公众关系的亲密性紧密相关的。所谓权威性，是指传播者对所谈的问题具有专门的知识，是这方面的权威。所谓客观性，是指传播者在公众心目中被认为是态度超然、客观公正、不夸张渲染的，这样，信息就有利于被公众信任。所谓亲密性，是指传播者应尽量缩小与公众之间的心理距离，站在公众的立场上传播信息，使公众产生“自己人”的感觉，传播者的观点就比较容易被接受。因此，在传播中邀请与公众同类型的人来发表意见，容易形成这种亲密性。当然，传播者自身完善、行为良好，是最佳传播者的客观基础。

2. 良好的信息制作方式

首先应强调较好的信息组织形式和表达形式，使得信息对公众来说易于获取、易于阅读、易于理解、易于记忆、易于把握。除此之外，还有一个问题，就是要注意扩大与公众的共同语言范围，用能够引起公众共鸣和喜闻乐见的方式来传播，提高传播的感染力。

3. 尊重受众的选择权

有效的传播离不开对受众的分析，需要注意公众在接受信息过程中的能动性问题，即“选择权”问题，也就是说，公众在接受信息时并不是任人摆布的，而是根据各自的需要、兴趣、知识、经验、价值观等，对大量信息进行选择性注意、选择性理解、选择性记忆、选择性接受。特别是大众媒介，所面对的受众是分散的，要让受众接受传播的内容，就需要顺从公众选择的趋势，而不是去强制改变受众的固有立场。

4. 营造良好的传播背景

一切传播活动都是在一定的社会环境、具体场合和一定情景气氛中进行的，这些就是传播背景。有效的传播不可忽视具体场合、情境气氛的影响作用。情境不同、场合不同，传播的形式就不同，同样的传播内容就会有不同的传播效果。

5. 完善传播沟通的技巧

传播效果与传播技巧的高低直接相关，这是不言而喻的。传播者善于运用各种语言的、文字的与非语言的沟通手段，个人的、组织的、大众的传播技术，以增强信息刺激的强度、对比度、重复率等。传播者通过这些手段可以达到不同层次的传播效果：交流信息，联络感情，影响态度，引起行为等。

公关视角4.2

公关有效传播的要素

美国公关学者卡特利普和森特在其《有效公共关系》一书中，提出了公关有效传播的7大要素。

（1）可信度

可信度指公关传播首先必须建立对传播者的信赖气氛。

（2）情境架构

情境架构就是说传播计划必须与现实环境相一致、相协调。

（3）内容

传播的内容必须与受众有关，必须能引起他们的兴趣，满足他们的需要。

（4）清晰

清晰要素要求信息的组织形式应该简洁明确、易于接受。

（5）持续和一贯

传播是个不断循环往复的过程。

（6）通道

通道要素是指正确选择传播媒介。

（7）受众的能力

受众的能力即传播对象的研究，它要求任何传播行为都必须考虑受众的条件和能力。

（资料来源：谢红霞. 中国新公关：组织形象塑造. 北京：经济管理出版社，2004.）

4.3.2 公共关系传播媒介的选择

公共关系传播的根本目的，是从需要和可能出发，取得最佳的传播效果。影响公共关系传播效果的因素很多，正确选择传播媒介是一个重要的因素。选择传播媒介要坚持以下几个原则。

（1）根据媒介自身特点来选择

不同的媒介适应的传播类型也不一样，报纸、杂志、书籍、广播、电视、电影等适合于大众传播；实物、模型等适合于小群体传播或公共传播；信函、电报、电话、传真等适合于人际传播；内部刊物、闭路电视等适合于组织传播；灯箱、广告牌、布标、旗帜等适合于公共传播；互联网适合于各种传播类型。媒介选择得当，传播过程中就可以收到事半功倍的效果。

（2）根据目标公众来选择

不同的公共关系机构和组织部门面对的公众对象是不同的，公共关系人员要根据不同的目标公众群体，有的放矢地选择相应的传播媒介。在选择媒介的过程中要充分考虑到公众的收入状况、受教育程度、职业习惯、生活方式以及他们接受信息的习惯，同时还要考虑到信息受众人数的多少等因素。例如，目标公众人数是受教育程度较高的群体，可以选择报纸、专业杂志、书籍等；如果目标公众人数较少，可进行无媒介传播。

（3）根据传播内容来选择

不同的传播内容要选择不同的传播媒介。一般来说，如果需要传播的信息内容较为复杂，就应当选用印刷媒介（报纸、杂志），内容较为浅显可选用电子媒介。如果信息内容侧重于声音，可选择广播；内容侧重于画面，可选择电视；如果内容有一定的保密性，可选择电话、书信、内部报刊等。如果内容受众广泛且无需保密，就可选择电视、网络等媒介。

（4）根据经济条件来选择

不同的传播媒介，需要不同的经费支出。因此，在选用传播媒介的时候，一定要从自身实际出发，考虑组织的经济实力，量力而行，以最小的投入获取最大效益的经济原则来选择媒介，从而做到少花钱多办事。

公关视角 4.3

湖南卫视打造媒体盛事

2005 年，一场席卷全国的平民造星运动——超级女声，在为湖南卫视赚足广告费的同时，也把湖南卫视“快乐中国”的公关形象成功推向了全国。在这次活动中，湖南卫视整合各种媒体资源，大力宣传“超级女声”，共同打造媒体盛事。

在电视媒体方面，湖南卫视与其他电视台合作，共同宣传和打造“超级女声”，使各电视台之间的优势能够互补，使资源得到了充分的利用，活动进行的有声有色，实现了双赢。

在平面媒体方面，“超级女声“在设赛事的城市都选择了当地人气最旺的报纸进行宣传。

在网络媒体方面，“新浪网影音娱乐世界”、“中国湖南卫视”、“超级女生站”等各大网络媒体均出现了“超级女声”的整版报道。借助网络媒体的互动性，让观众体会到参与活动的乐趣。

4.3.3 改善公共关系传播效果的方法

根据我国学者邵培仁、唐克西等人的研究成果，在这里介绍一些改善传播效果的方法。

1. 美化修饰法

美化就是给人物或事物加上一个美好的评价或修饰，从而使人产生一个美好的印象，因而不经验证就予以接受或赞赏。在各种广告中，常常使用这种方法。运用美化的基本条件有：美化对象要可信，即具有被美化的条件；美化要适度；用词要慎重。过分美化或远离实际的胡乱吹捧，是对受传者的欺骗和愚弄，将导致传播的最终失败，使受传者对传播者及其传播内容产生不信任感和逆反心理。

2. 典型示范法

典型示范是指请具有一定声望、名誉或经验丰富的人对受传者现身说法，来证明和评价人物、事物和观点。在各种广告中，常可以看到一些名人、歌星、影星、运动员在使用各种食品、药品及其他生活用品后，用自己的感受来证明它们是如何的“好”，这种办法目的在于利用“名人效应”来吸引和说服受传者。例如，力士洗浴用品自进入中国内地以来，就曾先后邀请国际影星金丝姬、张曼玉、刘嘉玲、舒淇等人在电视屏幕上反复亮相，名人身上的光环效应及她们所具有的美丽特质，引起公众对美的向往和追求，使力士洗浴用品成为最受消费者欢迎的产品之一。

3. 引证法

直接让真正的宣传者公开出面，有目的、有倾向性地引用一些对自己有利的事实、论点来证明自己的观点、方案及产品的方法叫引证。经常可以见到有些广告引用权威部门或权威人士的鉴定意见，或引用大量数据而抛弃那些于己不利的意见和数据，这就是引证的具体运用。例如，广州宝洁公司生产的佳洁士牙膏就反复表明自己通过了世界牙防组织的健康认证，这是引证的具体运用。

4. 重复与对比法

要引起公众对信息的注意，需从加强信息的强度、对比度、重复率和新鲜度入手。报纸上粗大的套红标题、高层建筑物上的巨幅广告，这些都能增加信息刺激的强度，容易吸引人们的选择性注意。例如，在一连串以打击乐作背景的广告中，突然有4、5秒的时间音乐戛然而止，只有单调的电子钟的滴答声，广告形成声音效果的鲜明对比，这样更能引起观众的注意。重复刺激也是引起注意的重要手段，传播者反复、不厌其烦地向宣传者宣传某种观点或事物，能增强受传者对信息的印象。但要注意在一定时间段内，重复的次数不能太多，频率不能太高，否则可能招致受传者的反感。

案例链接 4.4

信息刺激的效果

1986 年 9 月，珠海经济特区出现了一队身着小丑服装的马戏团游行队伍，小丑们带着各式面具，从街头招摇而过。从他们举着的横幅上，可以看到日本著名的木马戏团将于一星期后在珠海珍珠乐团举行大型表演，他们一改过去张贴海报的形式，利用这样生动的小丑形象来引起公众的兴趣。结果，当时在只有 12 万人口的珠海市，却售出 47 万张票，香港、澳门的人听说后，也蜂拥而来，这说明信息刺激的新鲜度是引起公众注意的又一手段。

5. 角色扮演法

角色扮演是指传播者为了使特定的受传者相信并接受自己的观点，以与受传者相同或相近的身份、地位出现。这种方法往往可以使受传者对传播者产生“自己人”的感觉，缩小双方心理距离和社会距离，从而接受传播者的观点。例如，法国一家保险公司为其开办的老人保险业务做广告，宣传效果很不理想。后来，这家保险公司请来一位老太太，让她在屏幕上同观众们交谈保险的益处，引起大批同她类似的老年人的注意。这种“自己人”式的传播，减少了商业色彩，收到了良好的效果。

6. 号召随从法

号召随从是传播者应当了解团体背景对个人的影响，让某一团体提出或支持某观点，并说明它已广为接受，唤起诸多宣传者随大流的从众心理。团体对个人的影响，可以从一些实验中得知。例如，受试者坐在一群朋友当中，请他与朋友们辨认摆在面前的 3 根木棍哪根最长。坐在受试者周围的朋友们遵守实验者的约定，纷纷提出木棍 C 最长。事实上并不是木棍 C 最长，但因为大家都这么说，受试者会显得犹豫不决，进而怀疑自己的既定判断。实验表明：30%的受试者会附和周围人的错误结论。在商业广告中，让某些权威团体来预告未来某个时期将流行畅销某种产品就是运用号召随从法。

7. 唤起情感法

社会心理学实验证明，情感具有推动和促成人行为的力量。在公共关系传播中，情感的煽动往往能产生别的手法达不到的效果。例如，威力洗衣机的一则广告就巧妙地运用了这种方法。电视里一个青年女性用柔柔的声音说道：“妈妈，我又梦见了村边的小溪，梦见妈妈，梦见了你。妈妈，我送给你一件好东西!”“威力洗衣机，献给母亲的爱!”最动人之处是那位老大娘洗衣服时，欣喜地挪动迈不开的双脚，女儿最贴心、最孝顺，这则广告唤起了公众心中对母亲的拳拳之情，当然就取得了很好的效果。

8. 正面分析法

正面分析是指传播者只对受传者介绍那些有利于其观点的论据和事实的方法。例如，江苏某席梦思生产厂家面临市场滞销，为打开市场，厂家精心策划了一次现场实验。该厂将他们生产的席梦思床垫放在马路上，找来一台十吨重的压路机，在床垫上往返十次，床垫依然如故。在场的数千名观众看后赞不绝口，该厂研制的席梦思床垫由此声誉大振，销量一路上升。

9. 正反分析法

正反分析是指传播者同时向受传者展示有利和不利于自己观点的论据和事实，然后驳斥后者的弱点，指出其漏洞，从而证明自己正确的一种方法。举例来讲，例如，目前仍有许多人（尤其是农村居民）对压力锅存在偏见，认为压力锅不安全，与普通铁锅、铝锅相比没有什么优越性。公共关系人员需要通过传播说服公众。用实验说明压力锅用途广泛，且有缩短时间、节约能源的优越性，并重点说明只要操作正确，安全问题是完全可以保证的。通过正反分析就能改变某些公众因无知偏见而引起的怀疑心理。

总之，恰当地运用一定的传播方法，能帮助人们克服各种传播障碍，准确顺利地完成信息传递，获取理想的传播效果，实现公共关系目标。

思考题

1. 对于一个刚创办不久的小企业，应选择何种传播方式、何种传播媒介，为什么？

2. 对于一个生产护肤用品的企业来说，如何才能取得更好的传播效果？

3. 现在人们把互联网称为第4媒体，你认为互联网会取代电视成为第一媒体吗？如果这一天真的到来，会对公共关系提出哪些挑战呢？公共关系人员应该如何去应付这些挑战呢？

案例分析

“玻立维”上市大型活动

赛诺菲安万特、百时美施贵宝公司于2006年7月联合推出了针对粥状动脉栓塞症（动脉血栓）的新药——“玻立维”。赛诺菲安万特、百时美施贵宝公司希望通过新药推广活动让消费者对动脉血栓有一个形象全面的了解，并以此突出企业在承担社会责任方面所作出的不懈努力，号召新加坡公民共同抗击病患，为健康而战。

针对两家制药企业社会化和多样化的公关需求——让新加坡消费者深入了解“玻立维”

的药性及治疗效果，并借助新药的推出普及新加坡公民的保健意识，执行方对专业知识、市场需求、患者心理等方面作了详细调研，最终向客户提供了一个直观的、多层面的公关活动。

（1）项目调研

据执行方在新加坡范围内作的消费者调查得知，绝大多数新加坡民众不了解动脉血栓以及其可能导致的其他疾病。在新加坡每年由动脉血栓诱发其他疾病而死亡的人数已高达4 500人。由此可见，此次活动意义重大。新药推广不仅是一次商业产品的传播，而更应该是一次全民保健知识的普及。同时，也是一次让企业了解民众、让民众信任企业的有效契机。

（2）项目策划

① 公关目标

加强民众保健意识，增强患者抵抗疾病的决心。

提升企业社会形象，以此突出企业在承担社会责任方面的决心。

② 公关策略

执行方将以极富创意的公关策划把新药推广活动提升为一次大型社会活动。

③ 主题创意

活动主题“B. E. A. T”（脉动），来自于英文短句“Battle to Eliminate Atherotherombo-sis”（动脉血栓歼灭战）的首字母缩写。该主题在深刻表达了本次活动传播主旨的同时，也向消费者展示了“玻立维”的功效和特点，体现了企业的社会责任以及此次活动的社会意义。

④ 活动创意

“动脉血栓歼灭战”公关活动将会通过多种渠道，向目标受众——患者、高危人群、医学专家以及普通民众传达相关信息，并运用多层次的公关技巧，结合媒体传播、广告宣传、路演活动、户外展示等形式，达到全方位的传播效果。

⑤ 传播策略

执行方制定了以日报、杂志、网站、广播、电视媒体的健康、医疗、新闻板块为主的公关传播策略，并借助标语、吉祥物、宣传册、张贴画加大传播力度。他们还会邀请医学专家，通过日报开展系列讲座，为活动进行预热和铺垫。在活动开始前，执行方会通过日报、健康杂志、电视、广播媒体，为活动进行造势，并借助吉祥物、标语以及张贴画来满足受众的信息需求。

（3）项目实施

① 媒体前期预热、专家知识普及

2006 年 5～6 月，执行方通过不同语言的平面媒体和广播电视台，对此次活动以及动脉血栓的相关知识进行普及。为了满足不同类型网民的信息获取习惯，执行方还组织并创建了活动的官方网站，以此作为动脉血栓知识、“玻立维”以及活动信息的发布平台，协助平面媒体和广播媒体的传播。

② 活动开幕

2006年7月1日上午，“动脉血栓歼灭战”活动在新加坡著名的商业街乌节路正式开幕。执行方特别邀请新加坡国家健康委员会主席王志豪主持开幕式，以此提升活动的传播高度和专业定位。

③ 专家答疑

塞诺菲安万特、百时美施贵宝和3大健康社团在现场设立活动专区，由专家向参与者介绍新药“玻立维”以及相关病症的预防常识，并对其关心的问题进行咨询和解答。

④ 免费体检

现场开展免费体检活动，以提高民众“早发现，早治疗”的意识

（4）项目评估

“动脉血栓歼灭战”是一次集产品推广与知识教育为一体的公关活动，也是一次提升企业社会责任的有效尝试。活动通过与权威健康组织的合作，比较容易地接触到心脏病、中风、糖尿病等目标群体，使新药推广活动更加具有针对性。同时，提升了民众对塞诺菲安万特、百时美施贵宝的信任程度，有力地证明了企业对患者的关爱以及在社会责任方面的努力。当地英文、中文媒体对活动进行了跟踪报道，向消费者持续地传达了活动的相关信息。活动结束后的一个月中，新加坡媒体报道篇数达23篇，其中日报类和广播电视类的专题报道篇数达18篇，专业媒体关注时间达3个月（新加坡媒体数量较少，此次活动落地率为95%）。

（资料来源：www. chinapr. com）

分析思考：

1. 这个案例应用了哪些传播媒介，选择这些媒介的时候突出了每一个媒体的哪些优势？

2. “玻立维”上市大型活动中，其采用的公共关系策略有哪些？你对这次活动有什么看法？

第 5 章　公共关系调查

学习目标

- 了解公共关系调查的概念、要求及其内容。
- 掌握公共关系常用的调查方法。
- 熟悉公共关系调查的基本程序。

导入案例

先搞清这些问题

有一家宾馆新设了一个公共关系部，工作伊始，该部就配备了豪华的办公室，漂亮迷人的公关小姐，现代化的通信设备……但该部部长却发现无事可做。后来，这位公关部长请来了一位公共关系顾问，向他请教“怎么办”。这位顾问一连问了以下几个问题。

“本地共有多少宾馆？总铺位有多少？”

“旅游旺季时，本地的外国游客每月有多少，港澳游客有多少？国内的外地游客有多少？”“贵宾馆的‘知名度’如何？在过去三年中，花在宣传上的经费共多少？”

“贵宾馆最大的竞争对手是谁？贵宾馆潜在的竞争对手将是谁？”

“去年一年中因服务不周引起房客不满的事件有多少起，服务不周的症结何在？”

对这样一些极其普通而又极为重要的问题，这位公共关系部部长竟张口结舌，无以应答。于是，那位被请来的公共关系顾问说道：“先搞清这些问题，然后再开始你们的公共关系工作。”

（资料来源：张岩松，等. 公共关系案例精选精析. 北京：经济管理出版社，2000.）

公共关系调查是公共关系程序的第一个步骤。随着现代公共关系运作科学化、信息化的发展，公共关系调查在社会组织公共关系工作中的地位日益提高。正如美国公共关系专家西蒙所说：“不论人们如何表达公共关系活动的流程，调查研究都是举足轻重的。如果把公共关系活动视为一个‘车轮’，调查研究便是这个‘车轮’的‘轴’了。”由此可见公共关系调查研究是其他一切公共关系工作的基础，没有公共关系调查来搜集足够的信息，其他步骤的工作便无法开展，也就是说没有公共关系调查，有效的公共关系工作就无从谈起。

5.1 公共关系调查概述

公共关系调查是社会调查的一种表现形式，它是运用科学的方法，通过收集必要的资料，综合分析各种因素及其相互关系，以达到掌握实际信息，了解和考察组织的公共关系状态，帮助组织解决当前问题的一种实践活动。

公关视角 5.1

公共关系调查的作用

公共关系调查是公共关系活动的基础性工作，发挥着情报功能。国外成功的大企业，一般都十分重视公共关系调查。如美国《幸福》杂志排名前 1 000 名的大公司中，大约有一半都利用公共关系调查为其形象建设服务。许多国际著名的大公关公司也纷纷加强自己的调研能力，比如希尔·诺顿公关公司（即我们公关界常讲的“伟达公关公司”）在 20 世纪 70 年代到 80 年代的 10 年间，其调研部门的规模扩大了 3 倍。据 1984 年的有关统计，全美 94 家调研机构的收入已达 15 亿美元，平均每家 1 600 万美元。

（资料来源：夏建中. 最新公关实务. 北京：中国人民大学出版社，1995.）

5.1.1 公共关系调查的基本要求

1. 全面性

调查研究的对象是人，或者说是处于某种事件中的人。由于他们带有各自不同的社会背景，其态度和行为也不尽相同。调查研究并不是要关注他们中个别成员的态度和行为特征，而是要全面把握总体的情况。

2. 客观性

调查在进行中容易受到调查人员自身因素的干扰，如调查人员的理解能力、对调查课题的熟悉程度、责任心等。因此，调查实务操作必须要有一个统一的标准尺度，要有自身相对的独立性，以保证客观。

3. 时效性

任何一次调查都是对某个时段的事物的信息反应，随着时间的变迁，事物也在变化中，这就需要随时进行不断的调查与反馈，才能保证组织决策的准确性，不因信息陈旧导致决策失误。

案例链接 5.1

一份紧急民意调查

半个世纪前的一天傍晚，乔·盖洛普博士接到美国白宫打来的电话，内容是想知道社会舆论对政府某一外交政策的看法，由于国际事务的需要，这份报告必须在 13 个小时之内交给总统。

短短的 13 个小时，找谁收集和怎样收集公众舆论？盖洛普博士急中生智，并立即行动起来。他先找来 6 位助手，首先让他们以最快的速度拟出若干与那项外交政策相关的题目，然后，分头打电话给 6 位不同地区的新闻记者，请他们立刻分别采访 10 位不同文化层次的民众。被采访者对那些题目发表了各自的意见，总括这些意见，便形成了对外交政策的看法。深夜之前，民意调查得到了回音。盖洛普博士列出表格，把民众的意见反映在上面，并写出报告。比规定的时间提前了两个小时，报告出现在美国总统的办公桌上。这份报告成为美国总统处理这一重要外交事务的公众舆论依据。乔治·盖洛普博士在 11 个小时之内就完成了民意调查。

5.1.2 公共关系调查的内容

公共关系调查主要是公共关系人员通过了解那些受组织行为和政策影响的人对组织的观念、态度、看法和反应，掌握组织的公共关系状态，发现组织存在的问题并对问题进行全面而深入了解的过程。公共关系调查的内容，包括组织自身情况调查、公众意见调查和社会环境调查 3 个部分。

1. 组织自身情况调查

组织自身情况的资料是公共关系人员的案头必备品，无论是撰写新闻报道、解答公众提问、编写组织通讯、制作宣传材料，还是举办展览会、记者招待会，都需要随时查阅和引用这些资料。组织自身情况调查的内容如表 5-1 所示。

表 5-1　组织自身情况的调查内容

项　　目	内　　容
组织的自然情况	组织的地理位置、建筑物外观、名称、性质、机构设置、法人代表、员工人数；组织员工的文化程度、年龄、性别、职务、职称结构等
组织的社会情况	组织的管理模式、业务范围、社会效益和经济效益、内外政策、优势；组织存在的问题、潜在的危机等
组织的历史情况	组织的建立时间、体制变化、重大事件；组织中有突出贡献的职工及其贡献情况；组织的历届领导人情况、人员素质变化、发展阶段等
组织的现实情况	组织的知名度，产品或成果的质量、数量、信誉、生产能力及社会需求等
组织的未来情况	组织的发展前景、近期目标和长远规划等

一般而言，组织情况调查的内容越详细越具有可利用价值，既要有综合情况，也要有分类情况。例如，调查组织的人数、文化程度、年龄、职务结构情况，既要有组织中全体人员的文化程度、年龄、职务的分布情况，也要有高级专业技术人员、中初级专业技术人员的学历、年龄分布情况。

2. 公众意见调查

公众意见调查是公共关系调查的主要内容，其调查结果决定公共关系的效果、对策和发展。公众意见调查包括组织形象调查、公众动机调查、活动效果调查、传播效果调查和内部公众意见调查等。

（1）组织形象调查

组织形象调查的内容主要包括组织成员形象调查、组织管理形象调查、组织实力形象调查、组织产品形象调查等。

① 组织成员形象调查。它主要是对组织主体代表形象的调查，主体代表形象调查包括对领导者形象、公共关系人员形象、组织内部典型人物形象和组织群众形象等的调查。

② 组织管理形象调查。它主要是对组织管理对象的精神状态、组织内部系统的运行状况进行调查、分析。例如，调查组织内部的计划执行情况，组织内部成员岗位责任制的履行情况，组织管理人员的职、责、权分配情况，以及组织内部管理制度、组织纪律、职业道德情况等。

③ 组织实力形象调查。组织的实力是组织在竞争的条件下生存发展的基本因素，是否有雄厚的实力作后盾是组织在竞争中能否取得成功的关键。组织的实力形象调查的内容一般包括组织自身的物质基础和技术力量，组织成员的文化层次、知识结构，组织的科研技术力量、工作环境、设备及组织成员的福利和待遇等。

④ 组织产品形象调查。组织产品包括物质产品和精神产品。对组织产品形象的调查首先可以从对物质产品的直观观察入手，了解组织物质产品的外观，继而收集公众对组织生产的产品的意见，同时对物质产品的性能和使用价值加以评估。其次对精神产品进行调查，了解它在公众中产生的影响和社会效益。社会效益好、为公众喜闻乐见的精神产品，能体现出组织良好的产品形象。

（2）公众动机调查

公众动机是造成公众如何评价组织的主要原因。一般而言，不同的公众，由于动机不同，对组织的评价往往是见仁见智的。公众动机调查包括公众对该组织是否抱有偏见或特殊感情，对该组织的工作方式、社会活动、产品服务等方面是否与公众的标准期望、接受程度相一致。

（3）活动效果调查

活动效果调查，就是调查公众对企业公共关系专门活动的评价。活动效果的好坏，是公共关系活动成功与否的标准。每一位公共关系人员或每一个公共关系组织，每举办一次公共关系活动，都希望取得满意的效果。活动结束后，公众是否满意，满意程度如何，公众如何评价，都需要通过调查得到答案。例如，开展“迎春杯”文明售货服务后，了解职工和顾客的评价；在“百万大酬宾”活动中，了解顾客购买商品的心理等。

（4）传播效果调查

公共关系的传播效果调查，是指调查组织通过传播媒介进行内外传播的效果，也就是公众接受传播信息后，在感情、思想、态度和行为等方面所发生的变化。它包括调查某种媒介的覆盖面、受众的构成、收视（或收听）率，对传播内容的态度和产生的行动等。例如，某企业通过山西电视台搞产品知识有奖问答，传播效果调查就要调查山西电视台当晚收视率、观众年龄、职业、消费习惯、分布状况、态度及行为的变化、问卷回收率、问卷构成以及答案正确率等。

（5）内部公众意见调查

内部公众意见调查，是组织内部公共关系的主要内容。组织只有重视内部公众意见，才能促进组织成员的合作与团结，才能有助于内部公众人人关心组织发展、人人重视组织利益、人人珍惜组织的信誉和形象，使组织在发展中处于有利地位。内部公众意见包括对本组织及其工作的评价、人际关系评价、领导行为评价、公众需要等。

3. 社会环境调查

社会环境是指与组织有关的各类公众和各种社会条件的总和，它影响着组织的生存和发展。公共关系人员进行社会环境调查的目的，就是协调组织和社会环境的关系，使组织适应社会环境的变化，从而使组织获得发展。社会环境调查包括政策环境、社会问题和行业环境的调查。

（1）政策环境调查

政策环境调查就是了解与组织有关的方针、政策、法规，遵循并运用它们为自己的组织服务。例如，政府部门的公共关系人员就要研究组织法、选举法、行政诉讼法、公务员法等法规，并对由此发生的公共关系活动进行专题调查、追踪研究。

（2）社会问题调查

社会问题包括政治、经济、文化、思想、技术等方面的内容，它对公众意见具有很大的影响力，甚至关系到一个组织或几个组织的发展与消亡。例如，煤气热水器因煤气泄漏致人死亡的事件，会引起热水器滞销，造成产品积压、企业亏损；股票热的兴起，可使出版商以出版股票书籍而发财，也会使银行存款下降，国库券卖不出去等。

（3）行业环境调查

针对组织所属行业情况进行调查，可以获得其他组织在公共关系方面的经验，并根据自己的实际情况加以借鉴，避免走他人失败之路，发展自己，完善自己。例如，调查其他组织公共关系状况如何，如何组织公共关系工作，创造了什么公共关系方法，发展了哪些公共关系技巧等。

上述组织情况调查、公众意见调查和社会环境调查，内容十分广泛。公共关系人员要根据组织的实际需要，结合具体情况决定每一次调查的内容。通过分析调查结果，可把其中具有普遍意义的资料分类汇总，供组织领导参考。

5.2 公共关系调查的方法

公共关系调查的方法是指社会组织在开展公共关系信息调查时所采用的方式、手段、措施的总称。公共关系调查能否取得理想的效果，在很大程度上取决于调查的方式、方法是否科学、可靠。

调查的具体方法有很多，在实际采用时，应根据不同的调查目的、内容和被调查者加以选择。最常用的调查方法主要包括抽样调查法、问卷调查法、访谈调查法、实地观察法和文献调查法等。

5.2.1 抽样调查法

抽样调查法是遵循一定的原则从调查总体中抽取一部分样本进行的调查，并以此推断总体特征的一种调查方法。

1. 抽样调查法的种类

抽样调查法的种类很多，这里仅就公共关系调查中常用的几种调查方法作简单介绍。

（1）随机抽样法

随机抽样法是指从调查总体中按随机的原则抽取样本的方法，具体又分为以下几个方面。

① 简单随机抽样。它又称纯随机抽样，即调查者不作任何有目的的选择，而用纯粹偶然的方法抽取样本。例如，抽签法、摇号法和乱数表法等。

在公共关系调查中，这种方法一般用于抽取样本差异不大的情况下，如体育彩票摇奖法。

② 分类随机抽样。它又称分层随机抽样，即先将被调查总体按照不同性质进行分类，然后在各分类中采用简单随机抽样的方法抽取一定数量的样本。

在使用这种方法时，分层的标准可以是一个，也可以是多个。标准越多，组别的划分也越细。在公共关系调查中，按什么标准进行组别的划分，要根据公共关系调查的目的和对象确定。这种方法既有代表性，又有随机性，常被广泛采用。

（2）非随机抽样法

非随机抽样法是指根据调查人员的意愿需要和判断来进行抽样的方法。非随机抽样的代表性不如随机抽样精确，但由于它做起来方便、省时省钱，因此，也常为研究人员采用，其常用的方法有以下几种。

① 任意抽样。它也称方便抽样，即根据调查人员的随意性来选择样本的方法。由于这种方法有时偏差较大，调查结果的可信度较低，因而多用于准备性的调查或探索性的调查。

② 配额抽样。它是指调查人员根据一定的标准和规定，将被调查对象分成若干部分，并事先确定和分配样本数额，然后由调查人员主观抽样。这种方法简便易行，很有实用性的价值。

③ 判断抽样。它是指根据调查人员的需要或请专家分析判断，决定选取一些具有代表性样本的方法。

这种方法由于是根据调查者的需要选定样本，因此，对于有特殊需要的调查，效果较好，如典型调查、重点调查等。

2. 抽样过程

抽样的过程通常分为以下 5 个步骤，如图 5-1 所示。

图 5-1　抽样调查程序

（1）界定总体。它是指抽样之前，必须确定总体范围，总体范围越明确越好。

（2）编制总体个案名单。总体确定后，就要把总体所包含的所有抽样单位开列出一份清单，并给每一个单位编上号码，以备抽样使用。

（3）确定样本数。一般来说，样本越多，其代表性越强，然而样本数量过多，就达不到节约的目的，抽样调查便会失去其意义。因此必须确定一个比较合适的样本数量，在各种条件允许情况下，尽可能抽取最大限度的样本。

（4）抽取样本。它是指按前述的各种方法来操作。

（5）评估样本代表性。评估样本办法有以下两种。

① 做一个小范围的试验调查。

② 利用已有的总体里的有关数据与样本中的数据作比较。

5.2.2　问卷调查法

问卷调查法是由调查者提供统一设计的问卷，以书面回答的方式，向被调查者了解情况并收集信息的方法。这种方法是公共关系信息收集最科学、最准确的方法，它具有标准化、简单明了、成本低的优点，是公共关系调查中使用较多的方法。

问卷是问卷调查的主要工具。问卷的设计在很大程度上决定着问卷调查的真实性、回复率、有效性，决定着整个调查的成败，因此问卷设计的科学性，在问卷调查中十分关键。

1. 问卷的一般结构

问卷一般包括前言、主体和结语 3 个组成部分。

（1）前言

前言一般在问卷的开头，是对调查目的及相关事项的说明。

（2）主体

主体包括调查的问题、回答的方式及说明等内容，它是问卷的主要组成部分。

（3）结语

结语可以只是简短的几句话，例如，对被调查者的合作表示真诚的感谢，也可以稍长一些，征询一下对问卷设计风格和问卷调查本身有何感受和意见。问卷的结语力求简短，有些问卷也可不设结语。

2. 问卷题目的种类

调查所要询问的题目，是问卷的主要内容。问卷题目一般包括个人背景方面的问题、事实或行为方面的问题和态度、情感方面的问题等。其中，背景情况是对被调查者分类的客观标志，是对不同类型被调查者进行对比研究的重要依据。其他问题，则依据调查的目的和内容而定。

3. 问卷题目的选择

选择问卷中要调查的问题，通常是先尽可能详细地列出与调查课题有关的各种问题，然后再进行慎重选择。问卷中的问题不是随意编制和堆砌的，所选择的每个问题都应该是必要的、客观的和可回答的。

4. 问卷题目的排列

问卷题目的排列要有严密的逻辑性，一份问卷不仅要有全面而准确的问题，还要有完整的结构。题目的排列既要便于被调查者顺利回答问题，也要便于调查后公关人员资料的整理和分析。

5. 问卷题目的陈述

由于调查者只能根据调查问卷来理解和回答问题，所以，如何使被调查者能按照问卷设计目的和要求完成调查，表述好所要调查的内容是问卷设计的重点和难点。问卷中问句的表达要准确、简明、生动，避免模棱两可和似是而非的问题。

6. 问卷的题型

（1）开放式问题

开放式问题是指对问题的回答不提供任何具体的备选答案，而由被调查者根据自己的实际情况自由填写。在问卷的应用中经常是作为对问题的追问，或鼓励被调查者继续讨论以获得更详细的材料。例如，“供电公司的服务您满意吗？您认为还应增加哪些服务项目？”

开放式问题灵活性大、适应性强，可以使被调查者充分表达自己的看法和意见，利于发挥被调查者的主动性和创造性；能获得大量丰富的信息；适合于回答各种类型的问题，特别适用于回答那些答案类型很多、答案比较复杂、或者事先无法确定各种可能答案的问题。

缺点是回答的标准化程度低，难以整理和分析，而且往往会出现许多一般化的、不准确的，甚至答非所问的无价值信息。

（2）封闭式问题

封闭式问题是指将问题的一切可能答案或几种主要可能答案全部列出，然后由被调查者从中选取一种或几种答案作为自己的回答，而这些答案之外的回答不能选择。封闭式问题，一般都对应有相关的填写指导或说明。

封闭式问题有许多优点，它的标准化程度高，答案是已经设计好的，有利于被调查者正确理解题目，有利于提高问卷的回复率和有效性；有利于对调查的结果进行统计分析和定量研究；便于被调查者回答，节省调查时间；特别是还有利于询问一些敏感性问题。

封闭式问题也有许多缺点。首先，它的设计必须有一系列可能的答案，需要花费较多的时间和精力；其次，它的回答方式比较机械，没有弹性，难以适应比较复杂的情况，难以发挥被调查者的主观能动性；再次，它的填写比较容易，被调查者可能对自己不懂或者根本不了解的问题任意填写，从而降低回答的真实性和可靠性。

公关视角 5.2

××公司顾客调查表

亲爱的顾客：

为进一步提高服务质量，更好地为广大顾客服务，本公司特设计了这张调查问卷表。请您对下面的问题作答，并于3天内将表格送回商场询问处。凡送回问卷者，均可获得精美纪念品1份。谢谢您的支持与合作。

××公司公关部

××××年××月××日

1. 您在本商场购买过商品吗？

买过（　　）　　未买过（　　）

2. 您到本商场是因为（可多选）：

商品丰富，便于挑选（　　）　　商品质量好（　　）

购物环境好（　　）　　营业员服务态度好（　　）

方便，离住地较近（　　）　　顺路（　　）

3. 您认为本商场哪个柜台的商品陈列得比较好？

小百货柜（　　）　　文具柜（　　）　　纺织品柜（　　）

针织品柜（　　）　　鞋柜（　　）　　眼镜柜（　　）

4. 请您对下面几个商场商品的丰富情况做评价，并用1、2、3、4、5的顺序排列出来。

五星（　　）　　百货大楼（　　）　　商贸中心（　　）

华联（　　）　　皇城（　　）

5. 您对本商场的卫生状况有什么看法？

很好（　　）　好（　　）　一般（　　）　差（　　）　很差（　　）

6. 您对本商场营业员的服务有何建议？

您的年龄： 性别： 文化程度： 职业：

5.2.3 访谈调查法

访谈调查法也称访问法，是调查人员同被调查者直接接触，通过有目的的谈话来收集资料的一种调查方法。访谈方式有多种类型，既可以采取个别访谈的形式，也可以采用座谈会的形式，个别访谈灵活方便，彼此容易沟通，情况了解深入，可多方面搜集资料；集体访谈（即座谈会）能集思广益。运用访谈法调查时，究竟采用何种形式，要根据主客观情况而定。

1. 访谈法的种类

访谈法按访谈对象的数量可分为个别访谈和集体访谈（即座谈会）

（1）个别访谈

个别访谈，即是面对面的个人访谈调查。这种方法主要是为了了解公众深层心理活动情况，与记者采访颇为相似。

这种访谈方法有以下两个方面的优点。

① 这种访谈方法有利于访谈者审时度势，随时发问，深入了解有关情况。

② 采用这种访谈方法被调查者内心顾虑较少，可不受给定问题的限制，畅所欲言。

这种访谈方法的缺点是费时费力，统计分析难度高。

（2）座谈会

座谈会是一种集访谈调查。这种访谈方法有以下两个方面的优点。

① 访谈调查者能面对面地征求意见，了解情况真实。

② 这种访谈方法便于被调查者之间通过回答来相互启发，相互补充意见，也便于当面调查核对一些情况。

这种访谈方法的缺点是被调查者之间相互受影响，有时不愿将真实的情况讲出来，从而影响调查结果的真实性；对调查者的要求较高，要求调查者事先明确会议的主题，在座谈会中组织与诱导被调查者针对会议主题展开讨论。

2. 访谈的技巧

访谈实质上是一种人际互动过程，这个过程是通过双方面对面交谈来实现的。访谈员是按事先拟好的表格或提纲向受访人提出问题，受访人则根据自己理解和判断进行答复。

在调查工作中，访谈员必须从陌生人那里取得资料，而这些资料又往往不是那些陌生人主动乐意提供的。这些受访人有着各自不同的气质、性格、文化教育水平、道德观念，以及不同的风俗习惯、语言文化。每个人在不同时期，会有不同的情绪状态和不同的兴趣。这些都影响着访谈工作的顺利进行。访谈员必须克服这些障碍，才能圆满完成访谈工作。调查工作本身的复杂性，也向访谈员提出了如下高标准的要求。

（1）访谈员应具备多方面的知识和能力

访谈员在对访谈调查所涉及的业务知识有所了解的同时还应具备一定的语言表达能力、人际交往能力和良好的分析判断能力。

（2）访谈员在访谈过程中要注意以下几个方面问题。

① 第一印象。这是指访谈员与受访人接触时，给受访人留下的最初印象。影响第一印象的因素有访谈员的衣着、服饰、相貌、举止、风度、语言、态度等。

② 实现认同。认同的技巧是寻找双方的共同点，因为共同点较多的人容易相互熟悉。共同点可以是相同的生活经历、相同的观点，也可以是相同的职业、相同的爱好等。

③ 相互配合。访谈是一种带有明确目的的人际交往形式，是双方互相影响的互动过程。

④ 以诚相待。访谈工作要求访谈员要有足够的耐心和诚意，访谈员要有不达目的不罢休的精神，处处表现你的诚意。

5.2.4 实地观察法

实地观察法是一种直接的调查方法，由调查者进入调查现场、有目的、有计划地运用自己的感受或借助辅助工具，以观察和记录采集为手段，获得信息资料的调查方法。

实地观察法的要领是观察对象必须是处于自然状态下的客观现象。如果观察的对象不是处于自然状态，而是人为的、故意制造的现象，调查者就有可能做出错误的观察结论，就会失去实地观察的意义。

实地观察法的基本步骤包括明确观察任务、确定观察对象、制订观察方案、组织实施观察和整理观察资料等 5 个步骤。

5.2.5 文献调查法

文献调查法也称历史文献法，是指调查人员通过收集各种文献资料，摘取与组织形象或组织发展等相关内容的调查方法。文献调查法有材料的历史性、方式的间接性、对象的无反应性等特点。

文献资料种类很多，按照文献的载体形式和记录技术大体可以分为书面文献、声像文献、电子文献等。

5.3 公共关系调查的程序

公共关系调查的程序，大体上可分为确定调查课题、把握调查对象、制订调查方案、搜集调查资料、调查结果处理 5 个阶段，如图 5-2 所示。

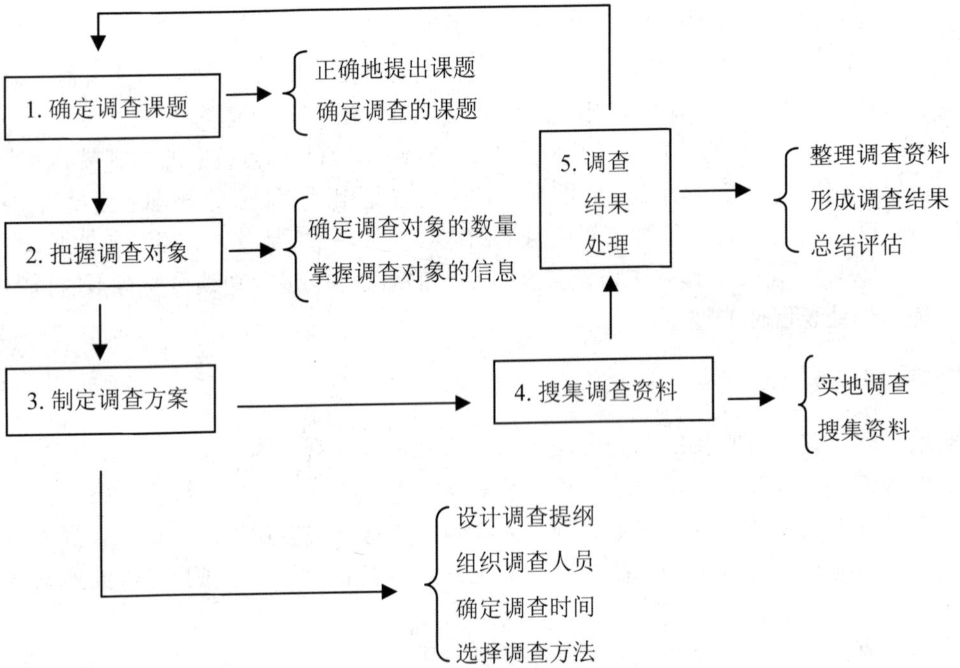

图 5-2　公共关系信息调查的程序

1. 确定调查课题

确定调查课题是整个调查的第一步。这一步的主要任务是明确调查目的，解决“调查什么”的问题。为了有针对性、有目的地进行公共关系调查，避免盲目行动导致的工作失误，必须切实做好调查的第一步工作。确定调查课题一般分两个阶段进行。

（1）正确地提出课题

重大的公共关系调查一般都是在组织内、外部出现了新情况或新问题的条件下展开的。在这一阶段，要尽量掌握组织内、外部出现的新情况和新问题，了解组织领导人进行公共关系调查的真实意图，弄清“为什么要调查”，然后在此基础上提出比较抽象的、多个不成熟的调查课题。

（2）筛选调查的课题

对多个不成熟的课题，经过必要的分析论证，有时甚至还可以组织非正式的试探性调查，以明确问题的症结所在，从而筛选出针对性强的、恰当的课题。一般来说，所确定的调查课题越具体、越明确越好。例如，新产品上市之初，对产品早期接受者的态度调查，比组织形象调查更具有现实性。

2. 把握调查对象

把握调查对象包括确定调查对象的数量和掌握调查对象的信息两个阶段的工作。

（1）确定调查对象的数量

公共关系所指的公众有着极为广泛的含义。因此，确定调查对象必须严格把握一个“度”的范围，即调查对象的数量要适中，且调查对象要有一定的代表性。

（2）掌握调查对象的信息

调查对象的信息一般包括以下几个方面。

① 调查对象的背景资料，包括被调查者的姓名、年龄、性别、籍贯、住地、文化程度、职业、收入水平、家庭情况等。

② 调查对象的知晓度资料，指的是被调查对象对某一个问题、某一个计划、某一种环境在某一段时期的知晓程度。

③ 调查对象的态度资料，指的是被调查者对各种问题、事件等所持的态度。

④ 调查对象的行为资料，指的是被调查者就某个问题是否正在或已经采取行动，这种行动一般是受态度支配的。

公共关系人员从以上资料中可以确定调查对象的构成、分布、类型和活动程度，进而可以确定是潜在公众、知晓公众还是行动公众。

3. 制订调查方案

（1）设计调查提纲

设计调查提纲是指根据调查任务的需要，设计一个详细的调查提纲。调查提纲使调查任务更具体化、指标化。

（2）组织调查人员

组织调查人员是指社会组织要成功地实施调查方案，必须组织一支精干的公共关系调查队伍，其中调查人员的素质是关键。

（3）确定调查时间

任何一种信息都具有时效性，这也是公共关系调查的基本原则，一旦调查任务明确，就应制订详细的调查进度表，明确时间要求，以保证调查数据在规定时间内获取。

（4）选择调查方法

一般而言，选择调查方法应考虑以下几个方面的因素。

① 组织的性质与规模。

② 调查任务的困难程度。

③ 调查对象的数量与素质。

④ 调查人员自身的数量与素质。

4. 搜集调查资料

搜集资料是整个公共关系调查工作的重点，它的主要任务就是按调查方案的要求与安排，系统地搜集各种资料（包括数据和被调查者的意见）。

调查资料一般分为两类：一类是原始资料，也称第一手资料，这是调查人员通过各种调查方法进行实地调查所取得的资料；另一类是现成资料，也称第二手资料，这是由他人搜集的现成的资料。一般来说，现成资料容易取得，花费较少；而原始资料取得难度较大，花费较多。因此，在搜集资料时，要充分利用现成资料，能够取到真实可靠的现成资料，就尽量不再费力去搜集原始资料。当然，就一项较大规模的调查来说，仅有现成资料是不够的，它的主要资料还是来源于实地调查。可以说，原始资料是搜集的重点。至于原始资料与现成资料的搜集次序，一般以先搜集现成资料，再搜集原始资料为宜；在现成资料的来源比较清楚的情况下，两种资料的搜集可以同时进行。

5. 调查结果处理

调查结果处理是公共关系调查的最后一步，其中关键性的工作是对调查资料进行科学、系统的分析、评估，通过分析能够对将来公众议事日程上可能出现的问题提供有价值的判断。它包括以下 3 个环节。

（1）整理调查资料

整理调查资料是指对调查中所取得的全部资料进行检验、归类、统计等。它要求先校对资料、补充遗漏，并按事先设计将资料汇总分类，使其条理化。

（2）形成调查结果

形成调查结果首先要对初步整理的调查资料进行分析研究，一方面应用统计手段进行数量分析，另一方面则应用比较、归纳、推理等方法，形成一份问题调查报告。

（3）总结评估

总结评估是指问题调查报告形成之后，应对调研结果和过程进行一次总体评价，就调查的科学性、准确性给予必要的说明。调查报告应及时提供给组织的有关人员。

至此，就完成了一次公共关系调查的全过程。

思考题

1. 为什么说公共关系调查是公共关系工作中一项极为重要的工作？

2. 为什么说调查过程中应着重把握调查对象问题？

3. 对某一企业来说，公共关系调查工作应主要考虑哪些问题？

4. 公共关系人员在访谈调查中，如果遇到被调查者不积极配合时，你认为应如何与其沟通？需要注意哪些技巧？

案例分析

北京长城饭店的公共关系调查

一提到长城饭店，人们就会联想到举世闻名的美国里根总统的答谢宴会、北京副市长证婚的95对新人的集体婚礼、颐和园的中秋赏月和十三陵的野外烧烤等一系列使长城饭店声名鹊起的专题公关活动。长城饭店之所以能策划和组织大量成功的公共关系活动，源于它周密系统的公共关系调查研究。长城饭店的公共关系调查由以下几个方面组成。

（1）日常调查。

① 问卷调查。每天将调查表放在客房内，调查表中的项目包括客人对饭店的总体评价、对十几个类别的服务质量评价、对服务员服务态度的评价等。

② 在接待投诉中掌握饭店的日常运营情况。

（2）月调查

① 顾客态度调查。每天向客人发送喜来登集团在全球统一使用的调查问卷，每日收回，月底集中寄到喜来登集团总部，进行全球性综合分析，并在全球范围内进行季度评比。根据量化分析，对全球最好的喜来登饭店和进步最快的饭店给予奖励。

② 市场调查。前台经理与在京各大饭店的前台经理每月交流一次游客情况，互通情报，共同分析本地区的形势。

（3）半年调查

喜来登总部每半年召开一次世界范围内的全球旅游情况会，其所属的各饭店的销售经理从世界各地带来大量的信息，相互交流、研究，使每个饭店都能了解旅游形势，站在全球的角度商议经营方针。

这种系统的全方位调研制度，既可以使饭店决策者从宏观上了解全世界旅游业的形势，也可以从微观上了解本店每个岗位、每项服务及每个员工工作的情况，从而使他们的决策有的放矢。

（资料来源：张岩松，王艳洁，郭兆平．公共关系案例精选精析．北京：经济管理出版社，2005.）

分析思考：

1. 长城饭店靠什么赢得了顾客、赢得了市场？
2. 长城饭店在公共关系调查方面对我们有何启示？
3. 如果你是一位总经理，你认为还应从哪些方面来做好日常的公共关系工作？

第 6 章　公共关系策划

学习目标

- 了解公共关系策划的定义、特征和原则。
- 熟悉公共关系策划的程序。
- 掌握公共关系策划的方法。

导入案例

一次成功的公共关系策划

“1998 年贵都新年音乐会”是太原贵都百货有限公司为庆祝开业一周年庆典而举办的一次大型公共关系活动，为了搞好这次庆典，他们主要开展了以下 6 个方面的工作。

（1）确定宣传基调。首先，贵都百货与太原市文化局联手，两方共同担任主办单位，因为由政府出面与企业联合举办这样一个大型的活动容易被公众认知，也有利于企业知名度的提高；其次，把新年音乐会作为社会文明的一个方面，有利于强化新闻效应，使太原贵都百货有限公司通过新年音乐会获得公众认同和好感。

（2）召开新闻发布会。太原贵都百货有限公司于 1997 年 12 月 5 日在山西迎泽宾馆举办了新闻发布会，向社会各界正式发布了这一消息，宣布在太原的历史上将开创 3 个“第一”：首开太原召开新年音乐会的先河；用纯金、纯银制作音乐会门票在国内尚属首次；将“98 贵都新年音乐会”的消息送上国际互联网，在国际互联网上宣传这项重大活动，这在山西也属首次。新闻发布会召开后，二十多家在太原有影响的新闻媒体竞相刊发消息，掀起了新闻报道的热潮。

（3）追踪新闻报道。在公众对“1998 年贵都新年音乐会”有了初步认识后。太原贵都百货有限公司专门组织新闻采访团到京进行前期专访，对中国电影乐团对这次新年音乐会的准备情况进行报道。

（4）寻求合作伙伴。新闻攻势发出后，太原贵都百货有限公司不失时机地发出了题为“关注新年热点，共享成功时刻”的联合主办邀请，并立即得到了山西企业界的响应，扩大了影响的效果。

（5）重视现场效果。贵都百货在音乐会曲目的选择上，选取了一些公众喜闻乐见的曲目，使音乐会得到了社会公众的极大认可，使原定举办3场的音乐会，不得不再加演一场，达到了极好的宣传效果。

（6）音乐会效果的延续。“1998年贵都新年音乐会”演出结束后，为使其宣传效果得到延续，太原电视台、太原日报、山西青年报等媒体再一次以“新年新感觉”、“并州有知音”等为题进行了事后观感报道，进一步扩大了企业的知名度与美誉度，使得在春节到来之前，太原贵都百货有限公司的社会影响进一步得到扩大，为春节的销售工作打下了良好的基础。

（资料来源：雷六七. 公共关系实务. 北京：工商出版社，2000.）

公共关系策划是公共关系程序的第二个重要步骤，主要探讨如何在公共关系调查的基础上对各类公共关系活动进行谋划、运筹和韬略，制订方案，为公共关系活动的实施和评估，提供依据。从某种意义上讲，公共关系工作的竞争就是公共关系策划的竞争。因此，公共关系策划不仅是一切公共关系活动的先导和核心，而且是整个公共关系活动成败的关键。

6.1　公共关系策划概述

6.1.1　公共关系策划的定义

“策划”也叫做“策画”，含有计谋、筹划、谋划、打算的意思，即“出谋划策”。

公关视角 6.1

策划的不同解读

《中国公共关系辞典》对策划的解释是：“人们为了达成某种特定目标，借助一定的科学方法和艺术手段为决策计划而构思、设计、制作、策划方案的过程。”

美国哈佛企业管理丛书编纂委员会认为，策划是一种程序，在本质上是一种运用脑力的理性行为，基本上所有的策划都是关于未来的事物。换言之，策划是找出事物间因果关系、并在预测的基础上提出可采取的方案，作为目前决策的依据，策划如同一座桥，它连接着组织的现在和未来。

公共关系策划，就是公共关系人员根据组织形象的现状和目标要求，分析现有条件，设计最佳行动方案的过程。

案例链接 6.1

三国赤壁之战

三国赤壁之战，是运用策划、智谋制胜的典范。

公元208年，曹操拥兵百万于赤壁，与孙权和刘备展开决战，著名谋略家、军事家诸葛亮首先力陈吴、蜀联合抗魏之必要，舌战群儒，说服吴国的主降派，团结多数，扩大主战同盟，向孙权讲明战与降的利害得失，同时利用“二乔”之说，挑起周瑜对曹操的敌对情绪，促使周瑜决定抗曹。在战役过程中，诸葛亮和周瑜连续运用了“草船借箭”、“苦肉计”、“连环计”、“借东风”等谋略，最终火烧战船，大败曹操百万大军。

6.1.2 公共关系策划的特征

1. 综合性

公共关系策划需要掌握和运用诸如运筹学、决策学、心理学、思维学、控制学、系统学等多方面的知识。公共关系人员只有具备以上多种学科的知识才能搞好公共关系策划。

2. 思想性

公共关系策划过程是人的一个思想过程，它依赖于人的严密思维。所谓运筹帷幄之中的“运筹”，就是一个军事指挥家的思想活动。

3. 创新性

公共关系策划的思维过程是一种创新性的思维活动。公共关系人员遵循公共关系和策划理论的基本原则，集思广益，标新立异，别具一格，在公共关系策划中开拓出一种全新的境界，使公共关系活动不断发出耀眼的光芒，从而备受公众的青睐。

4. 目的性

公共关系策划具有明确的目的性。每一次策划活动都是为了某一个或几个明确的目标，或为了提高组织的知名度，或为了提高组织的美誉度，或是为了塑造组织的整体形象。策划的目的性决定了策划的针对性，即根据目的的不同，所处内外环境的不同，策划出带有针对性的能解决实际问题的一系列活动。

5. 弹性

公共关系策划方案应具有一定的弹性，以便随着环境的变化适时调整，要使策划方案富有弹性，首先，方案不能繁琐冗杂。繁琐冗杂会限制执行者的主动性和创造性；其次，方案执行切忌生搬硬套。公共关系方案是行动的指南，而绝不能一成不变地套用。否则，一旦情况有变，执行者就会感到措手不及或无所适从。有弹性的策划方案是成功的保证，没有弹性的策划方案往往是导致失败的陷阱。

6.1.3　公共关系策划的原则

公共关系工作的中心环节是公共关系策划，组织形象管理工作是否有效，在很大程度上取决于策划的成败。因此，公共关系人员在进行公共关系策划时，不可随心所欲，应遵循如下几个方面的原则。

（1）创新性原则

“创新是天才，跟随是庸才，重复是蠢才”，策划需要创新，其创意要新颖，手法不落俗套，内容贴近公众，时机恰到好处，规模大小适度，不能走别人走过的老路。以常见的企业开业为例，场景布置、喜庆锣鼓、气球、鲜花、领导讲话、剪彩等都是非常普通的行为。在正式的场合，如大型会议为了显得庄重，可以这样重复；但对工商企业而言，就应该寻求突破了。例如，属于社区性的商业网点就应该以社区居民为重心做文章，属于侨胞投资的则可从故乡人、老乡亲上寻求创新，还可从各类社会关心的热点话题入手，策划公共关系活动。

案例链接 6.2

“10 万元人民币寻找主人”

某公司为了宣传其新型保险柜的卓越性能，登出一则广告：“10 万元人民币寻找主人！本公司展厅里摆放的保险柜里存放有 10 万元人民币，在不弄响保险柜警报器的前提下，各种能工巧匠和各路豪杰，可以用任何手段拿出并享用这 10 万元！”广告一出，轰动全城，前来一试身手的人形形色色、络绎不绝，但是，没有任何人能够得手。各大报纸连续几天为此做了免费报道，影响很大，使这家公司生产的保险柜一夜成名，订货单纷纷而来。

（2）可行性原则

公共关系策划在要求创新的同时不能忽视可行性，这就要求公关策划既要符合政府政策法规的要求，又能与组织的经营实力和市场能力相适应，就像通常讲的“很难想到的、很易做到的”才是好策划。

案例链接 6.3

“农夫山泉”有点“烦”

2000 年 4 月“农夫山泉”在中央电视台播出了一则比较广告：以水仙花在纯净水与天

然水中的不同生长状况实验，证明天然水的营养成分高于纯净水。随后，“农夫山泉”单方面向媒体宣布：“农夫山泉”自即日起不再生产纯净水转而生产天然水。这种带有诋毁纯净水的说法顿时在全国饮用水行业引起轩然大波，并直接影响到了纯净水的市场销售。

自2000年5月至2000年8月，包括“娃哈哈”、“乐百氏”在内的众多纯净水生产企业纷纷以“农夫山泉”的广告宣传属于不正当竞争行为，违反了《反不正当竞争法》为由，指责“农夫山泉”，并分别向政府职能部门提出申诉，向法院提起诉讼。

“农夫山泉”违反了策划的合理合法原则，引起了同行的强烈反感，这对于其今后的发展将会产生不利的影响。由此不难得出这样一种结论：策划固然要求创新，要能引起受众注意，但也要可行才行。

（3）公益性原则

开展公共关系活动的目的是为了在公众心目中树立组织的良好形象，因此，组织在策划公共关系活动时要注意避免功利性，要本着服务公众的意识去策划公共关系活动，强调策划的公益性，这样才能真正在公众心目中树立起良好的组织形象。

案例链接 6.4

白猫集团公司的公益服务

20世纪90年代，我国国内最大的洗涤用品企业——上海白猫集团公司曾在集团成立之前策划了一次公益性的公共关系活动：120名青年志愿者在上海外滩陈毅广场做清洁工作，他们身穿有白猫标志的统一服装，热火朝天地清洗广场、擦洗护栏。这既不违背外滩风景区关于禁止在风景区从事商业行为广告的规定（这属于公益服务），又非常好地在上海商业中心展示了白猫集团的风采，这是一次突出公众利益的、成功的公共关系策划。

（资料来源：张百章. 公共关系原理与实务. 大连：东北财经大学出版社，2002.）

（4）道德性原则

公共关系策划必须严格遵守公共关系职业准则的要求。

公关视角 6.2

专家谈公共关系职业准则

英国著名公共关系专家弗兰克·杰夫金斯在其《实用公共关系学》中指出，公共关系策划应遵循：第一，不能弄虚作假；第二，不能损害公众的利益；第三，不能参与不署真名的组织的活动；第四，在未经同意前，不能同时为两家竞争对手服务；第五，不但要对现在的客户服务，还要对过去的客户负责。

（5）严密性原则

策划的过程一定要严密，不能有任何的漏洞和失误，差之毫厘，谬以千里，这样的教训比比皆是。

6.2　公共关系策划的程序

公共关系策划是一个动态的过程。调查研究、采集信息是公共关系策划的基础，调查者对调查得来的大量信息要进行分析。因此，公共关系的策划是从信息分析开始的，然后是确定目标、设计主题、分析公众、选择媒介、经费预算和评估方案等 7 个环节，如图 6-1 所示。

图 6-1　公共关系策划的程序

6.2.1　综合分析及寻找理由

1. 综合分析

公共关系人员进行公共关系策划的第一步工作，就是综合分析在公共关系调查中搜集的信息资料，对组织进行诊断，认识问题。

在组织的发展过程中，常见的问题表现在以下几个方面。

（1）一般性问题

组织在日常的工作中，常会发生一些对组织不利的小问题。但对这些小问题不可轻视，因为小问题处理不好，就可能变成大问题，小问题常常是大问题的先兆。因此，对小问题不可等闲视之，要防微杜渐，使其尽量不发生，一旦发现小问题，应及时解决。

（2）重大问题

重大问题有以下两种情况。

① 由小问题发展积累而成的大问题。

② 突然出现的大问题。

（3）差距问题

差距问题有以下几种情况。

① 组织的自我期望形象和实际形象之间的差距。

② 组织现有形象和过去形象之间的差距。

③ 本组织的形象和同类的其他组织形象之间的差距。

（4）危机问题

危机问题即对组织的生存和发展形成极大危害的重大问题。

2. 寻找理由

组织要开展公共关系活动来扩大影响、塑造形象和谋求发展，就要寻找开展公共关系活动的理由。寻找开展公共关系活动的理由就是要解决一个师出有名的问题。它是公共关系活动得以开展的价值和依据。若凭空开展公共关系活动，便得不到组织的理解和支持，也无法得到公众的好感。

（1）寻找开展公共关系活动理由的要素

① 符合组织机构的利益，与组织的工作性质相关。

② 符合公众的利益，为公众提供感兴趣的信息或服务。

③ 具有新闻价值。

（2）寻找开展公共关系活动理由的类型

① 运用各种固定的特殊机会来开展专项公共关系活动。例如，重大节日，包括中国的元旦、春节、端午节、重阳节、中秋节、党的生日、国庆节等；重大纪念日，包括政治家、科学家、文学家、艺术家的诞辰日、忌辰日等；其他有规律的假日、时机，包括学校开学日、放假日、新疆的古尔邦节、内蒙古的那达慕赛马节、哈尔滨的冰灯节、洛阳的牡丹花会、广州羊城花会等。

需要注意的是，固定的特殊节日开展的公共关系活动要与这些日子有直接或间接的联系；内容要有新闻价值，或有公益性及突破性，如最佳儿童食品的推出、免费修理等；要不落俗套，富有创新，例如，在哈尔滨冰灯节期间，杭州电视机厂利用这次机会巧妙地开展了一次公共关系活动，将电视机放在冰雕里，在零下30℃～40℃的严寒下开机，图像清晰、画面稳定、色彩鲜艳，加拿大《北美时报》等媒体也报道了这条新闻。

② 运用现有设施条件，开展专项公共关系活动。例如，“蝙蝠”电扇利用北京王府井百货大楼的商品橱窗昼夜不停、成年累月地飞速运转，令人信服地认识到其产品质量之高。

③ 运用各种信息传播的事件或活动来开展公共关系活动，如学术活动、调研活动、发布会、艺术展览、比赛活动等。

6.2.2 确定目标

确定公共关系目标是公共关系策划的前提。因为，没有目标，公共关系策划也无从谈起，公共关系目标是同调查分析中所确认的问题密切相关的，一般来说，所要解决的问题也就是公共关系的目标，在确定目标时应考虑以下几个因素。

（1）目标应是结果式的而不是过程式的。例如，本次活动的目标是“召开两次座谈会，一次研讨会，研讨股票问题”，这一目标是过程式的；又如，目标是“使本公司职工购买股票的比例从现在的15%提高到40%”，这个目标是结果式的。

（2）目标应是定量的。例如，本次活动的目标是“大大提高全厂职工对经营承包责任制的认识”，这一目标是定性而非定量的；又如，目标是“将全厂职工正确认识优化组合的人数从现在的20%提高到60%”，这是定量目标。

（3）目标应是能够控制的。例如，提出“将产品质量提高到国家标准”。

（4）目标应是有时间限制的。例如，某年某月某日开始，3个月内完成等。

（5）目标应是单一的而不是复合的。例如，一个目标只解决一个问题。

6.2.3 设计公共关系主题

公共关系活动的主题是统率整个公共关系活动，联结所有公共关系项目的核心，它使公共关系活动形成了一个有机的整体。

1. 公共关系主题表现形式的要求

（1）主题要精练传神

主题一般用精练传神的语言概括表达。例如，精工表“世界的计时”；雅戈尔“中国的皮尔·卡丹”；IBM“国际商用电器公司就是最佳服务的象征”；步步高“世间自有公道，付出总有回报，说到不如做到，要做就做最好”等主题。

（2）主题要明确具体

主题既要虚拟、拔高，又不能空洞口号化，必须贴近受众心理。例如，杉杉服装先期的主题“立马沧海，挑战未来”，该主题不确切，公众不知道主题指的是什么，效果就显然不如“不要太潇洒”更贴切。

2. 在主题设计中须考虑的因素

（1）主题必须与公共关系目标相一致，并能充分体现目标，一句话点出活动的目的。

（2）主题必须新颖独特、有鲜明的个性，突出活动的特色并使之具有强烈的感召力。

（3）主题设计要适应公众心理的需要，既要有激情，又贴切朴素，使人觉得可信可亲。例如，五加皮酒的主题“一份浓浓的思乡情怀”。

（4）主题设计要注意简明扼要，切忌冗长　嗦，不要雷同，更不能庸俗。例如，有种保健品的主题设计为“今年春节不收礼，收礼就收×××”，过于俗气，也会影响到该产品本身的品位。

6.2.4 分析公众状况

公共关系工作是以不同的方式针对不同的公众而展开的，只有确定了组织公共关系对象，才能保证公共关系活动的效率和效益，从而保证公共关系目标的更好实现。分析并确立目标公众，要根据公共关系目标，确定公众情况，分析不同公众的权利与利益，以便开展有效的公共关系工作。首先，找出各类公众权利要求的共性问题，作为设计组织总体形象的基础；然后，分析各类公众的特殊要求。要注意将不同的权利要求分出轻重缓急，一般应选择同组织的信念和发展利益相近或利益关系特别紧密的公众，作为公共关系工作的主要对象。根据公共关系目标，确定公众情况，分析不同公众的权利与利益，以便开展有效的公共关系工作。

6.2.5 选择传播媒介

选择传播媒介的实质就是如何在特定的对象公众与社会组织之间建立起畅通无阻的信息交流的最佳渠道，并找到对象公众与社会组织两者沟通相关信息的最佳方式。信息传播的方式与方法、进行信息传播的媒介与渠道是多种多样的。不同的媒介其特点与影响力有很大的不同，例如，电视媒介声情并茂，可以现场播录；广播节目接受方便，普及性强；印刷媒介可以反复阅读，适于表达较为复杂的信息内容；电话媒介私密性好，人际化交流等。而对公众来说，各种媒体的权威性、客观态度、公正品质、信息传播方式与技巧上的亲切有趣、富有人情味、注重公众利益等特征的不同，都会对传播活动的效果产生影响。因此，公共关系人员在传播之前必须进行精心的策划与选择。

6.2.6 经费预算

公共关系经费预算的基本构成包括行政开支和项目开支。行政开支又包括劳动力成本（公共关系人员的工资和其他酬金等）、管理费用（通常包括房租、水电费、保险费、电话费、办公文具费、差旅费、取暖费等）、设施材料费（包括购买摄像机、视听器材、打字机、复印机、计算机、印刷品、纪念品的费用等）等。项目开支指实施各种公共关系活动项目所需的费用，例如，赞助费、重大庆典活动费、重大项目的专家咨询费、调研费、专项组织形象广告费及应付、突发事件等的经费，它具有较大的弹性。

案例链接 6.5

错失良机

1989年初，美国总统布什访华前夕，一位祖籍为中国的美国外交官夫人来到某葡萄酒厂要求见一见厂长。因为，在华期间，她发现该厂新研制的一种葡萄酒，原汁发酵，不含酒精，味道甘醇，口感颇佳，很适合欧美人的口味，她很希望中国富裕起来，也愿意帮助家乡产品走向世界，所以她想帮忙搭桥，把这种酒推向海外市场，使该酒名扬四海。她建议把该酒拿到布什总统访华的国宴上去，让各国使节和众多来宾、记者们品尝，为它进入国际市场打开大门。可是，这位厂长坚持先付款后取货，要求由外交官夫人先付 2 000 美元。这位夫人表示回去后反映一下，便离开了该厂。结果，摆上国宴的却是另外一种葡萄酒——长城干白葡萄酒。

从这个案例可以看出，在工作中，一方面要充分发挥每一个公共关系人员的智慧和才能，尽量做到少花钱，多办事；另一方面不能为了省钱或某些陈规而错过时机影响公共关系目标的实现。

6.2.7 评估和优化方案

经过认真地分析信息资料，公共关系人员确定了公共关系目标，制定了公共关系行动的方案，但这些方案是否切实可行、是否尽善尽美，有赖于对方案的分析评估和优化组合。如果方案实施成功的可能性大，又能保证策划目标的实现，方案便能获得认可，否则，方案便要加以修正优化。

方案的优化过程是提高方案合理性的过程。方案的优化可以从 3 个方面去考虑，即提高方案的可行性，增强方案的目的性，降低经费开支。如果方案的目的性强，可行性高，只是费用太多，那么就在怎样降低消耗上加以优化；如果方案的费用不高，目的性强，只是可行性较差，那就以提高可行性为重点。

常见的方案优化法是综合法，即将决策出的各种方案加以全面评估，分析其优点和缺点，然后将各方案的优点移植到被选上的方案中，使被选上的方案好上加好，达到优化的目的。

在进行公共关系策划时，要求公共关系人员运用其知识和经验，对组织的未来公共关系发展进行预测和决策。这就要求公共关系人员具备良好、敏捷的公共关系策划思维模式，掌握公共关系策划的方法。

6.3 公共关系策划的方法

6.3.1 公共关系策划的基本方法

公共关系策划的基本方法可归结为 3 个方面，即如何运用“时”、“势”与“术”。

1. 审时、借时

审时是指详细审查、仔细研究时间、时机的特征，监测时间、时机的发展变化；借时是指借助于有利的时间和时机。公共关系活动具有很强的时效性，公共关系策划者必须认识到这一点，审时度势，充分利用有效的时间，抓住机遇适时开展公共关系活动，以增加信息传播的有效性。

一般来说，公共关系人员在策划中抓住时机，可以从以下 3 个方面入手。

（1）争先

争先是指要有捷足先登的意识，才可能在激烈的竞争中占据优势，以获得良好的公共关系效应。

（2）乘机

时机或机遇总是随着时间流淌，稍纵即逝。因此，善于把握最佳机遇，乘机策划出公共关系活动的杰作，便成了策划家们驾驭时机的主要工作。对公共关系策划者来说，一般有以下 3 种时机可乘。

① 乘周期循环之机。周期循环之机指的是节假日、纪念日等每一年或每 10 年一循环的时机，这样的时机，对任何策划者来说，均是存在的，如果乘机得当、策划得法，就能策划出成功的公共关系活动。

② 乘可预料之机。有些机遇虽然不是周期的，但却是可以根据各种信息予以推测预料的，例如，工程竣工之日、公司开业之时等，这些机遇如果予以利用，也可以使组织公共关系策划获得良好的效果。

③ 乘突如其来之机。事实上，许多绝好的公共关系机遇是无法预料、无规律可循的，对这一类机遇的把握，能使公共关系策划获得意想不到的成功。这就要求公共关系策划者既要有灵通的信息渠道，又要有把握可乘之机的意识。当突如其来的机遇来临时，公关人员立刻就能借机策划出绝妙的公共关系活动。

（3）后发

后发即后发制人之意，它是指在对诸多相关信息进行分析、运筹之后，策划出更为成熟的公共关系活动，以达到后来居上的效果。后发制人方法的最大好处是，能在开始时巧妙地掩饰自己的意图，并在对竞争对手及社会信息作全面准确的分析认识后，推出更有针对性、更为成熟的策划方案，其成功率也更大。

2. 借势、造势

势是一种比喻的说法，指的是事物本身与影响事物的环境共同形成的一种倾向性的无形力量。所谓借势即指借助和运用一定的形势，开展公共关系活动；而造势则是指制造一种气氛，创造有利的形势。公共关系策划不仅要审时借时，还要借时运势、借时造势，以制订出切实可行的公共关系活动方案。借势、造势是公共关系策划活动中经常采用的方法。

（1）借势

借势即借用比组织更受人们关注的各种事物，与组织即将要进行的公共关系活动结合起来，从而把新闻界及公众的关注目光转移到本组织方面，起到公共关系活动的良好效果。借势包括以下两个方面内容。

① 借名人之势。名人具有一种光环效应，吸引着广大的公众，也是新闻记者追踪的对象。因此，公共关系策划者们往往借名人之势进行策划。例如，法国“白兰地”打开美国市场，就是借用美国总统艾森豪威尔之势，借给总统祝寿之机，一举确立了“白兰地”酒在美国市场上的知名度。

② 借“热点”之势。“热点”即是新近流行或被人们普遍关注的事物或现象，公共关系策划如果能恰到好处地借用到“热点”，那么往往能收到意想不到的效果。例如，“健力宝”的扬名就是借用洛杉矶奥运会、汉城奥运会、北京亚运会、上海东亚运动会、巴塞罗那奥运会等体育热点之势，逐步扩大了其知名度。一般来说，体育大赛、政治风云、战争烽火、文化盛事、社会时尚等都是人们所关注的热点。

（2）造势

如果说“借势”是策划者为组织的公共关系活动借用比组织更有影响力的事物，那么造势则是策划者通过巧妙思维，利用某一表面看来微不足道的契机，为组织与公众关系建立与发展烘托出一个有利的趋向与势头，造势包括以下两个方面内容。

① 无中造有。这是指在没有任何可资凭借的事物情况下，公共关系人员经过策划，酝酿出有利于组织的舆论势头。

② 小中造大。这是指抓住一个微不足道的小事或小细节，将其中动人的或丰富的蕴涵通过公共关系传播予以放大，造成一个有利于组织公共关系建立和发展的良好态势。

其实，借势与造势是相对而言的。在实际的策划操作中，策划者的着眼点可以说是以借势为手段达到造势之目的。因此，借势与造势是相辅相成的，关键是策划者要善于借用一切有利于组织的事物与信息，通过巧妙运作，以形成有利于组织公共关系建立和发展之势。

3. 择术

“术”是指在人们的长期实践中，渐渐形成了的一些稳定的、为人们所常用的方式、技巧。择术是指在公共关系策划中公共关系人员如何选择和运用合理的技术与战术。

（1）以诚换诚术

诚实是公共关系活动最为重要的原则，其体现到具体运用中，便是说诚实话、做诚实事，从而赢得公众的信任与诚心相待。

（2）以攻为守术

以攻为守术是在组织与外在环境产生不协调时所进行的调整和策划的手段，表现为积极主动地出击以达到保护自己的目的。

（3）自扬家丑术

“家丑不可外扬”一直是中国人的古训，直到现在这仍然是中国大多数人的信条。在现实中许多企业家在市场营销中大都极力掩盖自己的问题，唯恐家丑外扬。其实这种观念是极其片面的，因为十全十美本身就不存在，而绝大多数消费者既是挑剔的又是实事求是的，当企业向消费者说明产品的缺陷时，消费者也能理解，甚至认为公司诚实可信，这样也就无形中提高了企业的知名度与美誉度。当然，公共关系人员对自扬家丑术的运用必须十分谨慎，一般来说，家丑的内核应具有一定的美，或者是微不足道的丑，否则不分利害的自扬家丑，就有可能适得其反，自落陷阱。

（4）强化特色术

特色即一个组织所独具的区别于其他组织之处。在公共关系活动中，组织的特色得到强化突出，经过传播后，组织的形象便会很鲜明地在公众心目中得到确立，因此在公共关系策划中，强化特色也是经常被采用的方法。

（5）借尸还魂术

产品的生命具有周期性，人们的消费习惯也具有周期性，两个周期的简单重叠，便使得一些产品衰亡了，更多的新产品脱颖而出。但如果两个周期有所错位，例如，产品的消费周期正好转到崇尚传统的时候，那些行将衰亡的产品就有可能中兴。此时，如果策划者们能审时度势，对已经衰亡的产品注入新的活力，对人们崇尚传统的心理予以诱导，就完全可能使老产品重新焕发生机、走俏市场，这就是借尸还魂术。运用借尸还魂术的时候要注意考虑有关公众对传统、对回归的心理需求，只有正确把握到这种需求，才能找到运用的最佳时机。

6.3.2 公共关系策划中的创新性思维方法

创新性思维是指思维主体借助逻辑推理与丰富的想象，对概念、表象等思维元素进行组合加工，从而产生创新性思维成果的过程。简单地讲，创新性思维就是不断产生新思想、新观点、新发明和新发现的过程，同时，也是策划者尊重科学、不断探索，打破条框、勇于创新的过程。它一般具有非逻辑性、求异性和发散性的特点。而公共关系策划离不开创新性思维，公共关系人员在每一次公共关系策划中，面临的环境不同、公众不同，策划方案也不能总是以同一种面孔出现，必须打破思维定式、突破常规，策划出与众不同的、具有新意的活动内容和方式，去吸引公众、改变公众的态度和行为。

公共关系策划的新意源于公共关系人员的创新性思维方法，它主要包括以下几个方面的主要内容。

1. 灵感的激发

在公共关系策划中，新形象新假设的产生往往带有突发性，是突如其来的闪电般的顿悟，灵感通常是人们头脑中的知识信息借助外部信息的激发而产生的。活跃的灵感在创新性思维中起着非常重要的作用，一般来说，人们在获得灵感时，思维异常活跃，也最富有创造力。而公共关系策划者要想在策划中出现灵感就要善于发现和利用各种信息，进行自我激发，并通过量的积累，触类旁通闪现灵感，使公共关系策划产生新意。

2. 想象的突破

所谓想象是指策划者对记忆中的表象进行加工后，得到的一种形象思维。它是在对以往事物感知的基础上，创造出前所未有的对策划对象的想象力，是在观察思维等基础上的一种特殊形式的思维活动方式。在公共关系策划中，同样需要借助想象，公共关系策划者把对组织公共关系现状的认识和对组织未来的预测等各种感知，通过想象得以突破，不断建立和完善新的形象概念，因此，公共关系策划的成果，往往也是想象思维的结果。

3. 诸因素的组合

在公共关系策划中，从思维的角度而言，由目标的制定找到了相应的公众，从诸多信息中产生了主题，继而设计出各种计划和工作步骤，这是从思维展开角度而言的，而从思维展开后又必须聚拢的角度来说，众多的因素又必须组合为一个有机的计划，这个创新性思维的过程，可以称为因素组合法。

4. 思维的碰撞

思维碰撞法又称头脑风暴法，它是 1939 年美国 BBDO 广告公司经理奥斯本创立的用于集体创造活动的创新技法。其基本要点是：针对要解决的问题，召集 5～10 人的小型会议。会议规定一些必须遵守的规则，以产生启发创造力的情境。与会者按照一定的步骤，在轻松融洽的气氛中，敞开思想、各抒己见、自由联想、畅所欲言、互相启发、互相激励，让创新性思想火花产生共鸣和撞击，以引起连锁反应，从而激发出大量的创新设想。在实施头脑风暴法时，参与者要遵循以下几条规则。

（1）参与者的构思方向越多越好。

（2）参与者的设想即使是异想天开，其他参与者也不许嘲笑。

（3）参与者彼此之间不许批评对方着眼点的好坏。

（4）参与者可以借助别人的设想，而想出新点子。

5. 逆向思维与类比启迪

（1）逆向思维法

人们在进行思维时，往往喜欢按照习惯的思路去探求问题的答案，然而，这种解决问题的方法往往陈旧俗套、缺乏新意，问题也难以理想解决，这就需要人们从与习惯思路相反的角度，来突破常规定势，作反向思维，以找到出奇制胜之道。公共关系策划人员利用逆向思维，往往会产生独特创意，例如，将领导剪彩变为消费者剪彩，往往能极大地吸引公众的注意力，达到公共关系宣传的目的。

（2）类比启迪法

所谓的类比启迪法是指人们根据已知的事物或道理，比喻性地启迪自己以相类似的方法去解决未知的问题，这种方法，美国的创造学家称之为“提喻法”，它是以不同知识背景、不同气质的人组成小组，相互启发、集体攻关。提喻法有以下两个重要的思考出发点。

① 变陌生为熟悉，即进行拟人类比、直接类比、象征类比、幻想类比。

② 变熟悉为陌生，以已知的各种事物，运用新知识或新角度来观察、分析和处理，其过程同样必须进行各种类比。

最后，再通过特定的标准，对想象力产生的各种类比进行选择和判断，得出最佳的创新思维成果。

类比启迪法在创新思维中的运用是相当广泛的。公共关系策划者要善于从成功的策划方案的特点、特征里获得启发，策划出与众不同的、具有新意的活动内容和方式，去吸引公众、改变公众的态度和行为。

思考题

1. 为什么说公共关系策划是公共关系工作中最有价值的部分？
2. 如何理解公共关系策划的创新性原则？
3. 为什么说公共关系策划“是一种程序”？
4. 策划公共关系活动应如何选择时机？

案例分析

清凉一夏”华夏长城葡萄酒公共关系活动策划

一、华夏长城的企业背景

华夏公司成立于1988年，该公司生产的华夏长城干红葡萄酒具绿色、自然、时尚、醇和细腻的特点，且以淡淡面包香及果芬芳味而著称。该产品在各种国际评酒会上屡屡获奖。

二、葡萄酒市场概况

迄今为止，以长城命名的葡萄酒主要有3大品牌，有老牌的沙城（1983年8月）长城葡萄酒、华夏长城干红葡萄酒（产地在昌黎）及烟台长城葡萄酒，这3家葡萄酒企业实力旗鼓相当，他们争相抢占葡萄酒市场，虽然上述葡萄酒中的销售量以华夏品牌为最多，但到了2003年，其他两家竞争对手已经分割了较大比例的葡萄酒市场份额。如何细分长城葡萄酒的市场，如何定位华夏长城在长城3大品牌中的地位，成为企业公关公作的当务之急。

三、华夏长城的市场目标

1. 品牌拓展

长城葡萄酒在消费者心中已经有很高的知名度，所以华夏长城前期的目标须着重于长城葡萄酒固有的消费者，后期细分长城葡萄酒的产地（沙城、昌黎、烟台），突出华夏长城（昌黎）的优势，才可以得到事半功倍的效果。

2. 销售拓展

开辟新的销售切入点，赋予葡萄酒更深及更新的含义，使之在终端销售有新的机会和新的市场（夏季市场）份额。

四、华夏长城的活动策划

华夏长城要站在“长城”这个国内葡萄酒最强势品牌的平台上与烟台长城及沙城长城竞争。如此，华夏长城势必在长城系列品牌中脱颖而出，确立华夏在包括“长城”其他产地在内的葡萄酒行业中的领导地位，从而达到把长城葡萄酒细分（沙城、华夏、烟台）的目的。此次活动要把华夏长城的商品定位在：绿色、自然、时尚；并赋予由她孕育出的特饮“清凉”的含义。

1. 诉求对象

（1）个人以年轻人为对象；

（2）家庭以中上阶层为对象。

2. 目标受众

（1）对葡萄酒不甚了解者；

（2）对长城葡萄酒系列认识不清者；

（3）忠诚消费华夏长城葡萄酒者。

3. 诉求方向

（1）针对普通消费群；

（2）针对KA级商超；

（3）针对大型夜场；

（4）针对销势良好的餐饮店，对葡萄酒不甚了解的人。

4. 创意表现

通过华夏葡萄酒调配的特饮，向市场传递一种生活习惯和新的饮用时尚，并力图解析长城不同产区之间的差别（沙城、昌黎、烟台），突出华夏长城。

5. 活动安排

（1）初期（初夏时期4月18日至5月31日）

4月18日至4月28日是商品铺货期，此时店头的布置与广告开始进行。

（2）中期（盛夏时期6月1日至8月1日）

针对季节，着重于炎热夏日的诉求。“多种调配，至少有一款适合你”，凡饮华夏长城特饮的消费者，即可获得摘录有特饮配方的精美卡片（买1扎送1张）。收集卡片最多者，还可享受免费消费的优惠。

（3）末期（消夏时期8月1日至10月7日）

此时暑气仍未消失，葡萄酒即将步入旺季，华夏长城的目标转入终端的消费。

6. 媒体选择

（1）平面媒体

借助《成都商报》、《百姓消费》杂志及海报、POP广告等平面媒体，灵活交替使用。

初期——强调华夏长城的品牌与产区，突出华夏长城的产地，普遍诉求大众。

中期——知名度及商品的理解。适逢炎热夏日，精心调配5~6款特饮，把华夏长城特饮的新鲜感与年轻人的朝气蓬勃结合在一起。并凸显主题——“清凉一夏”

末期——随着知名度和理解度的提高，“华夏长城”已经能适合任何场合，这时可以适当扩大诉求阶层。

（2）立体媒体

主要选择电视与交通广播电台媒体。

7. 活动预算

（1）媒体预算

① 初期预算为349 246元，其中用于报纸等媒体预算约248 296元，用于电视等媒体预算约43 350元，用于电台等媒体的预算约57 600元。

② 中期各种活动相继在夏日展开，广告预算为229 734元。

（2）实物预算

① 初期预算高达247 640元，其中空调（格兰仕）225 000元，促销用品（含促销服装及头套）22 640元。

② 中期预算87 600元，其中专场费用50 000元；促销用品37 600元。

③ 若中期销售得以提升，则后期活动按当时具体情况设计并执行。反之，则放弃。

五、效果评估

1. 有关味觉的习惯性问题

调配出迥然不同的 5~6 种葡萄酒特饮，通过观察消费者对这几种饮品喜爱的不同程度，可以看出其习惯的偏好，进而修正产品调配的口味。

2. 有关活动执行及监控的问题

销售部负责终端客户的签约；市场部承担联系各媒体及物品的采购，并对促销状况、竞争者反应、消费取向进行监控和真实有效地评估。

（资料来源：www. eplanning. cn）

分析思考：

1. 企业产品要想走向新的市场,企业经营者必须具备哪些公共关系意识?
2. 结合本案例，进一步认识公共关系策划的程序。
3. 体会华夏公司的公共关系策划艺术。

第 7 章　公共关系实施

学习目标

- 了解公共关系实施的原则和程序。
- 熟悉公共关系实施的障碍及排除技巧。
- 认识公共关系实施的模式。
- 掌握公共关系活动实施的管理方法。

导入案例

醋 海 风 波

四川成都三圣调味品厂在发行量逾百万份的《成都晚报》和《四川日报》上刊登广告，广告宣传“明天吃醋不要钱！消费者可凭 12 月 7~9 日的报纸在成都红旗商场等 5 个地点领取一瓶该厂生产的陈醋”。广告一经刊出，大批的消费者蜂拥而至，但成都三圣调味品厂只准备了 12 000 瓶醋，远远不能满足需要，一时间领醋成了抢醋，各商场难以招架，活动被迫停止，无数的消费者感到被厂家戏弄了，他们质问商场，质问厂家，还投诉到了工商局。

其实；这个让成都人感觉陌生的厂家，不过是一家只有 20 多名员工、固定资产 50 万元、流动资金不足 70 万元的小企业。他们于当年 6 月研制成功新产品——“陈醋王”。然而，自 8 月份该产品投放市场以来，销售量并不乐观，厂家试图以新奇的营销方式冲击成都市民的视听，以达到出奇制胜扩大销路的目的。结果，由于三圣厂对这次公关活动从策划、筹备到实施准备不足，急功近利，造成了活动的失败。

随后，成都市工商行政管理局作出处理决定，肇事厂家擅用商家名义，不兑现广告许诺，造成不良后果；因能及时登报向商家及消费者道歉，决定从轻处理，罚款 3 万元。

这次活动是个动机和创意都不错的公共关系促销活动，但由于策划者对环境因素分析不准，对社会公众的心态了解甚少，对可能出现的情况没有准确估计，所制订的方案缺乏针对性和应变性，仅准备了 12 000 瓶醋就去应付上百万的目标公众，还受到了相关部门的处罚，给组织造成了很坏的影响。

（资料来源：张百章. 公共关系案例. 北京：中国财政经济出版社，1990.）

公共关系实施是直接与公众打交道的过程，是公共关系目标的实现过程。只有通过把优秀的公共关系策划方案付诸实施，才能为组织塑造良好的社会形象，影响公众舆论，进而优化组织环境。同时，公共关系实施是公共关系运作程序中最复杂、最多变、最难以把握的一个步骤，也是最为关键的环节。

7.1 公共关系实施的原则、程序及障碍

任何未经实施的方案都是空洞的、无实质意义的方案，从某种角度讲，即使再科学、合理的策划方案也需要通过"有效"的实施才能体现其科学性与合理性。因此，公共关系策划方案的实施在公共关系活动过程中起着举足轻重的作用。

公共关系活动的实施，就是在公共关系活动策划方案被采纳以后，将方案所确定的内容变为公共关系实践的过程。

7.1.1 公共关系实施的原则

为保证公共关系实施过程的顺利进行，有效实现公共关系目标，公共关系人员在策划方案的实施的过程中，应遵循以下几个方面的原则。

（1）策划导向原则

策划导向原则是指公共关系人员必须严格按照既定的策划方案开展实施工作的原则。策划导向包括目标导向、策略导向和实施方案导向。目标导向要求公共关系人员在公共关系方案实施过程中，不断将实施结果与目标要求相对照，发现差距，及时调整，务必实现目标。策略导向要求公共关系人员必须按既定策略思路去执行实施方案。策略指导实施行为，是实施行为的主题思想。实施方案导向要求公共关系人员严格按照实施方案开展实施工作。

（2）充分准备原则

在正式实施公共关系策划方案之前，必须做好各种实施准备。准备越充分，公共关系实施就越顺利，失误就越小。绝对不能打无准备之仗。在正式实施策划方案之前，要用足够的时间做好各种准备工作。公共关系实施的管理者、操作者要严格、准确地检查每一项准备工作，把各项准备工作责任落实到人。

（3）控制进度原则

控制进度就是实施人员利用目标对整个实施活动进行引导、制约和促进，以把握实施

活动的进程和方向，使各项工作内容按方案协调、平衡地发展，并确保按时完成。控制进度原则要求做好预测和及时发现各种可能影响实施工作进度的因素，针对关键原因采取有效的预防和应急措施。控制就是掌握事物的发展及进程，不使其任意活动或越出范围。控制也被看做是管理的一个职能，而且多是与实施活动联系在一起的，比如，管理科学中的5要素说（计划、组织、指挥、协调、控制）和3种有机职能说（计划、组织和控制）。实际上，公共关系实施过程也离不开控制。

（4）整体协调原则

整体协调原则是指在公共关系策划方案实施过程中要强调整体协调，使各方面工作达到和谐、合理、配合、互补和统一的状态，以保证整体目标的实现。协调强调实施过程中的各个环节之间、部门之间及实施主体与其公众之间相互配合，不发生矛盾或少发生矛盾，当矛盾产生时，也能及时加以调节解决。

同时，协调的目的，是要使全体实施人员在认识和行动上取得一致，保证实施活动的同步与和谐，提高工作效率，减少或杜绝人力、财力和物力的浪费。

公关视角 7.1

公共关系协调

最普遍、最常见的公共关系协调有以下两类。

（1）纵向协调，即上下级之间的协调。

（2）横向协调，是指同级部门或实施人员之间的协调。横向协调通常采用当面协调、文件往来等形式沟通信息，从而达到协调的目的。

无论是纵向协调还是横向协调均要依赖信息的沟通，沟通过程中传递的信息应具有明晰性、一致性、正确性、完整性等特点。

（资料来源：李道平．公共关系学．北京：经济科学出版社，2000.）

（5）反馈调整原则

反馈是指把施控系统的信息作用于受控系统（对象）后产生的结果再输送回来，并对信息的输出产生影响的过程。反馈调整就是用这种反馈后所获得的认识来调整公共关系方案的实施活动。

反馈调整的过程就是公共关系策划方案的制订者确定公共关系目标，根据公共关系方案的目标制订具体的实施方案，实施方案制订好后，组织有关部门和人员对方案进行评估，然后，把评估结果与原定的公共关系目标进行比较，发现问题后再重新修订整个公共关系方案，这是第一步。第一步工作完成之后，则开始将经过修订的公共关系方案付诸实施。

实施后再将实施结果与原定目标进行比较以影响、调整下一步公共关系方案的制订与实施。

由于公共关系方案实施的环境和目标公众的情况是复杂而变化的，因而，在实施过程中，必须不断地把公共关系方案在客观环境中实施的结果与公共关系目标相对照，如有偏差，应及时对策划方案、行动或目标作出相应的调整。要依靠各种形式的信息反馈渠道，把方案实施的各种信息及时、准确地搜集汇总上来，经过研究分析，作为采取调整行动的依据。这里应该说明：一项公共关系方案的制订与实施，并非做一次反馈调整便可解决一切问题，它需要经过多次循环往复的反馈、调整，使实施不断完善，直至完成公共关系方案，实现公共关系目标。

案例链接 7.1

亚细亚大酒店的快速反应

1993 年 9 月的一天，两位顾客到郑州亚细亚大酒店快餐厅消费离店后，发现收银员多收了他们服务费 0.65 元，于是这两位顾客于 9 月 17 日在郑州经济广播电台“早餐可乐”栏目中通过热线投诉郑州亚细亚大酒店。亚细亚大酒店对此非常重视，为了争取公众谅解、维护其自身形象，采取了以下措施。

（1）总经理刘星明先生听到此事后马上在郑州经济广播电台的“777111 热线”中直接向顾客表示了深深的歉意，并公布了有关调查处理的情况。

（2）9 月 20 日，郑州亚细亚大酒店不惜花费 26 000 元在《郑州晚报》上用半个版面刊登一份“致歉”广告，在社会上引起强烈反响。

（3）为报答客人提出的宝贵意见，刘总经理在获悉投诉者的详细地址后，亲自登门道歉，并奖励客人 100 元奖金。

（4）在这次事件之后，郑州亚细亚大酒店设立了公众监督投诉电话，主动接受公众监督。

（资料来源：李元授. 公共关系. 北京：新华出版社，2005.）

7.1.2 公共关系实施的程序

公共关系实施的程序一般包括以下几个步骤。

（1）确定实施工作机构和人员

组织的公共关系活动面向多层次、多领域、多类型的传播媒体及各类目标公众，社会组织的目标能否实现，很大程度上取决于该组织与公众分享信息的有效程度。因此，组织在日常公共关系活动中就必须做好与公众之间开展的信息沟通、信息分享和关系维护等工作，建立实施工作机构，确定公共关系实施人员是公共关系实施活动的第一步。同时要做好实施人员的培训工作，其主要内容是实施工作制度教育和操作方法的学习和研讨。

（2）确立活动经费预算，开展准备活动

俗话说，巧妇难为无米之炊。任何一项公共关系活动，都需要一定的经费支撑。尤其是一些大型公关活动，所需经费较多。在实施公共关系活动时，要根据公共关系活动的目标、规模大小，有计划地合理确定经费预算，防止浪费现象发生。同时要预留必要的机动经费，避免因费用的限制而使工作陷于被动。确立经费预算后，要迅速开展公共关系活动的前期准备工作，例如，印制各类宣传资料、领导发言稿，进行工作人员培训，准备活动设施及场地等工作。

（3）选择传播媒介，开展传播活动

传播领域历来要求“传务求通”，即传播行为能达到传播者的预期目的，达到共同的意识和行为。为此，在传播沟通过程中要遵循传播媒介的选择原则，选择传播媒介，确立最佳信息源（如权威人士、形象大使等），编制最好的信息符号，营造良好的传播背景，充分研究目标公众的特征，娴熟地运用传播沟通的方法和技巧，使传播具有感染力。

组织信息的传播是一个完整的循环过程，也是一个双向沟通、双向传播的过程。组织应不断根据反馈的信息来修正、调整自己的输出，使传播出的信息更易于被公众接受，持续不断地提高组织的知名度和美誉度。

案例链接 7.2

“请留心你家的后窗”

20 世纪 50 年代，好莱坞影片“后窗”曾风靡香港地区，该片描写了一个脑部受伤的新闻记者，在家养伤时闲极无聊，便买来一架望远镜，每日坐在屋子里从对面楼层的后窗窥视住户的家庭隐私，从而卷入了一场谋杀案。影片上映后，香港人竞相观看，形成了“后窗热”。这时，香港地区的一家生产百叶窗的企业成功地抓住了这一事件。他们在报上连续刊登题目为“请留心你家的后窗”的销售广告，使其生意一下子兴隆起来。

在这次公共关系活动中，企业通过大众传播媒介在社会中形成一个热门话题，让这个话题直接或间接地与组织及其产品挂钩，从而达到良好的传播效果。他们借助“后窗热”这个与自己产品关联度极高的“议题”，通过报纸宣传，轻而易举地掀起了一个“百叶窗热”，从中获得了良好的市场效益。

（资料来源：http://www.zhuoda.org/lang/40787.html）

（4）确定实施时机，选择实施活动的地点

公共关系活动时机的选择是否恰当，直接影响到公共关系活动的总体效果。选择恰当的活动时机，能够放大公共关系活动的效果。一般来说，节假日、重要纪念日、开业之际、迁址之际、社会组织公共福利活动开展之际、社会组织获得重大荣誉之际等时机容易引起公众的注意和好感，易形成公共关系轰动效应。确定公关活动地点，最好安排在组织所在地或公众熟悉且有好感的地方进行，并且交通要便利。

案例链接 7.3

“三高”为中国申奥放歌

2001 年 6 月 23 日晚，昔日皇家禁苑中乐声翩翩，弦歌阵阵。世界著名三大男高音歌唱家在紫禁城午门广场联袂演出，在“6. 23 国际奥林匹克日”掀起北京申奥活动的高潮，国务院副总理李岚清和数万热情的中外观众一同观赏了这场精彩的演出。

在紫禁城午门广场上，“歌剧之王”帕瓦罗蒂、多明戈和卡雷拉斯激情演绎的音乐盛典，取得了空前的成功，音乐会的画面通过电视转播到全球 110 多个国家和地区，很好地为北京申奥做了宣传，体现了名流公众在公共关系活动中的地位和影响。

（资料来源：http://www. zhuoda. org/lang/40787. html）

（5）建立信息反馈系统，制订应急预案

在公共关系活动中，组织应设立专职机构和人员收集公共关系活动的实施反馈信息，及时对反馈信息进行整理、分析、处理并上报决策者，以便决策者及时根据反馈信息修正公共关系方案、调整公共关系措施，确保公共关系活动效果。实际工作中即使计划再周密，也难免有百密一疏之时。因此，公共关系人员不但要在公共关系活动开始之前，细心分析活动可能会遇到的不利因素，而且要制定出意外事件出现时的应急预案，以做到有备无患，处变不惊，应付自如。

7.1.3 公共关系实施中的障碍及排除技巧

尽管公共关系实施方案是经过认真论证的，但由于实施主体、客体和实施环境存在着许多意想不到的障碍，通过对实施方案的实施障碍因素进行调查，进一步了解、认识实施障碍因素，以寻找和设计排除障碍因素的方法和技巧。

公关视角 7.2

影响公共关系实施的因素

影响公共关系实施的因素是非常复杂的，一般说来有 3 种类型：实施主体障碍、实施过程中的沟通障碍、实施环境障碍。实施主体障碍主要包括实施人员障碍、策划目标障碍、策划创意障碍、策划预算障碍以及实施方案障碍等。实施沟通障碍主要包括语言障碍、习俗障碍、观念障碍、心理障碍和组织障碍。实施环境障碍包括政治环境、经济环境、科技环境、竞争环境、自然环境等方面的制约障碍。

（资料来源：李道平. 公共关系学. 北京：经济科学出版社，2000.）

1. 目标障碍

目标障碍是指公共关系活动策划方案中由于目标定位不明确甚至不正确，缺乏可操作性或由于制订的方案活动偏离目标而给实施所带来的困难。

目标障碍主要有下列5种可能的情况。

（1）目标是否切合实际并能够实现。

（2）目标是否具有可行性和可控性。

（3）检查目标是否体现了所期望的结果。

（4）目标是否是实施者职权范围内所能完成的。

（5）目标完成期限是否合适。

排除目标障碍的根本方法是要求策划部门修正目标并使之正确、明确和具体。公共关系实施人员必须在开展工作之前，就策划目标是否切合实际、是否可以进行比较和衡量、是否表明了期望结果、是否规定了完成期限、是否超越了实施者的职权范围等进行认真检查，将发现的有关策划目标的问题主动向策划部门反映，并督促其修正策划目标。

2. 传播沟通障碍

公共关系活动方案的实施过程实质上就是进行传播沟通的过程，严格地说，在公共关系活动中实施与传播是不可分割的，“实施”本身就是一种传播行为。

在实施过程中，往往会因为语言、习俗、观念、心理等差异而产生各种沟通障碍，在这里特别需要明示的是组织障碍。

组织在这里是指由若干“系统”构成的、开放的社会技术系统。合理的组织机构会加速信息的传播沟通，不合理的组织机构会延缓甚至束缚信息的传播沟通。组织障碍的主要表现有以下几个方面。

（1）传播沟通的过程中，因组织层次繁多而造成信息失真。

（2）传播沟通的过程中，因组织机构臃肿而造成沟通缓慢。

（3）传播沟通的过程中，因组织条块分割而造成沟通“断路”。

（4）传播沟通的过程中，因沟通渠道单一而造成信息沟通不足。

因此，解决组织障碍的主要办法是：按照精简、统一、高效、灵活的原则，进行组织系统的改革，使组织机构适合公众的需要，更便于信息的传播沟通。

排除沟通障碍的主要方法有：一是正确选择沟通方式和渠道；二是灵活运用传播媒介。

沟通障碍的排除要注意：信息发出者的影响；信息内容对接收者的吸引力；编码的技术性；信息传送的速度；干扰“噪音”的强弱；信息接收者的状态和能力。

3. 突发事件障碍

公共关系活动方案的实施过程中，对其干扰最大的莫过于重大的突发事件。这里所说的重大突发事件包括两大类：一类是人为的纠纷危机，诸如公众投诉、新闻媒体的批评、不利舆论的冲击等事件；另一类是不以人的意志为转移的灾难危机，诸如地震、火灾、水灾、空难等。这些重大的突发事件对公共关系活动的实施干扰极大。一个社会组织如果不善于处理突发事件，那么不但会使整个公共关系活动策划方案难以实施，甚至会影响本组织的生死存亡。

公关视角 7.3

突发事件的处理

公共关系人员面临突发事件时应当保持头脑冷静，防止感情用事，应认真剖析事件发生的原因，正确选择对策。一位日本公共关系专家介绍了6条处理突发事件时的注意事项。

（1）处理突发事件时应实事求是地发表消息，不清楚的情况要坦率地告诉对方，不要把主观臆测混杂其中。

（2）处理突发事件时，发表消息的时机很重要，不能因为过于慎重而贻误时机，以致使流言、谣言产生，引起混乱。

（3）处理突发事件时，消息的发布应尽量统一形成文字，因为口头讲话容易被误传。

（4）处理突发事件时，为防止外界误传，在对外宣传中要统一口径，不能随便发表言论。

（5）针对某些社会影响大的突发事件，消息的发布越早越好。

（6）一旦突发事件出现，应有专人联络新闻界，负责情报的收集工作，以便尽快平息混乱。

（资料来源：[美]罗伯特·希斯．危机管理．北京：中信出版社，2001.）

7.2 公共关系实施的模式

公共关系实施模式，是以一定的公共关系目标和任务为核心，将若干种公共关系媒介和方法进行有机组合，使之形成一套有特殊功能的运作系统。公共关系活动的目标一旦确定，一般来说不要轻易改变。但实现这些目标的具体活动模式可以是多种多样的，同一个目标可以通过不同的公共关系活动模式来完成。

公共关系活动的模式多种多样，根据不同的标准，可以对其进行不同的分类。

7.2.1 根据公共关系活动性质划分

根据特定的公共关系活动性质划分，公共关系活动实施模式有：宣传性公共关系、交际性公共关系、服务性公共关系、社会性公共关系。

1. 宣传性公共关系

宣传性公共关系，是借助于媒介开展宣传工作的公共关系活动模式。这种模式的主要做法是，利用各种传播媒介和交流方式进行内外传播，让各类公众充分了解组织、支持组织，进而形成有利于组织发展的社会舆论，使组织获得更多的支持者与合作者，达到促进组织发展的目的。

（1）宣传性公共关系的特点

① 目的明确。目的是根据社会组织的目标要求来确定的。例如，企业在某一阶段以宣传自己的形象为目的，那么宣传时着重突出企业的目标与做法。

② 时效性强。宣传性公共关系把有宣传价值的信息及时准确地传递出去，在相应的时间内能够起到良好的宣传效果。

③ 传播面广。宣传性公共关系必须借助传播媒介。通过大众传播媒介进行公共关系宣传，其影响面是极为广泛的。

④ 效果显著。无论是社会组织形象的宣传还是某类事件或产品的宣传，通过宣传性公共关系模式，其效果是十分显著的。

（2）宣传性公共关系的基本要求

① 客观，即进行公共关系宣传时，应以客观事实为依据，反对主观想象。

② 真实，即进行公共关系宣传时，对客观事实的描写不能随意夸大或缩小，应实事求是，反对虚假的宣传。

③ 全面，即进行公共关系宣传时，应从整体的、全局的角度来反映、宣传，反对“坐井观天”、以偏概全的做法。

④ 公正，即进行公共关系宣传时，公共关系人员要站在公正的立场上去宣传事实。

（3）宣传性公共关系的目的和方式

宣传性公共关系的目的是直接向社会公众介绍自己，迅速形成对组织有利的良好的社会舆论。根据不同的宣传对象，宣传性公共关系又可分为对内宣传和对外宣传两种方式。

① 对内宣传。这是社会组织公共关系人员经常进行的工作之一。其宣传对象是内部公众。其具体形式有：组织内部刊物、工作总结、工作业绩报告、职工手册、黑板报宣传栏、

闭路电视、演讲会、座谈讨论会等。

② 对外宣传。对外宣传是宣传公共关系的主要方式，其宣传对象主要是与组织有关的一切外部公众。对外宣传的具体形式有两种：一种是适用于组织内部各种宣传形式的宣传，另一种是借助于大众传播媒介的宣传，这是宣传性公共关系对外宣传的主要形式。例如，编印宣传资料、员工手册、通过举办展览会、经验或技术交流会达到宣传的目的。

2. 交际性公共关系

交际性公共关系是通过人际交流来开展公共关系的模式。其目的是借助于人与人的直接接触，进行感情上的联络，为组织广结良缘，建立广泛的社会关系网络，形成有利于组织发展的人际环境。

（1）交际性公共关系的特点

① 个体作用大。交际性公共关系是公共关系人员按照组织的目的和要求，通过在各方面体现出自我的公共关系素养，施展自己的才能，从而扩建和发展公共关系网络。

② 感情色彩浓。各种形式的公共关系活动都存在感情的问题，但交际性公共关系的情感色彩更浓厚。从交际性公共关系来看，情感既是扩大和发展公共关系网络的重要内容，也是扩大和发展公共关系网络的动力。

③ 灵活性强。交际性公共关系活动主要是个人交际，包括个人拜访、交谈、祝贺、个人署名、信件来往等。通过沟通，根据对方情绪色彩的变化调整沟通的内容、方式和方法，促进交往向规定的公共关系目标接近。

（2）交际性公共关系的规律

① 吸引接近规律。在开展交际性公共关系活动时，必须把握在如何吸引对方的“磁力”上下点功夫。这种“磁力”就是能够满足公众需要的东西，其核心是真、善、美。

② 趋同离异规律。在开展交际性公共关系活动时，必须注意另一种心理现象，即认同现象，也即人们在交往过程中，总是喜欢接近和自己有某些相同地方的人，而不愿意接近和自己毫无共同之处的人。

③ 互需互酬规律。交际性公共关系无论是团体性的还是个体性的，大都是双方或多方互相采取行动的产物。这种互动是以互需作为思想基础，以互酬作为行动的结果。

④ 交往深化规律。交际公共关系的发展是由浅入深，逐步深入，一层一层向纵深发展的过程。这一过程大致分为 4 个层次：第一层次是礼仪交往，即与公众初次接触时的礼节、礼貌上的交往；第二层次是功利交往，即以工作、利益为目的的交流；第三层次是感情交往，即相互之间建立了感情，成为熟悉的朋友；第四层次是思想交流，即相互之间成为知交密友，思想上能相互理解。以上 4 个层次是相互联系，彼此渗透，逐步深入，不可分割的。组织公共关系人员只有遵循这一规律才能在公共关系活动中自觉地提高交往层次，在

实践中逐步升华，逐步发展。

⑤ 交互中和规律。中和状态是交际性公共关系中的普遍状态，是组织与公众融洽、和睦、团结、友好的表现，是相互间影响、结合的过程。组织公共关系人员在与公众交往中要善于妥协让步。只有这样，才能使组织与公众之间出现和谐、协调、合作的状态。

3. 服务性公共关系

服务性公共关系是一种以提供优质、实惠性服务为主要手段的公共关系活动模式。其目的是以实际行动来获取社会公众的了解和好评，建立自己的良好形象。优质服务是影响社会组织生存与发展的主要因素。

（1）服务性公共关系的特征

① 行动性。社会组织以其特殊的媒介服务来密切组织与公众之间的关系。服务性公共关系是一种最实在的公共关系，它能有效地实现人际间的沟通和融洽。

② 全员性。服务性公共关系是组织中全体成员都参与的一项公共关系活动，它能使组织全体人员自觉地树立服务性公共关系意识，把服务的意识和思想贯穿于组织的各项活动之中，从而形成良好的公共关系氛围。

③ 直接的效益性。开展公共关系的根本目的是提高组织的效益。服务性公共关系其效益是直接的。人们从组织的服务中得到了物质和精神上的满足之后，必然对此产生好感，这种好感无疑给组织的知名度和美誉度提高，产生了巨大的作用和影响，反过来对组织的发展营造了许多良好机遇。

（2）服务性公共关系的方式

① 咨询服务。咨询服务即运用各种专业知识为公众提供智力服务，包括业务咨询服务、技术咨询服务和公共关系咨询服务。

② 接待顾客公众和访问用户。接待顾客主要包括对来信、来电的处理。

③ 质量保证服务。质量保证服务即企业以对用户负责的态度，尽力提供质量保证服务。例如，售出商品若在一个月内发现质量问题可以包退的承诺。

④ 现场服务。现场服务即企业在经营场所或使用现场提供的服务。例如，商场在展卖商品过程中给顾客提供的商品展示、演示、知识讲解等服务。

⑤ 满足公众心理需要服务。就是使公众在企业提供的服务中感到满意，得到人格的尊重和心理上的满足，如商场倡导的“微笑服务”。

⑥ 向社区或辖区居民提供优惠服务。在企业所在的区域内，为居民提供各种优惠性的服务。例如，市区居民在购买月票时公交公司可以打折优惠。

服务性公共关系与宣传性、交际性公共关系不同，它不仅需要专职公共关系人员，更需要包括全体工作人员，尤其是第一线工作人员的共同努力。因此，它的要求是非常高的。

在开展服务性公共关系活动时要注意组织的每一个成员都给公众提供最优质的服务，确保服务性公共关系的质量和数量。

4. 社会性公共关系

社会性公共关系是指组织利用举办或资助各种社会性活动开展公共关系的一种模式，其目的是为了提高组织的知名度和美誉度。

（1）社会性公共关系的特点

① 内容的公益性。组织不仅仅是为了赚钱，还应不断地回报社会，积极为社会公益事业作出贡献。

② 影响面的社会性。社会性公共关系活动的内容是公益性的，因此与这个文明社会所提倡的道德风尚、良好的精神面貌的追求是一致的，社会性公共关系活动往往能够充分得到社会各界朋友的热情关怀和大力支持，同时通过大众传播媒介的积极倡导，必然能在很短的时间内扩大组织的影响。

③ 利益的长远性。社会性公共关系的活动，不拘泥于眼前的得失，而是采取“放水养鱼”的策略去征服目标公众，注重于长远效益，为组织的发展努力创造良好的条件，并设法铺平道路。

（2）社会性公共关系的形式

① 社会性公共关系的形式以组织本身的主要活动为中心而开展，例如，庆典活动、周年纪念、其他各种庆祝活动等。

② 社会性公共关系的形式以赞助社会福利事业为中心开展，例如，各种赞助、资助、捐助等活动，支持各种文化教育、体育事业、慈善事业等。这些活动的目的是引起新闻媒体的注意，使其增加对组织的报道，扩大组织的社会影响。

案例链接 7.4

安利：把做公益当做一种习惯

安利进入中国 12 年来，已在中国开展公益项目 3 100 多个，投入资金 1.9 亿元人民币，并形成了一些品牌项目，例如，已连续做了 6 年的名校支教活动，已连续做了 4 年的珠峰环保大行动等。在上海世界特奥会期间，安利给予的支持也是全方位的，可以概括为出钱、出力、出人。在出钱方面，安利（中国）用于上海世界特奥会的捐款累计超过 725 万元人民币。所谓出力，就是积极宣传特奥会的理念。安利通过组织长跑、公司网站、内部刊物、宣传片等手段积极宣传、普及有关特奥会的知识。在全国开展了 80 多场融入活动，有近 5 000 名志愿者参加，累计服务时间约 1.9 万个小时。安利表现出的爱心和企业的社会责任感，也得到了社会各界的认可，为此安利曾荣获首届“中华慈善奖”，并连续4年获得“光明公益奖”等公益领域的权威奖项。

（资料来源：光明日报. 2007-10.）

（3）开展社会性公共关系应注意的问题。

① 组织在开展社会性公共关系活动时要淡化商业性，突出公益性。

② 组织在开展社会性公共关系活动时要根据组织的资源情况量力而行。

③ 组织开展社会性公共关系活动要有连续性。

④ 组织开展的社会性公益活动必须与经常性公共关系活动相结合。

7.2.2 根据公共关系工作发展重心划分

根据组织不同发展时期的工作重心划分，公共关系活动实施模式有：防御性公共关系、建设性公共关系、维系性公共关系、矫正性公共关系、进攻性公共关系等。

1. 防御性公共关系

防御性公共关系是指组织为了防止自身可能出现的危机与风险，所采取的一系列活动方式的总称。

公共关系人员通过调查和预测等手段及时地发现各种存在的问题和潜伏的种种危机，找出其深层的原因，针对这些苗头，果断地采取对策，使组织的各项工作适应其外部环境与公众的需要，防患于未然，把“问题”消灭在萌芽状态。

案例链接 7.5

邯郸市自选商场的防御性公关

邯郸市糖业烟酒公司自筹资金开办了4个自选商场，就在这一年，某全国性大报上发表了数篇报道，反映自选商场不景气，不适合中国国情，当时影响很大。公司领导看了报道后意识到必须尽快采取措施，防止邯郸4家自选商场陷入同样的境地。为此，公司开展了一系列的防御型公关活动。

（1）邯郸市糖业烟酒公司对市场进行了调查研究。他们发现，自选商场在中国不仅可行且大有发展前途。

（2）邯郸市糖业烟酒公司积极改善和加强管理。他们根据国内消费者的不同层次和对象，变单一自选为灵活经营，进行以自选为主的综合调整。

（3）邯郸市糖业烟酒公司积极开展同新闻单位和上级主管部门的沟通工作。公司在邯郸电视台播放了20分钟的相关节目，《经济日报》、《中国商品报》、《河北日报》等都报道了邯郸自选商场越办越兴旺的消息。公司还邀请首都有影响的新闻单位来公司采访，采访内容在中央电视台新闻节目播出。

通过这一系列防御型公关活动，邯郸市自选商场不仅没有陷入困境，相反名扬全国，越办越兴旺。

2. 建设性公共关系

建设性公共关系是指在组织初创阶段或一种新产品、新服务项目的推出阶段，为了打开局面而进行的公共关系工作的模式。建设性公共关系采用的方式主要有开业广告、开业庆典、新产品展销、免费招待参观、赠送宣传品等。开展工作的重点是宣传和交际，向公众广泛地传播自己的信息，努力结交朋友，尽可能多地使公众了解和理解自己，进而取得公众的信任和支持。

案例链接 7.6

"稳得福"的公关之道

某年夏天，上海禽蛋五厂创办了一家名为"稳得福"的烤鸭店。开张伊始，该店采取了一系列建设型公共关系活动方式。首先，他们发动全厂职工献计献策取店名，最后将店名定为"稳得福"，与北京"全聚德"相呼应，形成"北有全聚德，南有稳得福"的格局，借此提高稳得福的声誉。其次，借助大众传播媒介宣传塑造"稳得福"烤鸭店的整体形象。在当年春节联欢晚会上，魔术师变出了稳得福烤鸭；在电台《生活之友》节目中由稳得福师傅向公众介绍烤鸭的制作方法等，扩大了"稳得福"的知名度。再次，他们向许多单位宣传该店的商品和宗旨，欢迎单位来批量购买"稳得福"烤鸭。上海"稳得福"烤鸭正因为开展了建设型公关活动，通过取名、媒体宣传、散发资料等方面的精心策划，给公众留下了深刻的印象。

3. 维系性公共关系

维系性公共关系是指社会组织在稳定发展之际，持续不断地向目标公众传播组织的有关信息，使组织形象潜移默化地植根于公众脑海中，进而长期赢得公众的理解与支持。这种模式的特点有两个：一是采取中低姿态，用渐进的方式向目标公众施加影响，从而达到期望的目标和要求；二是利用公众的心理特点，使组织的形象慢慢渗透到公众的心目中，这种经过长期形成的观念，一旦发挥效能是不会轻易改变的。

维系性公共关系的目的是通过不间断的传播工作，维持组织在公众心目中的良好形象。

4. 矫正性公共关系

矫正性公共关系是社会组织遇到风险时所采用的一种公共关系模式，其特点是及时去发现存在的问题或危机，并通过努力改变或消除这些东西，重塑组织形象。

矫正性公共关系适用于组织的公共关系严重失调，或组织形象受到严重损害的时候。组织发生“公共关系危机”一般有两种情况，一是由于组织自身的原因造成的，即组织内部工作没有做好所导致。从表面上看，组织发生“危机”有其一定的突发性，但透过现象看本质，这种偶然事件的发生却有着必然性。因此一旦发生危机，组织公共关系人员，应采取真诚态度，虚心地承认错误，向公众公布事实真相，以求得公众的谅解，平息风波，挽回信誉。否则不但于事无补，还会加剧“危机”。另一种是由于组织外部的原因造成了组织的“危机”。其具体又包括两个方面，一是由于公众对组织的误解所造成的；二是其他有意无意对组织的歪曲所致。

5. 进攻性公共关系

进攻性公共关系是组织为开创新局面、树立新的形象而采用的一种模式。组织可通过研制新产品、推出新服务项目、开拓新市场、建立新的合作关系等形式，改变对旧环境的依赖，创造有利于组织生存、发展的新环境。

进攻性公共关系的特点是主动，即以较高的姿态、较强的频度向目标公众传递各种信息、提供各种服务、开展各种活动，从而使组织在尽可能短的时间内提高知名度和美誉度。

7.3 公共关系实施的管理方法

对于公共关系的实施来说，需要及时而有效的控制，以确保公共关系的实际运作与计划相一致，实现组织目标。

1. 公共关系实施领导者的管理方法

管理方法中没有灵丹妙药，有效的管理往往是科学的管理方法与公共关系实施具体情况的最佳结合和多种管理方法的巧妙综合运用。公共关系实施领导者最基本的、最常用的管理方法主要有以下几个方面。

（1）目标管理法。这是指公共关系实施领导者确立公共关系目标、实施公共关系目标和按照公共关系目标进行检查评比，并在执行公共关系目标的过程中实行“自我控制”的一种管理方法。

（2）系统管理法。这是指公共关系实施领导者把公共关系实施作为一项系统工程，使其内部各项工作内容之间、各种工作方法之间、各位实施人员之间具有整体性、目的性、层次性、关联性和适应性。

（3）心理管理法。这是公共关系实施领导者按照心理学原则进行公共关系实施管理的方法，重点在于激活实施人员的精神、情感、观念、人性、品德、文化意识等内在潜能。

（4）行政管理法。这是指公共关系实施领导者利用组织的权威，下达各种命令，批示各项具体规定，统一指挥实施工作各方的行动，从而完成公共关系任务、实现公共关系目标。

2. 公共关系实施的控制与反馈

公共关系实施控制是指公共关系实施领导者通过建立公共关系实施控制标准和实施过程的反馈机制，及时将实施行为和阶段效果与其实施控制标准进行对照，从而及时发现实施偏差并立即采取纠偏措施，使实施行为顺利进行，确保公共关系目标实现。可见，公共关系实施控制系统由标准、反馈、对照、纠偏 4 个要素组成，其中，反馈是关键要素。

（1）公共关系实施控制原则

公共关系实施控制是一个复杂的、敏感的过程，失控固然是大忌，然而不科学的控制同样会导致严重不良的后果。有效的公共关系实施控制必须坚持以下几个方面的原则。

① 激励原则。激励原则即控制必须是将压力变为动力，激发被控制者最大的责任心和工作热情，并实现自我控制。

② 责任原则。责任原则即必须界定公共关系实施各岗位、各人员的责任和权力，防止职责不清。

③ 客观和公正原则。所谓客观，就是公共关系实施领导者不能仅凭个人的判断、经验而主观地去对照、测度实施情况，要尽可能用客观的事实和数据说话。所谓公正，就是公共关系实施领导者绝不能凭个人情感、好恶来评价下属，应做到控制面前人人平等。

④ 控制点原则。公共关系实施的控制点是指实施中关键的、重要的工作环节、工作内容、工作方法等，它们是最容易出偏差的部位，或者是出偏差对整体影响较大的部位。所谓控制点原则就是对控制点进行重点控制的原则。

⑤ 及时与准确原则。这是指公共关系实施过程中必须建立一个反应灵敏、准确的信息机制和相应的一套规章制度，确保控制信息及时、准确地传递。

⑥ 弹性原则。弹性原则即公共关系实施控制必须具有较强的适应性和应变能力。在公共关系实施控制中，不存在绝对最优，只能追求相对满意的结果。

（2）公共关系实施控制对象

公共关系实施控制对象包括实施中的实施要素及其阶段性实施目标。在一项具体的公共关系实施中，要分析各种实施要素在实施中的重要性，将最重要的实施要素确定为关键控制对象并进行重点控制。公共关系实施控制对象有：人力、物力、成本、时机、进度、流程、质量、工作方法、阶段性目标、突发性危机事件等。

（3）公共关系实施控制方法

常用的公共关系实施控制方法是反馈控制法。所谓反馈控制法，是指通过建立公共关系实施的反馈系统，不断地将实施前、实施中和实施后的情况与事先制定的实施控制标准进行对照并发现偏差、纠正偏差的方法。反馈控制法有3种：事前控制法、事中控制法和事后控制法，公共关系实施的主要控制方法是事前控制法和事中控制法。

① 事前控制法又叫超前控制法，是指在公共关系实施开始之前，充分调查分析影响实施的各种障碍因素，并采取措施，将可能导致产生偏差的原因的影响力控制在最小范围，以保证实施工作的顺利开展。事前控制法是最先进的一种控制方法，充分体现了“预防为主”的管理思想，它具有控制成本低、主动、避免损失等优点。但事前控制对调查分析预测的能力要求高，如果分析预测不准确，控制失误，不但不能抑制住问题的发生，反而会增大控制成本，可能还会造成一些不好的后果。

② 事中控制法是指在公共关系实施过程中，采取各种检查方式，及时发现实施行为偏差并及时纠正的方法。这时的控制标准主要是公共关系实施的工作项目、工作内容、工作要求和工作方法。事中控制法又叫过程控制法，它主要控制的是正在进行的工作过程而非工作结果，因此是一种把问题消灭在萌芽状态的控制方法。实施这种控制方法，关键在于高水平的、公正负责的检查人员对实施过程进行检查。检查的主要类型有行政检查、专业检查、值班检查、专职检查和社会检查等。

③ 事后控制法是将公共关系实施中，各项工作内容、工作方法、操作结果与工作目标要求进行对照，发现偏差及时采取补救措施，以确保实现公共关系目标的方法。事后控制法虽然具有极强的针对性，但由于问题已经发生，甚至已造成损失，只能通过补救，将损失控制在最低限度，只有通过增加工作成本，才能完成工作任务。因此，事后控制法不应该作为公共关系实施的主要控制方法，只能作为过程控制失败后的补救方法。

思考题

1. 在组织初创期、发展期、衰退期、危机期等不同条件下，企业应选择何种公共关系实施模式来实现组织的最终目标？

2. 公共关系实施应把握哪些问题？

3. 公共关系策划方案的实施过程中会遇到哪些障碍，应如何解决？

4. 在日常工作中，应首先做好防御性公共关系还是矫正性公共关系？

5. 结合过去所学内容，你认为公共关系实施与公共关系调查、公共关系策划有怎样的内在联系？

案例分析

35次紧急电话

一次，美国女记者姬泰丝在日本东京的奥达克余百货公司买了一台未启封的“索尼”牌唱机，作为送给住在东京的公婆的见面礼。等她回到住所后却发现该唱机没有装内件，不禁火冒三丈，写了一份投诉文稿，准备第二天找该公司和新闻媒介交涉。第二天一早，姬泰丝在动身之前，忽然收到奥达克余百货公司打来的道歉电话。原来，昨天下午4点30分清点商品时，售货员发现错将一个空心货样卖给了顾客。经理接到报告后，马上召集有关人员商议。当时只有两条线索可查，即顾客的名字和她留下的一张“美国快递公司”的名片。据此，奥达克余百货公司连夜开始了一连串无异于大海捞针的行动，他们向东京各大宾馆查询，但都没有结果。他们又打电话问纽约“美国快递公司”总部，终于弄清了这位顾客在东京期间的住址和电话号码，百货公司的工作人员在这期间共计拨打了35次紧急电话。知道这一切的姬泰丝深受感动，她立即重写了新闻稿，题目叫做“35次紧急电话”。

（资料来源：熊源伟．公共关系案例．合肥：安徽人民出版社，1993.）

分析思考：

请根据以上案例说明奥达克余百货公司是如何在公共关系实施中体现策划导向原则的。

第 8 章　公共关系评估

学习目标

- 认识公共关系评估的特点和原则。
- 了解公共关系评估的程序。
- 掌握公共关系评估的标准与方法。
- 具备撰写公共关系评估报告的能力。

导入案例

惠普公司的公关效果

1999 年 4 月底，中国惠普有限公司宣布，惠普公司董事长、总裁兼首席执行官路·普莱特先生将于 5 月 25 日至 27 日访问中国。为此国家经贸委培训司决定在青岛举办一次论坛活动，邀请路·普莱特先生与海尔集团总裁张瑞敏先生作为主讲人，并联合中央电视台《经济半小时》节目，采用电视现场讨论和对话的方式，展示各自企业的实际发展状况及成功经验，并就企业文化、管理理念、经营战略和具体的管理技巧等畅抒己见。

（1）项目调查

项目活动内容基本确定后，惠普公司就开始着手项目的调查工作，以便在调查结果的基础上，制定出相应的公关目标、公关策略及目标受众。

（2）项目策划

惠普公司在这次青岛论坛的目标是侧重宣传惠普公司自中国对外开放以来一贯坚持的扎根中国的长期战略。为最大限度发挥公关效应，惠普公司确立了如下传播策略：有效借助国家经贸委的影响，加强惠普国际性公司的积极形象；通过与国内知名大企业的交流，传播惠普公司的管理思想及理念；运用多样化的公关手段，最大限度地增强惠普在市场上的“声音”力度。

（3）项目实施

（4）项目评估

首先，中国惠普有限公司对青岛论坛活动的成功举行非常满意。他们认为这次活动影响力大，是中国惠普公司历史上从未做过的、最为成功的公关活动之一。很多中国惠普公司的员工从报纸上、杂志上看到大量的有关这次活动的深入报道，都感觉非常自豪。经过连续两期的中央电视台《经济半小时》对这次活动的报道，在中国惠普公司内外产生巨大影响。

其次，惠普公司的合作伙伴——中央电视台《经济半小时》栏目对这次活动特别重视，为论坛的成功倾注了很多心血。由于当时的《经济半小时》栏目正在尝试改版，希望给观众一个全新的面貌，他们将"惠普"与"海尔"两位老总的对话节目作为改版的重头戏。这次活动的成功举办以及电视观众的积极反馈，为《经济半小时》栏目的改版提供了一个很有价值的经验。从此以后，《经济半小时》栏目频频策划类似的电视对话节目，很多中外企业的领导者在电视上亮相，成为该栏目的特色。

再次，很多公关界同行对这次活动的创意以及成功举办给予高度评价。很多同行在获悉青岛论坛活动的成功举办后，在不同场合也纷纷向惠普公司表示祝贺。

最后，这次活动由于惠普公司前期为媒体做了很多资料准备工作，与媒体的沟通也比较充分，因此媒体报道令人相当满意。中央电视台《经济半小时》连续两天的报道在社会上产生了积极的轰动效果。印刷媒体的报道不但及时、准确地向受众传递惠普公司希望传达的信息，而且报道的版面大，内容深入。

这次活动影响力大，是中国惠普公司历史上从未做过的、最为成功的公关活动之一。

（资料来源：中国企业管理培训网）

公共关系评估是对公共关系工作全面深入的研究，是公共关系运作程序的最后一个步骤，它在公共关系实践活动中起着举足轻重的作用。公共关系评估是改进公共关系工作的重要环节，也是开展后续工作的必要前提，同时，评估结果可以使组织的领导人看到开展公共关系工作的明显成效，从而更加自觉地重视公共关系工作。正确的评估有助于社会组织把握公共关系工作的效率和水平，有助于总结经验教训，并为新的公共关系活动提供资料。

8.1 公共关系评估概述

公共关系评估就是依据特定的标准，对公共关系策划方案、实施效果进行检验、评价和估计以判断其优劣。通过对公共关系效果的分析评估，肯定工作成绩，找出实施效果与目标之间的差距，适时地调整公共关系目标和策划方案，保证公共关系活动的持续有效开展。

8.1.1 公共关系评估的特点

1. 科学性

科学性是指公共关系评估是由有关专家或专业机构依据某种科学的标准和方法来进行的。

2. 复杂性

复杂性是指公共关系评估涉及公共关系全过程的所有内容，尤其是一些公共关系活动的效果短时间内很难测定出其具体成效。

3. 权威性

权威性是指公共关系工作的成果，是通过专家的评估和社会舆论的评估得出的。

4. 系统性

系统性是指公共关系评估工作是对公共关系活动的调查、策划和实施等进行的全面概括和总结。

8.1.2 公共关系评估的原则

1. 针对性原则

公共关系评估工作的针对性很强，开展评估工作的目的是解决社会组织实际公共关系状态中的某些具体问题，这些问题可能是组织形象改善、产品推广等，使得评估工作必须遵循针对性原则。

2. 及时性原则

公共关系评估具有较强的时效性，公共关系活动及其面临的环境总是在现实中不断地发生变化，因此公共关系活动实施结束后，要及时地开展评估工作。

3. 客观公正原则

公共关系评估工作要在客观公正的原则下开展，评估要做到有理有据，客观真实，力戒空泛议论或片面分析，在做出评估结论时要避免受实施公共关系活动相关人员的主观意志或一己之见的影响，注意保持公共关系评估人员的独立地位。

8.2　公共关系评估的程序

公共关系评估，就是要对公共关系活动的各个步骤的工作目标的实现程度做出客观的评价。公共关系评估是一个连续不断的活动，一旦进入公共关系工作程序，评估工作也就开始了。

评估工作是对公共关系活动的调查、策划方案、实施效果进行分析总结。作为一项完整的工作过程，评估过程可概括为5个基本步骤。

公关视角8.1

某超市公共关系活动效果的评价程序

某超市公共关系活动效果的评价程序如下。

（1）确定评价目标及标准。评价目标应从可测量的角度具体化，评价标准要根据具体目标来制定。

（2）统一对评价目标及标准的看法。要将评价目标及标准提交公共关系人员讨论，以便补充修正，统一看法，更好地达到预期目标。

（3）全面评价公共关系活动效果。有了统一的评价目标及标准，就可以检查公共关系活动效果与公共关系活动策划方案之间是否存在差距。

（4）调整偏差。调整偏差有两种办法：一是调整原有计划，这是针对计划与实际脱节而言的；二是调整原有目标，一轮公共关系活动产生的偏差往往是下一轮公共关系活动的目标。

（5）编写效果评价报告。公共关系活动效果评价报告的内容包括整个活动过程的具体描述；取得的成果及不足之处；预期未能解决的问题及今后的发展趋势和对超级市场可能产生的影响，并提出可能的解决办法。

（资料来源：张百章．公共关系原理与实务．大连：东北财经大学出版社，2002.）

1. 设立评估统一目标

就是对评估的用途和目的达成一致，评估目标是用比较来检验公共关系计划与实施的结果。统一的评估目标，可以减少在评估工作中出现的不必要的劳动，除去无用的材料，提高评估的效率与效果。

2. 选择合适的评价标准

公共关系活动的目标说明了组织期望达到的效果。应针对不同的活动形式和目标，确立评估标准，如果开展的是以改善自己的形象，提高美誉度为目标的公共关系活动，评估应该将公众对组织的认识、态度的变化作为评估标准。

3. 确定获取数据的最佳途径

获取评估数据的途径和方法并不是唯一的，获取评估数据的途径和方法取决于评估的目的、标准。抽样调查、实地实验或活动记录都可能成为获取数据的好方法。

4. 及时报告评估结果

及时上报评估结果可以保证组织管理者及时掌握情况，有利于组织全面的协调决策，也有利于说明公共关系活动在组织实现目标的过程中所起到的作用。

5. 运用评估结果

把评估的结果运用到公共关系工作的调整上，会使问题的确定和分析更加详细、精确，确保下一个周期的公共关系活动更为有效。

公关视角 8.2

哈维雅·雅各布森的评估程序七步法

哈维雅·雅各布森的评估程序主要包括以下 7 个方面的内容。

(1) 选择评估原则。评估开始的第一步是要确定一种指导评估工作的模式——是认认真真评估还是一般性地评估？评估是由内部人员自己搞呢还是外聘人员？

(2) 指定目标。它是指对评估的目标，组织的总目标、公关项目的分目标做出定义和陈述。

(3) 设立评估标准。例如，评估资源的标准是什么？评估经费状况的标准是什么？怎样评估目标公众？如何评估活动情况？

(4) 收集数据。数据可以通过多种途径获得，比如观察、问卷、月报表、访谈及其他方式。

(5) 分析数据。

(6) 报告结果。评估结果需要报告给组织上层领导，也可以在一定范围内扩散。

(7) 把结果应用到决策中去。这最后一步要求把评估结果进行条理化处理，使之具有可操作性。比如，公司在哪些方面亟待改进？改进的措施有哪些？

（资料来源：[美]伦纳德·萨菲尔. 强势公关. 北京：机械工业出版社，2002.）

8.3 公共关系评估的标准与方法

评估过程中比较重要的一环就是选择合适的评估标准。如何确定标准，确定什么样的标准，决定了评估的结果是否科学，是否符合实际。一些专家、学者根据公共关系活动过程的不同阶段，提出了一些评估的标准和评估的方法。

公关视角 8.3

某超市公共关系活动效果的评价标准

衡量公共关系效果的标准是社会效益、心理效益和经济效益。

社会效益：弘扬社会正气；支持社会正义事业；支持公益、慈善事业；弘扬民族传统文化与民族精神；发扬社会人文精神；宣扬社会公德；推广科学的文化价值观念；培养文明的社会生活模式、工作模式、休闲模式。

心理效益：引起公众注目；留下深刻的印象；产生美好联想与期盼；形成愉快舒畅的心情；振奋人的精神，使人奋发向上。

经济效益：激发公众的需求欲望；培育新的消费市场；推广新的消费观念、消费模式；提高商品的认可度和知名度；增强商品的销售能力与竞争力。

（资料来源：张百章．公共关系原理与实务．大连：东北财经大学出版社，2002.）

1. 调查阶段的评估标准

（1）背景材料是否充分

在准备阶段，公共关系活动尚未正式开始，尤其是公共关系活动对环境的影响尚未产生，因此，公共关系效果很难确定。评估的主要任务实际上就是检验前几个程序中是否充分占有资料和对已掌握资料分析判断的准确性，重点是及时发现在分析中被遗漏的、对项目有影响的因素。

（2）信息内容是否正确充实

信息内容是否正确充实强调的是信息的合理性。对信息内容的分析，可以利用剪报、宣传品以及广播讲话录音和原稿。这种评估分析的结果，可以作为进一步审定或提高计划与战略、改进方案实施过程的重要参考资料。

（3）检验信息的表现形式是否恰当

检验信息的表现形式恰当与否，其重点是信息表现形式是否合理、新颖，是否能达到引人注目、给人以深刻印象的要求。它具体包括文字语言的运用、图表的设计、图片及展示方式的选择等。

2. 策划阶段的评估标准

（1）公共关系目标的评估标准

公共关系目标的评估标准主要包括：是否有明确的公共关系目标；目标确定的深度和广度状况；公共关系目标与组织总目标是否相一致；公共关系目标与社会环境的适应状况；目标公众的选择正确与否；社会环境中的所有关键因素的确定等。

（2）公共关系活动项目的评估标准

公共关系活动项目的评估标准主要包括：公共关系活动项目的选择是否合理；是否围绕着公共关系目标进行；公共关系活动项目的策划方案是否合适；项目目标与公共关系总目标是否一致；公共关系活动项目所需的资料是否准备好；准备的资料是否适合目标及新闻媒介的需要；传播活动是否在时间、地点、方式上符合目标公众的需要；信息传递的形式是否有效；为完成公共关系目标所安排的活动项目配合是否默契；项目活动是否产生了预期或预料之外的影响等。

（3）公共关系策划方案制订的评估标准

公共关系策划方案制订的评估标准主要包括：策划方案是否围绕目标制定；方案与目标是否相一致；公共关系策划方案是否符合公共关系活动的需要；方案的主题和重点是否突出；公共关系活动所需要的资料是否适合目标及新闻传播媒介的需要；传播活动是否在时间、地点和方式上符合目标公众的需要；公共关系预算编制是否准确；是否有其他部门和人员配合工作等。

3. 实施阶段的评估标准

评估不仅仅是对公共关系工作效果进行评估，更主要的是要在公共关系活动的实施过程中发挥其监控和反馈的作用。公共关系实施阶段的评估标准包括以下几个方面的内容。

（1）检查发送信息的数量

发送信息的数量直接反映组织在实施公共关系活动中所发表的电视、广播讲话的次数，发出信件、其他宣传资料以及新闻的数量，通过它还能发现其他宣传性工作如展览等活动的进行与否及其努力程度。

（2）检查信息被传播媒介所采用的数量

公共关系人员不能满足于发送信息的数量，还要特别注重这些信息被传播媒介所采用的数量。因为只有通过传播媒介，才能最有效地保证公众接触到这些信息，并受其影响。

（3）检查接收到信息的目标公众有多少

公共关系人员应对收到信息的各类公众进行分类统计，从中找出目标公众的数量。这就是说，对于评估来说，收到信息的公众的绝对数量并不重要，重要的是接收到信息的目标公众的数量。

（4）检查注意到该信息的公众数量

检查注意到该信息的公众数量是指明确哪些人在阅读组织发出的信息材料，他们的数量是多少，他们读到了什么，读了多少内容。

4. 实施效果的评估标准

（1）了解信息内容的公众数量

了解信息内容的公众数量是指把开展公共关系活动前后，社会公众对组织信息的认识、了解和理解等变量进行比较。例如，在公共关系活动开展前后，对同一组社会公众进行重复测验，或者在一组社会公众当中开展公共关系活动，而在另一组社会公众当中不开展这项活动，然后将两组测验结果加以比较。这种方法也可用于所有实施效果评估的项目之中。另外，在沟通活动结束后，了解社会公众观点和态度的变化也可采用这种方法。

（2）改变观点、态度的公众数量

改变观点、态度的公众数量是评估实施效果的一个更高层次的标准，因为“态度”所涉及的范围很广，内容丰富而复杂，而且不容易在很短时间内发生变化。所以评价一个人的态度，要根据一段时期内他在所有有关问题上的知识和观点，而不能仅凭一时一事判定一个人的态度发生变化与否。

（3）发生期望行为与重复期望行为的公众数量

人们行为的改变受到多种因素的影响，如同态度与知识、观点的关系一样，行为同知识和观点之间也在一定条件下发生着联系。能够比较肯定的是：行为发生变化的人们在行为发生改变之前，肯定接受了某些信息或在某些方面被说服了。在掌握了发生期望行为的社会公众数量之后，还应该注意了解重复期望行为的社会公众数量。这要根据活动开展以后几个月甚至几年的持续观察数据，并取得足以说明人们行为调整后不断重复与维持期望行为的有力证据。

（4）达到的目标与解决的问题的数量

公共关系活动效果评估的最高标准是要看活动是否达到了公共关系目标、解决了想解决的问题，有时，公共关系活动产生的结果并非完全与公共关系目标相一致，但如果这些结果同样是积极的，便可认为是达到公共关系目标的其他表现方式，这些结果也应该作为评估公共关系活动效果的依据。

（5）对社会经济与文化发展产生的影响

对社会经济与文化发展产生的影响会在较长时间里以复杂的、综合的形式表现出来，对这种影响效果的评估并非是公共关系人员所能完成的，而要留给社会学家、心理学家来研究。对于那些通过自己的职业行为履行社会责任，并对社会经济及文化发展产生积极作用的公共关系人员，后人将给他们以公正的评价。

公关视角8.4

某超市公共关系活动效果的评价内容

1. 超市公共关系活动总体效果评价内容

超级市场公共关系活动效果可以由多种形式体现：一方面可以通过经济效益体现，例如，销售额和利润额的增长情况；另一方面可以通过社会效益体现，如对公益事业的支持、对民族文化的弘扬等。此外，超级市场公共关系的活动效果还可以通过心理效应体现，比如这次活动给公众留下了深刻印象，使人振奋精神，催人奋进等。总体效果评价的内容主要包括以下几个方面内容。

（1）本次公共关系活动的目标是什么？是否符合实际？活动的主题是否明确？号召力如何？

（2）超级市场内部各部门、各环节成员对这次公共关系活动了解和支持的状况如何？

（3）本次公共关系活动传播媒介的选用及其效果如何？信息为目标公众接受的程度如何？态度有何变化？是否收到了预期效果？

（4）本次公共关系活动计划方案是否周密？是否存在重大纰漏？

（5）本次公共关系活动预算执行情况的分析。

（6）本次公共关系活动的成果是什么？对今后的影响如何？提出对遗留问题及隐患的处理意见和建议。

2. 超市日常公共关系效果的评价内容

（1）商品供应者是否愿意与本超级市场打交道并建立长期的供货关系？

（2）顾客对本超级市场所经营的商品是否放心？是否愿意购买？

（3）顾客是呈递增趋势还是递减趋势？原因何在？

（4）企业是否有一个良好的社区环境？

（5）企业凝聚力怎样？员工是否热爱本企业？工作是否安心？

（6）企业是否重视各类公众的意见与建议？

（资料来源：张百章. 公共关系原理与实务. 大连：东北财经大学出版社，2002.）

5. 公共关系评估的方法

公共关系评估是对公共关系活动的科学评价，评估的结果将指导组织及公共关系部门改进公共关系的战略和策略。公共关系评估工作本身是一项研究工作，需要讲求其科学性，在实践中有如下几种方法。

（1）民意测验法

民意测验法就是在选定的公众群体中，选择一定数量的测验对象，用问卷、表格等方式，征求他们对指定问题的意见、态度、倾向，再做出统计、说明，最后分析公共关系活动的效果。这种方法的缺点是，有时可能产生不真实的测量结果，尤其是向调查对象提出一些比较敏感的问题时更是如此。因此，采用民意测验法要特别注意问卷提问的方式，对敏感的问题宜采用灵活、委婉的方式进行调查。

（2）专家评定法

专家评定法是由公共关系及有关方面的专家来审定公共关系计划，观察计划的实施，对计划实施的对象进行调查，与实施人员交换意见，最后撰写出评估报告，鉴定公共关系活动的成效。采用专家评定法时，一定要聘请那些知识丰富、熟悉情况的专家。

（3）观察法

公共关系评估者以当事人的身份亲自参加公共关系活动，通过直接观察来估量评价其效果。

（4）比较法

比较法是指对公共关系活动前后所作的调查结果进行比较，以此来衡量活动效果。

（5）销售量检测法

良好的公共关系必须转化成经济效益，企业产品的销售量和利润是检验公共关系活动成效的一个方面。

8.4 撰写公共关系评估报告

8.4.1 撰写公共关系评估报告的基本原则

公共关系评估报告是对公共关系活动或工作的书面评价，是对已经开展的公共关系工作的总结，是公共关系评估结果运用的依据。为此，公共关系评估报告除了要遵循科学性、公平性、真实性等原则外，主要还应符合以下几个方面的要求。

（1）针对性

公共关系评估报告的针对性很强，要么是综合项目评估，要么是单项活动的评估，为了解决工作中的实际问题，最多的情况还是单项活动的评估，如庆典活动、赞助活动、展示展览活动、产品推广活动等。

（2）完整性

公共关系评估报告的完整性主要有 3 方面的内容：一是按照公共关系评估报告书的内容，对评估工作进行全面的概括；二是正文内容与附件资料配套一致，尤其要注意附件资料起着完善、补充、说明正文的作用；三是被评估的范围和对象要做到完整无缺、无一遗漏。

（3）及时性

公共关系评估具有较强的时效性，公共关系活动及其面临的环境也在不断地变化。因此，在公共关系活动开展结束之后，评估人应及时写出公共关系评估报告书，否则容易失去评估本身的意义。

（4）客观性

公共关系评估报告是一种公正性的文件。在撰写报告时，必须真实、客观，有理有据，要避免空泛议论或掩饰缺点，应力戒片面分析或夸大其词。

（5）独立性

独立性是指在撰写公共关系评估报告的过程中，通常要与公共关系活动主办单位的部分领导、员工等进行接触。评估人在做出结论时，要避免受到他们主观意志或一己之见的影响。在评估报告中，必须反映自己独立的评估结论。

8.4.2 公共关系评估报告的内容与格式

1. 公共关系评估报告的内容

公共关系评估报告具有特定的目的，不同的目的，决定了评估的范围和对象不同。因而，公共关系评估报告书的内容就不完全一样。根据公共关系评估实践的总结，公共关系评估报告主要包括以下几个方面的内容。

（1）评估的目的及依据

评估的目的及依据是指为什么要进行公共关系评估，通过评估解决什么问题，以及评估所依据的文件或相关会议的要求等。

（2）评估的范围

公共关系活动涉及方方面面，为了突出重点，缩短篇幅，利于评估结果的运用，报告书必须明确公共关系评估的范围。

（3）评估的标准和方法

在报告书中，应说明评估的标准或具有可测量的具体化的目标体系，以及评估过程所采用的方法。比如，民意测验法、专家评定法、观察法、比较法、销售量检测法等。

（4）评估过程

简要说明评估过程是怎样进行的，分哪些阶段。从阅读报告书的过程和采用的方法等方面可以判断评估是否科学、系统、规范、完整等。

（5）评估对象的基本情况

公共关系评估报告书中，必须明确评估对象本身的情况，包括活动或项目名称、开展时间、实施的基本情况与特点等。

（6）内容评估、分析与结论

评估报告书中应写明被评估的公共关系活动、工作或项目的内容，对运行与执行以及效果、效益进行分析，进而得出客观、公正的结论。

（7）存在的问题及建议

评估人根据掌握的实际材料、相关情况，有针对性地提出问题，并提出有利于解决问题的建设性意见。

（8）附件

附件主要包括附表、附图、附文3部分。

（9）评估人员名单

评估人员名单包括评估负责人，评估人员的姓名、职业、职务、职称等。在评估人员名单中，有时为了利于咨询，评估人还需要把电话、通讯地址、邮政编码等写明。

（10）评估时间

由于公共关系活动处于动态的状态下，不同时间评估所得出的结论会不同。因此，评估报告书必须写明评估时间或评估工作开展的阶段。

2. 公共关系评估报告的格式

公共关系评估报告书没有固定的结构格式。按照评估的目的与要求，公共关系评估报告的结构可以采用不同的格式，可以灵活安排结构，结构服从于内容表达的需要。通常，公共关系评估报告书的基本格式依次包括以下几个方面的内容。

（1）封面

封面的主要内容包括评估书或项目的题目、评估时间、评估人以及保密程度、报告书的编号，题目要反映出评估的范围和对象，排版应醒目、美观。

（2）评估成员

评估成员反映哪些人参加了评估工作，负责人是谁。

（3）目录

目录用来方便阅读报告书的人。

（4）前言

前言反映评估任务或工作的来源、根据，评估的方法、过程以及其他特别需要说明的问题，也有的评估报告书把评估的方法、过程等写进正文部分。

（5）正文

正文是评估报告书最重要的部分，也是评估报告书的主体。它包括评估的原则、方法、范围、分析、结论、存在的问题、建议等。

（6）附件

附件内容是对正文内容的详细说明和补充，是正文的证明材料。

（7）后记

后记主要说明一些相关的问题，比如报告书传播的范围，致谢参加人员及相关单位等。

8.4.3 撰写公共关系评估报告应注意的问题

公共关系评估报告书的写作是相当有难度的，在写作过程中，既要求执笔人员客观、公正、全面，又要求报告书可读、简洁、明了。为此，除格式方面的要求外，在写作过程中还应注意如下几个问题。

（1）定量与定性相结合。通常，评估结论是定性的，但必须用定量的指标做说明。公关人员在编写评估报告书时应注意定量与定性的密切结合。

（2）建议与策略具有可操作性。它是指只有切合实际情况的建议才具有可操作性。

（3）语言准确、精练。它是指尽量用最少的文字、篇幅来说明问题，提出建议。切忌太多的学术词汇，让评估报告的阅读者难以理解。

（4）结论客观具体。评估结论要客观，既要看到成就、效益，又要看到缺点和不足。在结论中，避免“可能”、“大概”、“也许”等模糊语言，所有的结论都应该找到相应的材料作证明。

思考题

1. 要做好公共关系评估工作，就必须取得组织领导的支持，结合所学理论谈谈在今后的工作中如何才能取得领导对公共关系评估工作的支持。
2. 作为一名公共关系人员，如何科学地运用公共关系评估办法？
3. 怎样在公共关系实施的不同阶段进行评估？
4. 公共关系评估报告的内容有哪些？在撰写评估报告时应注意什么问题？
5. 公共关系评估工作的标准还应包括哪些内容？

案例分析

探求“奥妙”降价的奥妙

——联合利华“奥妙”品牌媒介关系案例

1. 项目背景

“奥妙”是世界知名企业联合利华旗下的重要洗涤产品品牌。1999年，联合利华在华资产重组顺利完成，所有机构的采购、运输、分销系统被统一起来，实现了资源共享，奥妙洗衣粉的生产间接成本大大降低。因此，联合利华决定推出两种新款奥妙洗衣粉，同时对原有价格进行大幅度调整，“奥妙”准备大幅度降价。

2. 项目调查

中国环球公共关系公司在接受联合利华公司的委托之后，在短时间内进行了充分的调查研究，调研的结论成为处理“奥妙降价”事件当中媒介关系的重要依据。

调查结果表明，大幅度降价对“奥妙”品牌来说是一把“双刃剑”，在处理“奥妙”降价事件的媒介关系过程中，一方面要利用新闻媒体形成有利于“奥妙”的社会舆论；另一方面，有些问题是不能回避的，必须采取有针对性的措施，消除新闻媒体易产生的误解，防患于未然。

3. 项目策划

为了保证“奥妙降价”这一重大市场举措的顺利完成，环球公共关系公司将通过新闻发布会（建议在北京、上海、广州3地召开），邀请全国主要的新闻媒体参加，公布“降价”消息，尽可能回答记者感兴趣的问题，避免有可能发生的不利报道，维护“奥妙”业已形成的良好形象。

4. 项目实施

（1）前期准备

① 精心遴选各个地区有影响的媒介及适合的版面、栏目，做到有的放矢。

② 指定新闻发言人，保证对外发布统一的信息。

③ 针对媒体会提出的有关“奥妙”降价的一些不能回避的问题，提供处理意见。

④ 从不同角度引导记者形成有利于“奥妙”的报道思路。

（2）新闻发布会现场执行

① 时间：1999年10月18日上海；1999年10月20日广州；1999年10月22日北京。

② 执行期间应注意以下问题：第一，外地记者由专人接待，做到事前及时沟通，无论

大报小报、年轻记者或是资深记者都应一视同仁，使其增强报道欲望；第二，3 地发布会分别邀请当地及国家工商、消协部门与会，增加发布会的可信度和权威感；第三，广州是联合利华主要竞争对手的根据地，在发布会现场，制定了严格的防范措施，未被邀请而试图与会的 10 多位记者都被委婉拒绝了；第四，北京发布会后，环球特意安排《北京青年报》记者在展台旁拍摄与会者参看展品的镜头，照片力求突出“奥妙”。

5. 项目评估

以新闻发布会为主体的媒介关系协调工作完成得十分顺利，达到了预定的公共关系目标，在发布会结束的一个月内，共收集到 101 篇相关剪报，其中上海 11 篇，广州 13 篇，北京 32 篇，四川 13 篇，还有 32 篇来自全国各地的报纸，发稿量已达到 200%。所有被邀电台（3 家）、电视台（10 家）都及时的发布了有利于联合利华的信息。国际互联网至少有 10 篇以上的文章被登载在报纸的电子版上。在奥妙降价之后的一个月内，其销量大幅度上升。调查资料显示，有 50％以上的消费者的信息来源是来自相关的新闻报道，同时绝大多数消费者认为，“奥妙”降价的原因是市场竞争，降低不会影响产品的质量。这说明，围绕“奥妙”降价事件展开的媒介关系协调工作最终取得成功。

（参考资料：www. chi-napr. com.cn）

分析思考：

1. 运用本章所学理论，分析联合利华“奥妙”降价的奥妙。
2. 结合本案例说明公共关系活动几个环节之间的关系。

第 9 章 公共关系的形象塑造

学习目标

- 了解组织形象的概念、分类和构成要素。
- 熟悉组织形象分析的方法。
- 掌握组织形象设计的步骤。
- 熟悉 CIS 的定义及其构成要素的设计。
- 掌握 CIS 的导入时机和导入程序。

导入案例

麦当劳文化征战全球

麦当劳是由麦克和迪克两位犹太兄弟于 1937 年创建的。起初两兄弟在洛杉矶东部的巴沙地那经营汽车餐厅，起名为麦当劳餐厅。1961 年，克罗克取得了麦当劳的所有权。到 1985 年，公司营业收入已达 110 亿美元。2004 年，公司在全球开设了 30 000 多家分店。现在，麦当劳已成为全球最大的以经营汉堡包为主的速食公司。

麦当劳的成功是 CIS 战略的成功，因为在麦当劳的营销过程中最能充分体现 CIS 战略的作用。

（1）麦当劳确定了 QSCV 的企业经营理念

雷·克罗克在创业初期，就为自己设立了快餐店的 3 个经营信念，后来又加上“V”信条，构成麦当劳快餐店完整的 Q、S、C、V 经营理念。

Q（quality），是指质量、品质。麦当劳对顾客的承诺是永远让顾客享受品质最新鲜、味道最纯正的食品，从而建立起高度的信用。

S（service），是指服务。它包括店铺建筑的舒适感、营业时间的方便性、销售人员的服务态度等。

C（cleanliness），是指卫生、清洁。麦当劳员工规范中，有一项条款是“与其靠着墙休息，不如起身打扫”。

V（value），是指价值，意为“提供高品质物品给顾客”。

麦当劳正是以这一经营理念为核心，建立了世界最大的连锁经营体系。同时，麦当劳用这一准则来保证员工行为规范，即“小到洗手有程序，大到管理有手册”。

（2）科学设计行为识别和视觉识别系统

① 麦当劳的Q&T Manul（即《营运手册》）。详细说明了麦当劳的政策，餐厅各项工作的程序、步骤和方法，并且仍在不断地自我丰富和完善。

② 麦当劳的SOC（station observation checklist）（即岗位工作检查表）。麦当劳把餐厅分为20多个段，每个工作段都有一套SOC，详细说明各工作段事先应准备和检查的项目、操作步骤、岗位职责。

③ 麦当劳专门为餐厅经理设计了一套《管理发展手册》，共4册，循序渐进。

④ 大家庭。麦当劳强调在内部建立起大家庭式的工作环境。

⑤ 金色拱门。麦当劳的企业标志是弧形的M字，以黄色为标准色，黄色让人联想到价格的便宜。M字的弧形造型非常柔和，令人产生走进店里的强烈愿望。

⑥ 吉祥物。象征麦当劳餐厅的人物偶像 麦当劳叔叔，是友谊、风趣、祥和的象征。

（3）导入CIS战略，开展各种公关活动，塑造良好组织形象

麦当劳认为，儿童对自己具有不寻常的意义，所以在广告中它往往将各种娱乐信息传达给儿童并制造各种机会提供气球、玩具等赠品，以吸引儿童顾客的注意力。公关广告也是麦当劳采取的一种行之有效的公关方式。从1959年起，麦当劳把圣诞节和自己联系在一起，在浩浩荡荡的圣诞游行队伍中，前进着麦当劳“接待中心”的汽车，为游客免费提供食物；小丑罗纳德·麦当劳跳来跳去，做出逗人的怪模样。

麦当劳还积极投身公益事业。在许多社区活动场所或是灾害发生的地方，都可见到麦当劳的人员分发免费汉堡包的身影。另外，麦当劳还出资赞助福利院、运动会，麦当劳的员工还积极参加社会公益性活动，例如，到公园参加美化劳动，到地铁去搞卫生等，麦当劳正是通过一系列活动，使广大顾客从中领悟到其经营的理念，从而使QSCV的经营理念通过良好的企业形象，像磁石一般不断地把顾客吸引进麦当劳这座欢乐之门。

组织形象的塑造是一项庞大而复杂、长期而艰苦的系统工程。全部公共关系工作都是围绕塑造良好的组织形象这一目标展开的。良好的组织形象不是自发形成的，它是组织通过科学管理和实施积极的活动塑造而成的。任何一个组织要塑造良好的形象，首先必须对自身的形象有一个清晰而全面的认识，它是组织形象塑造的重要前提。在此基础上，一个组织才能有目的地、策略性地建立自己的良好形象。而塑造组织形象最有效的策略和方法就是实施CIS战略。

9.1 组织形象

9.1.1 组织形象概述

1. 组织形象的概念

组织形象是指社会公众对组织及其行为综合认定后形成的一种总体评价，是组织的表现与特征在公众心目中的反映。组织形象包含的内容很多，如组织精神、价值观念、行为规范、道德准则、经营作风、管理水平、人才实力、经济效益、福利待遇等，组织形象是这些要素的综合反映。

组织形象的确定者是公众，即公众是组织形象的评定者。但公众对于组织的印象不是凭空产生的，而是基于组织的表现，所以组织形象的好坏最终来源于组织的表现。

2. 组织形象的分类

为了全面认识、理解组织形象，可以从不同的角度对组织形象进行以下几种分类。

（1）按照组织形象形成的过程可分为组织内部形象和组织外部形象

组织内部形象是组织内部员工对组织的看法和评价。组织的外部形象是指组织的外部公众对组织的看法和评价，一般说来，组织的内部形象是外部形象的基础。如果组织内部公众对本组织都没有很好的认同和评价，那么外部公众也不会形成对组织的良好印象。因此，组织首先要处理好同内部公众的关系，增强组织的凝聚力和向心力，树立良好的内部形象，这是建立组织良好形象的基础。

（2）按照组织形象的现实性可分为实际形象和自我期望形象

组织的实际形象是公众对组织的真实看法和评价，组织的自我期望形象是组织自己所希望具有的预期形象。一般说来，理想往往高于现实，应当将组织的自我期望形象作为组织发展的动力，从组织的实际形象出发，谋求组织自我期望形象和组织实际形象的统一。

（3）按照组织形象的真实程度可分为真实形象和虚假形象

真实形象是指组织留给公众的符合组织实际情况的形象，虚假形象则是组织留给公众的不符合组织实际情况的形象。对于组织来说，应追求真实的、良好的形象，而避免虚假的、不好的形象。

（4）按照组织形象的可见性可分为有形形象和无形形象

有形形象是指那些可以通过公众的感觉器官直接感知到的组织形象，无形形象是指通过公众的抽象思维和逻辑思维而形成的观念形象。对组织而言，无形形象往往比有形形象更有价值。

3. 组织形象的构成要素

组织形象的构成要素虽然非常复杂，但主要由组织环境因素、组织行为因素和社会公众认知因素3个方面构成，其结构关系如图9-1所示。

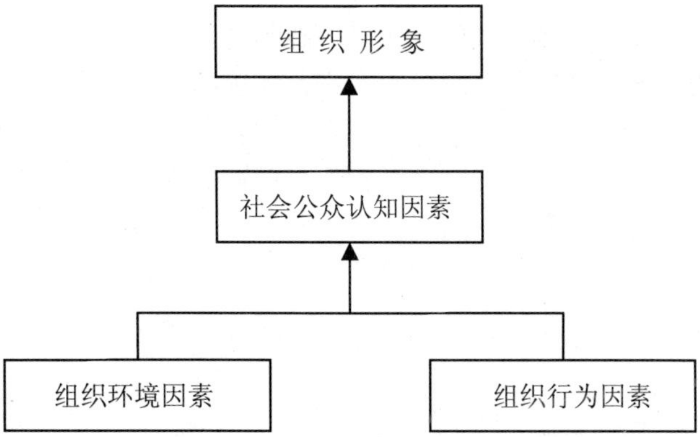

图9-1 组织形象的构成要素

（1）组织环境

组织环境是组织进行生产、生活和工作的场所，主要包括组织的物质环境和人文环境两个方面。

① 组织的物质环境。组织的物质环境主要包括组织的建筑物、组织办公区域规划、环境装饰装修等。

② 组织的人文环境。组织的人文环境包括组织人员素质和组织文化两方面。

（2）组织行为

组织行为是组织全体成员参与各种经济活动行为的总称，主要包括组织决策行为、组织服务行为、传播沟通行为3个方面。

① 组织决策行为。组织领导者的决策能力是构成公众对领导者总体看法和评价的重要因素。

② 组织服务行为。组织通过产品销售和社会服务与社会公众发生利益关系。

③ 传播沟通行为。信息沟通是组织公共关系活动的特征和手段。

（3）社会公众认知

社会公众认知是指社会公众对组织形象的认识，通常通过社会公众舆论反映出来。

9.1.2 组织形象分析方法

实施公共关系活动的目的是在社会上塑造组织的良好形象，而在进行组织形象设计和传播之前，必须对组织形象进行全面深入的调查、了解和分析，这样在组织形象的设计和传播中才能做到脚踏实地、有的放矢。组织形象的分析方法有多种，现主要介绍4象限图法。

4 象限图法是在对公众调查的基础上，综合分析公众的评价和意见，根据组织知名度和美誉度两项指标在现实中的不同构成，将组织的实际形象划分为 4 种状态，运用组织形象的评估坐标图来分析组织的实际形象。

组织的知名度是指组织的产品或服务在多大范围内为公众所知晓，它是组织开展各项活动的前提。组织的美誉度是指公众对组织的产品和服务的认可和赞赏程度，它是组织生存和发展的重要基础。

如果把一个组织在社会公众中的知名度和美誉度情况用一个二维平面坐标图来表示，根据组织形象所处的不同坐标位置，把坐标平面分为 4 个象限，分别表示组织形象的不同状态，如图 9-2 所示。

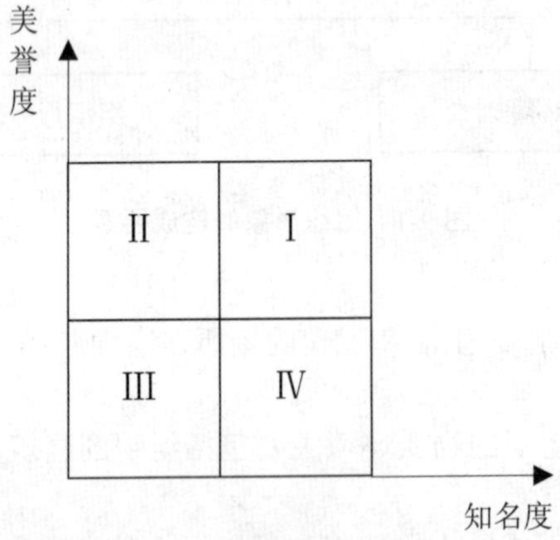

图 9-2　组织形象差距分析图

在图 9-2 中，象限Ⅰ表示高知名度、高美誉度。处于该区域内的组织，知名度和美誉度较高，组织的实际形象处于较好的状态。

象限Ⅱ表示高美誉度、低知名度。处于该区域的组织大多是一些封闭保守型的组织，宣传力度不够，知名度较低，但这类组织有良好的基础，公共关系工作难度不大，其公共关系活动的重点应放在维持美誉度、提高知名度上。

象限Ⅲ表示低知名度，低美誉度。处于该区域的组织往往基础比较薄弱，公共关系形象较差，其公共关系工作需从零开始，首先应解决产品和服务质量差的问题，而在宣传方面暂时保持低姿态，当组织享有较好的美誉度时，再加大宣传力度，提高知名度。

象限Ⅳ为低美誉度，高知名度。处于该区域的组织多为一些产品或服务质量差，管理水平低的组织。由于其处于名声不佳的恶劣环境中，所以这类组织的公共关系工作难度较大，其公共关系工作首先应从扭转组织已经形成的不良形象开始，努力降低不良形象所造成的影响，同时从内部着手，积极提高组织的美誉度，然后再展开宣传工作，重塑组织的良好形象。

9.1.3 组织形象管理

组织形象管理的内容十分丰富，一般包括公众形象管理、产品形象管理、社会形象管理、环境形象管理等4个方面。

（1）公众形象管理

公众形象管理主要包括对内部公众形象管理和对外部公众形象管理两个方面。内部公众形象管理主要是指对组织中领导者的形象、公共关系人员的形象、典型人员的形象、组织群体的形象等进行管理。外部公众的形象管理主要是指对组织形象传播的目标公众进行确定、细分、开发和监控等。

（2）产品形象管理

产品形象管理主要是指对企业所提供的物质产品或服务在消费者或社会公众心目中所确立的形象进行管理。由于产品是和消费者直接发生关系的，产品形象是最直观、最容易受到评价的，因此产品形象是组织形象的缩影或代表，是组织形象管理的重要内容。

（3）社会形象管理

社会形象是指公众对组成的社会行为给社会环境造成的影响的评价。组织可通过增强服务社会的意识，积极开展各种社会性公共关系活动以及履行社会责任等方式进行组织的社会形象管理。

（4）环境形象管理

环境形象管理主要是指对组织赖以生存和发展的宏观环境，如政治、经济、文化环境等；微观环境，如组织的公众环境；自然环境，如生态环境等进行的管理。

9.1.4 组织形象设计

1. 组织形象设计的定义

组织形象设计是公共关系策划中的战略策划。具体来讲，组织形象设计是指组织根据现有条件及形象追求的目标，结合组织的独特性质，对组织形象战略及塑造组织形象的具体活动进行整体构思、谋划的运作过程。

2. 组织形象设计的步骤

（1）调查现状，确定目标

针对组织的现实状况进行调查，其调查的目的在于确定组织形象现状及存在的问题，确定组织所追求的形象目标，使组织形象设计有明确的目的。

（2）确定明确的组织理念

组织理念是组织形象的核心和灵魂，是组织形象设计首先要解决的问题。在确定组织理念时，既要突出个性，有自己独特的风格，能鲜明地使本组织与其他组织的理念区别开来，又要强调民族特色，体现民族文化。例如，“超越自我，产业兴国”是移动通信系统设备的制造商和供应商——中国东方通信公司所追求的具有民族特色和文化的组织理念。又如，IBM公司的企业理念概括为“科学、进步、卓越”。

（3）设定形象概念

设定形象概念，不仅要依据组织理念，还要找出社会公众心目中的某一行业所应具有的理想特性，找出本组织在公众心目中的地位，并与竞争者作全盘比较，以确定组织形象的定位。例如，中国台湾东怡营造企业，励志创新，为塑造追求卓越、永续经营、无限企业的新形象，根据企业经营理念“高品质、高效率、亲切配合、适当成本”设立的形象概念是：创造——技术革新的高贵品质感；生活——便捷舒适的空间环境性；文化——人类共享的精致生活观。

（4）形象概念具体化

形象概念具体化是指把组织理念应用于组织标志、标准字、商标、组织造型上，使传达到公众意识层中的组织理念化做色彩、形状，使看过这些形象的人都能过目不忘。这一过程需要组织形象设计者独具匠心，创造性地将深层的组织理念、组织形象外观化，使公众能够感知。假设某企业的企业理念及企业形象为“永远的生命”、“新鲜”、“希望”等，那么其“形象概念”在经过具体联想之后，可以用“绿色”来表达，使公众只要看到绿色，就能联想到该企业，以及其特有的形象。

案例链接 9.1

独具匠心的形象概念设计

卡尔比斯食品工业株式会社，将企业形象定位为“一切为了人民大众的身心健康和安定生活，适应社会发展”。根据这种形象定位，在新的标志设计时，他们采用8个圆形体来表现健康、家庭、环境、体育、情绪、社会时尚、技术、国际性，以代表太阳的大圆为一个圆形组合体的中心，在太阳表面用蓝色来形容水。太阳和水是生命的起源，围绕着太阳的8个小圆形体，昭示着生命的跃动感，加之圆形组合体重叠而成的画面效果，暗示了卡尔比斯与社会大众之间的协调精神，突出表现了健康与家庭的密切关系。卡尔比斯的宣传口号，经过反复斟酌，确定为“神清气爽，与君同乐”。每当把新的公司标志和宣传口号放在一起仔细品味时，就会使公众感到企业与公众的关系由过去单纯的买卖关系，转换为气氛融洽的伙伴关系，这仿佛在两者之间结起了一条感情交流的纽带。

9.2 CIS战略

9.2.1 CIS概述

1. CIS的定义

CIS（Corporate Identity System）即企业识别系统，它是一种将组织的理念、行为、视觉形象及一切可感受之处，实行统一化、标准化、规范化与系统化的企业形象管理体系，并以此作为公众辨别与评价组织形象的依据。

对于CIS的定义有很多种，下面几种是具有代表性的诠释。

（1）CIS是一种改善企业形象，有效提升企业形象的经营技法。

（2）CIS是以企业名称、标志、标准字等为外部表征，以经营理念、行为规范为基础，旨在塑造新形象、创造良好的营运环境的多种媒体的综合性传播系统。

（3）CIS 是对企业自身的理念文化、行为方式及视觉识别进行系统地革新，统一地传播，塑造出富有个性的企业形象，以获得内外公众认同的经营战略。

（4）CIS指将企业的经营理念与文化精神，运用行为识别、视觉设计等整体识别系统，传达给社会公众，使其对企业产生一致的认同感。

其中第（4）条定义是目前我国公共关系学界普遍认可的。

公关视角 9.1

CIS的发展历程

（1）CIS在欧美的出现

最早将CIS引入企业的，是第一次世界大战前的德国AEG电器公司。当时AEG不仅把自己的商标用在其系列产品上，还用到包装、海报、信封、橱窗上，使其商标成为统一视觉识别的雏形。具有真正较完整意义上的CIS设计思想并最早导入CIS的是美国国际商业机器公司，该公司用其公司名称全称各词的开头3个字母组成了新的标志“IBM”，并将新标志使用在所有应用项目上，CIS的导入有力地促进和推动了IBM公司的快速发展。

（2）CIS在日本的发展

20世纪60、70年代，CIS战略传入日本，日本型CIS由企业理念识别、行为识别、视觉识别3部分组成，并且强调企业理念的中心位置，用精神作指导，积极开展企业文化活动。因此，日本型CIS文化含量更高，它致力于开发企业的形象资源。

（3）CIS 在我国的应用

20 世纪 80 年代初，CIS 在我国开始发展，首家导入 CIS 的企业是广东太阳神集团公司。CIS 导入的成功，使太阳神集团公司在市场上树立起鲜明的形象。现在，不仅我国的企业都在进行 CIS 的设计，就连高校等一大批事业单位也纷纷加入了这一行列，城市也在形象设计方面有了可喜的进步。

2. CIS 的构成要素

CIS 的构成要素包括以下 3 个方面的内容。

（1）理念识别系统（Mind Identity System，MIS）

所谓企业理念，是指对企业的发展、企业经营管理、内部成员的行为方式以及对企业成功的经营策略等因素的概括、提炼和升华，它凝聚着企业长期经营管理实践的精华，体现着管理者特别是最高管理者对企业整体建设的理性思考。它就像灯塔一样为企业指明前进的方向。因此，理念识别系统是指企业的经营信条、价值观、精神口号、企业风格文化与方针策略等。它通常表现为一种口号，这种口号既是企业内部员工必须遵守的行为准则，又是企业取得社会公众对企业信赖和认同的一种语言概括。

（2）行为识别系统（Behaviour Identity System，BIS）

所谓行为识别系统，就是以明确完善的企业经营理念为核心和指导，展示企业内部的经营管理行为和企业所进行的一系列对外活动，以完整的行为获得社会的良好评价。

（3）视觉识别系统（Visual Identity System，VIS）

所谓视觉识别系统是在确立企业经营理念与战略目标的基础上，运用视觉传达设计的方法，根据一切与经营有关的媒体的要求，设计出系统的识别符号，以刻画企业的个性，突出企业的精神，从而使社会公众和企业员工对企业产生一致的认同感。

总之，企业 CIS 中 3 个方面的内容是一个整体，相互联系，相辅相成，具有不可分割性。其中，MIS 是组织基本的精神所在；BIS 是组织行为活动的动态形式，可直接显示 MIS 的内涵；VIS 则将企业识别的基本精神、差异性等充分表现出来，让公众一目了然地识别组织。CIS 构成要素与组织形象之间的关系如图 9-3 所示。

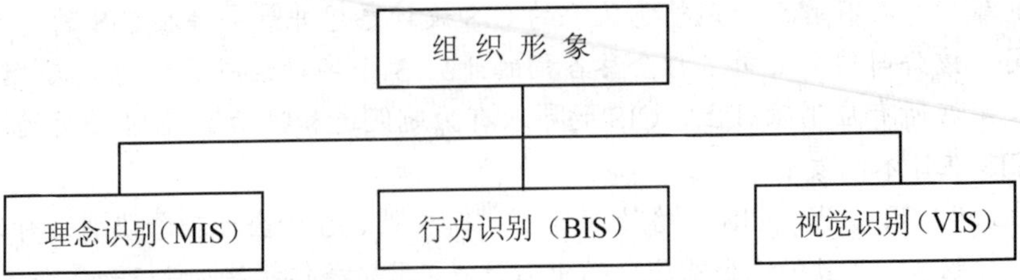

图 9-3　CIS 构成要素及其与组织形象关系图

9.2.2 理念识别系统的设计

企业理念识别是 CIS 战略实施的关键，能否成功地实施企业形象识别系统，主要依赖理念识别系统的建立与实施。通常，企业理念识别系统的设计和塑造有以下 3 种途径。

1. 培育个性化的企业精神

企业精神是企业的精神支柱，是企业在长期的生产经营活动中形成的，并经过全体员工认同和信守的理想目标、价值准则、意志品质和风格风尚。因此，企业精神不仅是一种有个性的精神，还是一种团队精神，反映了企业的凝聚力和活力，它一旦根植于职工心中，就会在全体职工心中形成默契、共识和觉悟，从而产生极大的作用。通常，企业精神的来源有以下 4 个方面内容。

（1）民族文化精华

在我国五千年的历史长河中，诞生了无数伟大的思想家，形成了以儒家思想为核心的具有中华民族特色的传统文化，成为整个人类文明的重要组成部分。这些优秀的传统文化已经融入企业文化当中，例如，我国很多企业的企业精神中都有民本、中庸、人和、忠义等内容，显示了独特的民族文化内涵。

（2）先进的社会文化

企业文化是社会文化的一个组成部分，企业文化在社会文化的浇灌下成长，社会文化中的积极因素构成的优秀文化同样是企业理念的重要来源。例如，海尔集团的企业精神“敬业报国，追求卓越”，在 2006 年初转变为 “创造资源，美誉全球”，表明了企业已将国际先进的社会文化融合进了企业文化之中。

（3）企业的优良传统

设计企业理念识别系统时，积极继承本企业的优良传统，借鉴其他企业的优良传统，并且在继承和借鉴的基础上加以发扬光大，常常是一种很不错的选择。例如，北京同仁堂的企业精神“同修仁德，济世养生”，即是对同仁堂百年优良传统的继承和发扬。

（4）国外的先进企业理念

无论在什么样的社会制度下，现代化大生产的许多基本规律都是带有共性的。一个国家一切先进的企业管理思想和管理经验，常常被其他国家的企业学习和借鉴，经过改造以后融入它们的企业文化，甚至直接成为它们的企业理念。

案例链接 9.2

青岛港的企业理念

青岛港作为一个特大型国有企业和中国企业 500 强，企业员工的共同目标是建设北方国际航运中心，营造平安和谐家园。

他们的 3 大使命是：“精忠报国、服务社会、造福职工”；他们的港口精神是：“一代人要有一代人的作为，一代人要有一代人的贡献，一代人要有一代人的牺牲”；

他们的核心价值观是：“信念、感情、珍惜、奉献”；他们的经营理念是：“合作为仁、实现共赢”和“质量兴港、科技兴港、实干兴港”；他们的创新理念是：“人人创新，事事创新，天天创新”。他们的人才理念是“德为重、信得过、靠得住、能干事”和“谁能干谁干，人人都可以成才”。

这些先进的企业理念为实现企业员工的共同目标奠定了坚实的基础。

（资料来源：http://www. qdport. com）

2. 确立具有特性的经营理念

经营理念是企业价值观强化为一种信念的结果，它是企业精神的集中体现，是企业形象的指南。企业价值观就是企业员工普遍认可的、从企业文化中衍生出来的信仰和理想，它决定着企业全体员工共同的行为取向，是一种永久性的信念和追求，不会随外界环境的变化而改变，它赋予员工行为的责任感和使命感，鼓舞他们为了崇高的信念而奋斗。

公关视角 9.2

TCL 的经营理念

TCL 的经营理念主要包括以下几个方面的内容。

（1）企业目标：创全球名牌，建国际企业。

（2）企业使命：创新科技，共享生活。

（3）企业宗旨：为顾客创造价值，为员工创造机会，为社会创造效益。

（4）企业精神：敬业，诚信，团队，创新。

（5）竞争策略：研制最好产品，提供最好服务，创建最好品牌。

（6）企业作风：全力以赴不一定能成功，不全力以赴一定不能成功。

（7）管理理念：变革创新，知行合一。

（8）学习理念：勤于思，敏于行，成于变。

3. 设计具有感召力的形象口号

设计具有感召力的形象口号是指将企业精神、服务特色、企业的价值取向等用最精练的语言表达或者描述出来。如海尔集团的“真诚到永远”；澳柯玛集团的“没有最好，只有更好”；广州白云山制药厂的“白云山，爱心满人间”等。

形象口号是企业精神的外在反映，一方面能约束、规范企业的经营，并转化为全体员工的精神动力；另一方面，独特的富有创意的企业形象口号，能有效地吸引公众对企业的关注，加深公众对企业的理解和认同，展示企业的风采，是宣传企业形象的有效手段。

9.2.3 行为识别系统的设计

行为识别是指将企业理念诉诸企业的管理运营、行为规范、公共关系、营销活动、公益事业等具体活动中。行为识别系统的设计和塑造主要有以下几种方法。

（1）实行科学的管理

科学管理的特征是通过将企业的各项工作标准化、专门化和简单化，达到生产效率最大化的目的。具体做法有：制定科学的管理目标系统，并将总目标层层分解为具体的细目标；按照目标的要求，设计精简的、职责权限相对应的、适合企业特点的高效的组织机构；确定各机构中的具体工作岗位和职责，规定每个工作岗位的工作原则、任务标准、工作程序和绩效考核标准；将员工的职务提升、收入和奖励与其工作绩效挂钩；将程序化的控制与员工的自我管理相结合，充分发挥员工的工作主动性和积极性。

（2）制定严格的行为规范并付诸实施

企业的行为规范，是全体员工必须遵守的行为准则，体现为生产操作规程和各种规章制度。

案例链接 9.3

青岛港的员工行为规范

青岛港的员工行为规范主要包括以下几个方面的内容。

（1）企业明确规定员工应遵守公民基本道德规范。

（2）企业领导干部应具备“5 种境界”：一心为民的志向、一身正气的胸怀、无私无畏的胆略、无怨无悔的心态和真抓实干的精神。企业领导干部还应有“6 种风气”：坚定信念，敢讲真话；一心为民，造福职工；真抓实干，艰苦奋斗；说到做到；廉洁勤政，谦虚谨慎；勤奋学习，锐意进取。

（3）企业对员工的职业行为提出“5 条标准”：纪律严明，作风过硬；岗位奉献，建功立业；文明工作，礼貌待人；敢打硬仗，善打胜仗；善于学习，提高本领。

（4）企业还规定了员工的社会行为规范：文明礼貌，助人为乐；讲究科学，破除迷信；崇尚和谐，保护环境；遵纪守法，热心公益。员工家庭行为规范：夫妻互敬，邻里和睦；尊老爱幼，亲朋友爱；讲究文明，移风易俗；勤俭持家，弘扬美德。

（资料来源：http://www. qdport. com）

（3）加强对员工的教育和培训

对员工的教育和培训，是企业培育人才、选拔人才、统一思想、加强管理和形成强有力的企业凝聚力的重要手段。通过对员工的教育和培训，使员工具有：忠诚于企业的思想和科学的世界观；良好的职业道德和工作责任心；适应企业新的经营理念、工作目标和方针的能力；适应企业新的政策和战略的能力。企业通过对员工的教育和培训，还应使员工掌握对外交往、优质服务的技巧，懂得礼貌礼节；具备过硬的工作作风、技术水平和管理能力。

（4）注重对外行为的整体优化

对外行为的整体优化，包括企业各个方面工作的优化，例如，产品质量、工作态度、服务水平、关心社会发展、与公众的情感沟通、良好的协作关系等方面。对外行为的整体优化要注重高质量、高效益，并通过有效的传播，将上述信息展示给社会公众，让公众了解企业的行为特征，进而对企业及企业形象形成正确的评价。

案例链接 9.4

麦当劳注重对外行为的优化

麦当劳公司为了在中国公众中塑造良好的企业形象，注重对外行为的整体优化，开展了一系列的公益活动。在北京麦当劳公司王府井餐厅开业之际，他们向北京儿童福利院捐款 1 万美元；在北京儿童医院举行白血病儿童康复庆祝会时，麦当劳又及时拿出产品赞助；在 1992 年 10 月份宣武区举办的全区中小学运动会上，麦当劳又及时提供赞助；1992 年 12 月份圣诞节前夕，麦当劳又将 3 000 份麦当劳精美台历及 3 000 套麦当劳圣诞卡卖出的收入全部捐给了北京儿童福利院；麦当劳长安餐厅一开业就设立了麦当劳奖学金，赞助白云路小学的学生。麦当劳公司的这些公益活动不仅受到市民的赞赏，同时增强了员工的社会责任感及参与意识。

（资料来源：http://www. easydone. corn. cn/002/200605182251048117. htm）

（5）搞好企业行为的对外传播策划，塑造良好的形象

企业行为的对外传播途径主要有市场营销传播活动（包括市场调查、广告宣传、销售促进、协调中间商关系，以及回馈社会的公益活动等）和公共关系活动。

9.2.4 视觉识别系统的设计

视觉识别是将企业理念与价值观念通过静态的、具体化的视觉传播形式，有组织、有计划地传达给社会，树立企业统一性的识别形象。视觉识别系统由基本要素和应用要素两部分构成，是企业形象最直观的表现。

1. 视觉识别系统基本要素的设计

（1）名称设计

企业名称应是表达企业特征的语言文字符号，好的企业名称吸引人，不好的企业名称会使人产生抵触情绪。

企业设计名称的原则一般有以下 3 个方面。

① 简洁响亮，好听易记。例如，日本索尼，SONY。

② 新颖性和独创性。一要别致，二要新鲜。例如，天津狗不理包子。

③ 寓意原则。企业的信念与愿望往往凝结在企业名称之中。例如，“娃哈哈”寓意着健康而茁壮的成长。

（2）标志设计

企业标志是企业或商品的文字名称、图案记号或两者相结合的一种设计，用以象征企业或商品的特性。

根据企业的不同性质和特色，设计企业标志时主要有以下 6 种思路。

① 以企业名称和品牌名称为题材。这是近年来国际上较为流行的做法，即所谓的字体标志。一般在企业名称的字体设计中，采用对比的手法，使其中某一字体具有独特的差异性，以增强标志图形的视觉冲击力，如图 9-4、图 9-5 所示。

图 9-4 海信的标志

图 9-5 可口可乐的标志

② 以企业名称和品牌名称的字首为题材。它是指以企业名称或品牌名称中的第一个字母作为造型设计的题材，如图 9-6、图 9-7 所示。

图 9-6 李宁服饰的标志

图 9-7 统一的标志

③ 以企业名称、品牌名称与其字首组合为题材。要求其字首形成强烈的视觉冲击力，与企业名称的说明性特点相结合，如图 9-8、图 9-9 所示。

图 9-8　国美电器的标志　　　图 9-9　瑞星杀毒软件的标志

④ 以企业名称、品牌名称或字首与图案组合为题材。这种设计形式是文字标志与图形标志综合的产物，兼顾文字说明与图案，如图 9-10、图 9-11 所示。

图 9-10　美的的标志　　　图 9-11　谭木匠的标志

⑤ 以企业名称、品牌名称的意义为题材。按照企业名称或企业商标名称的意义，将文字转化为具体化的图案，如图 9-12、图 9-13 所示。

图 9-12　蒙牛的标志　　　图 9-13　中国石油的标志

⑥ 以企业经营内容与产品外观造型为题材。通过写实的设计，表达企业的经营内容和产品造型，可以直接传达企业的行业特征、经营范围、服务性质和产品特色等信息，如图 9-14、图 9-15 所示。

图 9-14　中国国际航空公司标志　　　图 9-15　汇源集团的标志

（3）标准字体设计

标准字体设计，即将企业名、商标名、品牌名，通过创意设计，形成风格独特、个性突出的组合整体。视觉识别设计中对企业所用标准字的设计和认定，包括中文、英文或其他语种。文字可以直接说明企业及其产品的名称、内容等特征，与标志图形相互补充，有强大的形象感染力和诉求力。

（4）标准色设计

标准色是企业根据自身特点选择某一种色彩或某一组色彩，用来表示企业实体及其存在的意义。一些成功的标准色设计能将色彩和企业形象紧密相连，使消费者看到这些标准色就能联想到企业，例如，"柯达黄"、"富士绿"、"乐凯红"。色彩是视觉感知的基本因素，标准色设定的色彩种类不宜过多，一般限制在 3 种颜色以内。

① 红色。红色的感情效果富有刺激性，给人一种活泼、生动和不安的感觉。它饱含着一种力量、感情、方向感和冲动，许多企业都以红色为标准色，就是利用了红色给人视觉上造成的巨大冲击力，从而达到宣传组织形象的目的。

② 橙色。试验证明，橙色能使人血液循环加快；在橙色房间内工作的人比在蓝绿色房间工作的人对温度的感觉升高 2.8~3.9 摄氏度。橙色是活泼、最富有光辉的颜色。

③ 黄色。黄色是所有色彩中亮度最高的颜色。它给人以光明、辉煌、醒目、庄重、高贵、忠诚、勤快、纯洁和充满希望的印象。试验证明，黄色是使人愉快的颜色，它给人以幸福的感觉。黄色因为让人觉得年轻、活泼、充满阳光和活力，所以年轻人的用品使用鲜艳的黄色十分合适。

④ 绿色。绿色能使人稳定而平静，并有助于消除视觉的疲劳。绿色给人一种如同自然界那样的清新感，显示出一种青春的力量，具有旺盛的生命力，给人以活泼、充实、平静、希望和忠实的感觉。同时，它又象征着和平和安全。

⑤ 蓝色。蓝色属于冷色调，它具有消极性，是收缩的内在色彩，易使人想到蓝天、海洋、远山、严寒，使人具有崇高、深远、透明、沉静、凉爽的感觉。它象征着幸福、希望，也是现代科学的象征色彩，给人以力量和智慧，同时也给人以深奥莫测之感。

⑥ 紫色。紫色是色相中最暗的色彩，属于冷色调，因此，在视觉上知觉度很低。紫色是高贵、庄重的色彩，给人以神秘、高贵、奢华的感觉。

⑦ 黑色。黑色在视觉上是一种消极性色彩，它象征着悲哀、沉默、神秘、肃穆、绝望和死亡。另一方面，黑色又使人得到休息，具有稳定、深沉、庄重、严肃大方、坚毅等特点。

人们在理解某些商品时，往往会自然地联系某些颜色。通常不同的颜色与不同的行业具有一定的相关性（如表 9-1 所示）。如对食品，人们习惯于接受红色等暖色调；对化妆品，人们习惯于桃红、粉红等中性的素雅色调；对药品，人们习惯于中性偏冷色调，尤以蓝绿为多；对机电产品，人们习惯于黑色、深蓝色等稳重、沉稳的色调。

表 9-1　不同行业适用的标准色

色　彩	适合行业（企业形象或产品内容）
红色系	食品业　交通业　百货业　药品业
橙色系	食品业　建筑业　石化业　百货业
黄色系	电器业　化工业　建筑业　百货业
绿色系	金融业　农林业　建筑业　百货业
蓝色系	药品业　交通业　百货业　化工业
紫色系	化装业　服装业　出版业

2. 视觉识别系统应用要素的设计

视觉识别系统的应用要素就是基本要素的一系列应用规范和要求。应用要素的项目繁多，例如，办公用品、证件、账票、制服、指示符号、办公环境设计、交通工具、产品、广告、出版物、印刷品、网站等，应该根据企业的性质决定选择应用要素项目的范围大小。一般的要求是，应用要素的设计必须全面，又要根据不同企业的经营特征与信息传达的媒体特征来选择应用设计项目的侧重。

9.3　CIS 的导入

CIS 既然对企业的发展有着无可比拟的重要作用，它就不能只停留在企业决策层和公共关系人员的理念当中，而应体现在员工的实际行动以及组织方方面面的形象中，因此，CIS 的导入就进入到组织塑造形象的实施阶段。

9.3.1　导入时机

在导入 CIS 之前，首先必须把握导入的恰当时机，盲目上马，只会导致企业的人力、财力方面的损失而起不到任何的实际作用。企业导入 CIS 是一项复杂的系统工作，必须选择恰当的时机，以下是一些导入 CIS 的最佳时机。

（1）企业刚刚成立或与其他组织合并、更名时。

（2）企业创业周年纪念时。

（3）企业新产品上市、新技术、新工艺、新的管理模式导入时。

（4）企业涉足新的行业，转向多元化经营时。

（5）企业规模发生重大变化、人员数量有较大增加时。

（6）企业商标变动，重新打造统一品牌时。

（7）企业发生形象危机，需要重塑品牌时。

（8）企业进军海外市场，实行跨国经营时。

9.3.2 导入程序

CIS 的导入是一项系统性、高难度并且极其复杂的工作。它要求企业对导入的各个环节实施严密的管理。一般来说，组织推进 CIS 战略的工作包括以下 5 个步骤。

1. 准备阶段

这一阶段工作的主要内容有：CIS 导入动机的确认、CIS 导入领导机构的建立、CIS 导入日程的安排、CIS 导入预算的编制、编写提案报告书等。

2. 调查研究阶段

（1）企业内部经营环境调研

通过调研了解组织的历史与现状，了解组织的优势与劣势，更主要的是发现组织内部经营环境中存在的问题与不足。企业内部经营环境调查的内容主要包括：理念识别、组织经营战略、人事管理、行为规程、服务环节、市场营销、财务管理、识别标志等 8 个方面。

（2）企业外部经营环境调研

企业外部经营环境调研的目的，是为企业 CIS 策划中的组织形象定位或修正组织形象定位，提供科学的依据。组织外部经营环境调研主要包括：外部宏观环境、消费者、产品、竞争者、市场营销、外在形象现状等 6 个方面的内容。

3. 设计开发阶段

（1）确立企业形象定位

企业形象定位，是指根据市场竞争情况以及组织的优势条件，确定企业产品与服务在目标市场上的竞争地位。

（2）企业理念识别系统设计

企业理念识别系统设计是指当对组织内外经营环境的调研结束并取得全部有用的资料后，在企业形象定位准确的基础上，可以开始策划企业理念识别系统。

（3）企业行为识别系统设计

企业行为识别系统设计必须能充分反映组织的经营理念，并把经营理念具体化、可操作化。

（4）企业视觉识别系统设计

企业视觉识别系统的设计，必须以企业理念识别与行为识别为依据。可以说，视觉识别是这两者的静态外化。

（5）编制 CIS 手册

当企业 CIS 主体工程设计完成后，接下来就要把在前面各个阶段、各个程序上所设计的内容编纂成册，作为今后企业实施 CIS 的资料和依据。所以，CIS 手册就是一本完整、详细的 CIS 实施指南。

4. 实施管理阶段

企业 CIS 设计完成之后，CIS 的导入还远远没有结束，还有一个更为重要的推广、落实阶段。这一阶段的主要工作有以下几个方面内容。

（1）企业 CIS 发布

CIS 的对内发布是 CIS 导入成败的关键。企业可利用全体员工大会隆重推出 CIS，利用企业内部的一切宣传机构，如内部报刊、内部广播、闭路电视、海报、黑板报、标语口号等形式进行广泛宣传。同时，企业对于不同层次的员工可采取不同的宣传策略。

企业 CIS 的对外发布，则要广泛借助大众传播媒介，选择最佳的发布方案。企业可以通过新闻发布会、新闻公报、公共关系广告等形式，将企业理念的内容、CIS 新形象的特点和意义等传播出去，使社会公众广为知晓，也可以利用公共关系专题活动，以灵活多样的形式把企业的 CIS 广泛传播出去。

（2）开展 CIS 教育工作

CIS 的核心是理念，CIS 导入的过程就是全体员工对组织宗旨的学习、理解、认同的过程。只有使企业理念真正落实到了全体员工的意识深处，才能很好地发挥它的作用。

（3）行为识别的执行与拓展

组织企业的全体员工认真学习企业行为规范手册，这是落实企业理念的具体行动。只有全体员工将企业的价值观变成了自己的一言一行，企业才能以一种崭新的面貌出现在社会公众面前。

5. 评估阶段

企业导入、实施 CIS 后，为了了解其是否达到了预期目标，必须对企业 CIS 进行客观评估，CIS 对组织形象的塑造到底起了多大的作用，公众的识别认同率怎么样，如果作用较小或给公众的印象很模糊，应及时向 CIS 领导机构提出建议并做出一定的修改。

思考题

1. 企业如何实现知名度和美誉度的双赢？
2. 组织形象分析和组织形象设计之间的关系？
3. CIS 是否适合任何组织？

4. 企业花几十万元搞CIS是否值得？

案例分析

联想集团的CIS策略

从1985年推出第一块具有联想功能的汉卡时，“联想”就开始使用一个状似5寸软盘外方内圆的品牌标志图形（如图9-16所示）。1988年6月23日，香港联想开业，正式采用英文“Legend”作为公司的标志。1989年11月联想集团成立，开始在国内将“联想”作为企业和集团名称。

图9-16　联想集团的旧标志

图9-17　联想集团的新标志

联想的新标志“Lenovo”（如图9-17所示）的设计，采用了国际上一些大公司的传统做法，是一个再创造的过程。标志中的Le取自原有的“Legend”，继承了“传奇”之意，“Novo”则代表创新之意。联想集团为什么要更换标志？其目的就是适应国际化的需要。走国际化之路是产业全球化和联想自身发展的必然要求。国际化的必备条件是拥有一个可以在全球范围内畅通无阻、受人喜爱的英文品牌标志。但是面对世界上已经被注册的几十个“Legend”商标，联想实施购买显然是不现实的，因而其采用了更换标志的策略。作为企业CIS战略中的视觉识别系统的一部分，企业标志的更换也是提升企业形象的重要战略之一。

从另一方面来看，联想的视觉识别的标志是其理念识别系统（MIS）的高度形象化，更是其CIS系统的有机组成部分。

（资料来源：京华时报．2003-04-29.）

分析思考：

1. 结合实际分析联想集团更换企业标志的原因与目的。
2. 试评述联想集团视觉识别系统中企业标志与其理念识别系统的关系。

第 10 章　内部公共关系处理

学习目标

- 了解组织内部公共关系的对象构成。
- 熟悉组织内部公共关系的任务。
- 掌握处理员工关系的方法与技巧。
- 掌握处理股东关系的方法。

导入案例

微软公司的雷德蒙校园

1985 年初，比尔·盖茨和琼·休利决定将微软公司搬迁至华盛顿州的雷德蒙，以适应公司迅猛发展的需要。微软雷德蒙园区建设工程于 1985 年 4 月开始。1986 年 3 月，700 个雇员迁入新址工作。

在雷德蒙园区里，一片建筑组成 X 形，中间有巨大的空间，周围有池塘、喷泉，片片碧草如茵，条条曲径通幽，整个建筑群掩映在绿色的树丛之中。每人都有自己的办公室，办公室的窗户都面对树林，粗大高耸的松树林似乎将微软公司和外界的尘世隔开了。在公司的建筑物内，技术景观无处不在，公司的所有计算机都实行联网，可以进行内部电子通信。今天，如果有一位来访者在雷德蒙园区漫步，他一定会感到这像一所大学的校园，而不像一家公司的总部。在“盖茨湖”畔，两位程序编制人员在玩杂耍；不远处，一个亚洲妇女在用细棍灵巧地轻拨着乐器，一个胡子拉碴的吉他手为她伴奏；松鼠跳跑嬉戏，野鸭在阳光下的草地上蹒跚，偶尔经过的慢跑者和骑自行车的人也没有惊扰它们的闲适。

室外一片闲情逸致，室内却是紧张的工作和钻研。雇员们怀着对公司的高度奉献精神，正在孜孜以求地工作。盖茨自己也是一个程序编制人，他深知程序编制人员需要一个尽可能少一点限制和束缚的工作环境。

微软雷德蒙园区是令人激动的地方。在那里，员工们心情舒畅，能充分发挥自身的才能。

（资料来源：博弈．世纪联盟．北京：中央编译出版社，1998.）

组织内部公共关系状态如何，直接关系到组织的生存、组织目标的实现、组织形象的塑造。内部公共关系是组织公共关系的重要组成部分，是组织开展所有公共关系活动的基础。只有做到内求团结，才能外求发展。

10.1 组织内部公共关系的对象和任务

内部公共关系是指一个组织内部横向的公众关系和纵向的公众关系的总称。内部公共关系包括社会组织与内部员工和股东的关系，所以，组织内部的员工、股东通常被称为组织的内部公众。要塑造良好的组织形象，就必须做好组织内部公众公共关系的处理工作。

10.1.1 组织内部公共关系的对象

组织内部公众主要包括员工、股东及员工家属。相应的，组织内部公共关系主要由组织与员工的关系、组织与股东的关系及组织与员工家属的关系 3 部分构成。因为员工家属与员工的利益有着高度的一致性，所以，一般把组织与员工家属的关系并入组织与员工的关系中。

（1）组织与员工的关系

员工是组织的“细胞”，即组织的最基本构成单元，它具有普遍性和特殊性两个特征。员工的普遍性主要是指任何组织都是由员工构成的，没有员工，也就没有组织；员工的特殊性是指在组织内部，员工既可以以个体的形式存在，也可以组成各种正式的或非正式的团体，如部门、兴趣小组、联谊会等。

组织与员工的关系是指社会组织与其员工之间通过双向沟通方式，在互利互惠原则下寻求并达成和谐、一致、互动的一种内部管理职能，主要包括组织与员工、组织与团体、员工与员工、组织与员工家属等各种关系。组织与员工的关系是组织内部公共关系最基本的构成部分。

（2）组织与股东的关系

股东，是指出资经营公司并对公司债务负责的人，他们是公司股份的所有者或投资者。股东关系主要是指股份制企业与股份所有者之间的关系，它是企业内部公共关系活动的重要组成部分，对于公司的生存和发展具有重要的影响，有时甚至会起到决定性的作用。

股份有限公司是现代公司制企业的一种重要类型，它涉及的股东人数众多，如何协调股东关系是股份有限公司的一个重要课题，这里主要讲述如何协调股份有限公司的股东关系。

10.1.2 组织内部公共关系的任务

1. 树立共同的组织价值观

价值观是指一个人对周围的客观事物（包括人、事、物）的意义、重要性的总体评价和总体看法。这种对诸事物的看法和评价在心目中的主次、轻重的排列次序，就是价值观体系。价值观和价值观体系是决定人的行为的心理基础。树立共同的组织价值观，以及约束和引导内部公众的价值观同组织价值观协调一致是组织内部公共关系活动的重要任务。

树立积极的价值观念，就是要使员工的价值观念与组织的社会责任感统一起来，使组织追求的社会形象通过员工个体的崇高思想境界体现出来，使员工在积极观念指导下的活动成为组织社会责任感的具体表现，使员工的日常行为与追求个人价值的自我实现过程紧密结合起来，使明确统一的价值观念成为广大员工具体活动的共同指南。

案例链接 10.1

海尔的价值观

全球知名家电企业海尔的 CEO 张瑞敏说："海尔的价值观是什么？只有两个字，创新。创新就是要不断战胜自己，也就是确定目标，不断打破现有平衡，再建立一个新的不平衡；在新的不平衡的基础上，再建一个新的平衡。"

2. 建设富有特色的组织文化

组织文化，是指在一定的社会政治、经济、文化背景条件下，社会组织在生产与工作实践过程中所创造或逐步形成的价值观念、行为准则、作风和团体氛围的总和。组织文化主要是由以下 3 个层次构成的，如图 10-1 所示。

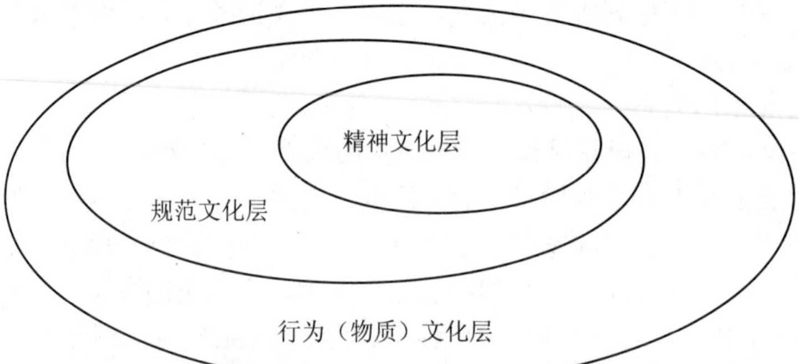

图 10-1 组织文化层次构成

（1）精神文化层。这是组织文化的核心层，主要由作为组织指导思想与灵魂的各种价值观与企业精神所组成。

（2）规范文化层。这属于组织文化的中间层，主要由各种组织规范、组织准则、组织制度所组成。

（3）行为（物质）文化层。这是组织文化的表层，主要由组织成员的行为和生产与工作的各种活动，以及这些行为与活动的各种物化形态所构成。

这 3 个层次的关系是：精神文化层决定规范文化层，规范文化层又决定行为（物质）文化层。

组织文化层具有导向功能、凝聚功能、激励功能、约束功能、辐射功能等功能，这些功能对组织内部公共关系目标的实现具有重要作用。因此，组织文化建设是内部公共关系的重要任务之一。

3. 增强内部公众对组织的认同感

组织的共同目标是维系社会组织生存发展的内在动力，而组织的共同信念则是全体员工日常行为的灵魂。组织内部公共关系的又一任务便是将组织所确立的共同目标、共同信念深入贯彻到组织的具体运行过程中，尤其是那些被全体内部公众所认同的信念，这会成为他们日常行为的指南和共同的灵魂，并产生实实在在的综合效益。

现代心理学认为，认同意识的形成一般要经历服从到认同再到同化的 3 个阶段。

（1）服从阶段

服从阶段，员工表面上接受、服从根据组织目标和信念制订的规则、要求，但内心并不明确组织的目标和信念的具体内涵。这种表面接受或服从仅仅是出于遵守组织纪律或避免被处罚而已。

（2）认同阶段

认同阶段，员工从承担组织成员的义务出发，有了遵守组织规则、要求的自觉性和主动性，从而实际上接受了由这些规则、要求所体现的组织目标和信念，但仍然没有真正理解其中的真实含义。这是员工开始认真思考、探讨组织目标和信念的重要过程。

（3）同化阶段

员工经过在认同阶段的思考、探讨，对组织目标和信念有了较为深刻的认识和理解。因此，到了同化阶段，员工已经从内心深处理解并坚信组织目标和信念，从而在遵从这些规则要求方面变得更加主动自觉和心甘情愿。

内部公共关系根据这一规律，充分利用各种媒介和途径向全体员工宣传组织的共同目标和信念，对他们进行深入细致的教育和疏导转化，使员工克服服从阶段的被动性，并借助认同阶段的良好契机，推动员工跟组织之间从思想意识上的统一到组织目标、信念上的统一，尽快实现由意识认同到行动同化的飞跃。

4. 培养同心协力的团队合作精神

团队精神就是组织上下精诚团结、目标一致、协同共进。团队精神的核心是协同合作，在企业里每个人的工作都不是绝对独立的。分工是相对的，协作是绝对的，分工离不开协作，协作是为了更好的工作。一个成功的组织，只要具备了这种精神，就能在激烈的竞争中长盛不衰。团队精神包括以下 3 个层面的内容。

（1）团队凝聚力

团队凝聚力是针对团队和成员之间的关系而言的。团队凝聚力表现为团队强烈的归属感和一体性，每个团队成员都能强烈感受到自己是团队的一分子，把个人工作和团队目标联系在一起，对团队表现出一种忠诚，对团队的业绩表现出一种荣誉感，对团队的成功表现出一种骄傲，对团队的困境表现出一种忧虑。当个人目标和团队目标一致的时候，凝聚力才能更深刻地体现出来。

（2）团队合作意识

团队合作意识指的是团队和团队成员之间表现出的协作和共为一体的特点。团队成员间相互依存、同舟共济，互敬互重、礼貌谦逊；他们彼此宽容、尊重个性的差异；彼此间是一种信任的关系、待人真诚、遵守承诺；相互帮助、互相关怀，共同提高；利益和成就共享、责任共担。良好的合作氛围是高绩效团队的基础，没有合作就没有好的业绩。

（3）团队士气高昂

团队士气高昂是从团队成员对团队事务的态度体现出来，表现为团队成员对团队事务的尽心尽力及全方位的投入。

10.2 组织与员工关系的处理

10.2.1 组织与员工关系的处理方法

组织与员工关系的处理既需要科学的管理方法，又需要精湛的管理艺术，组织与员工关系的处理方法主要有如下几种。

1. 尊重员工的合理需求

美国著名心理学家和行为学家亚伯拉罕·马斯洛提出了需要层次理论。把人类的需要归为 5 大类。这些需要之间相互紧密联系，按照其重要性及先后顺序可以排列成人的需要层次图，如图 10-2 所示。

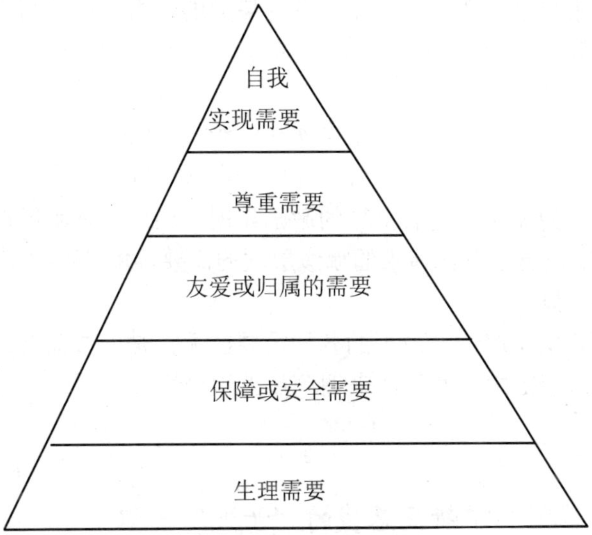

图 10-2 需要层次理论

在图 10-2 中，第一层次的需要是生理需要，这是维持人类自身生命的基本需要，如食物、水、衣着、住所和睡眠。在这些需要还没有达到足以维持生命之前，其他的需要都不能起到激励人的作用。

第二层次的需要是安全的需要。这是有关人类避免危险的需要，如生活得到基本保障，避免人身伤害，不会失业，生病和年老时有所依靠等。

第三层次的需要是友爱和归属的需要。当生理及安全需要得到相当的满足后，友爱和归属方面的需要便占据主要地位。因为人是感情动物，愿意与别人交往，希望与同事保持良好的关系，希望得到别人的友爱，以使自己在感情上有所寄托和归属。总之，人们希望归属于一个团体以得到关心、爱护、支持、友谊和忠诚，并为达到这个目的而积极努力。虽然友爱和归属的需要比前两种需要更难满足，但对大多数人来说，这确是一种更为强烈的需要。

第四层次的需要是尊重的需要。人们一旦满足了归属的需要，就会产生尊重的需要，即自尊和受到别人的尊重。自尊意味着“在现实环境中希望有实力、有成就、能胜任和有信心，以及要求独立和自由”；受人尊重是指“要求有名誉或威望，并把它看成别人对自己的尊重、赏识、关心、重视或高度评价”。自尊需要的满足使人产生一种自信的感情，觉得自己在这个世界上有价值、有实力、有能力、有用处，而这些需要一旦受挫，就会使人产生自卑感、软弱感、无能感。

第五层次的需要是自我实现的需要。在需要层次理论中，这是最高层次的需要。它具体是指一个人需要从事自己最适宜的工作，发挥最大的潜力，成就自己所希望实现的目标等。如科学家、艺术家等往往把自己的工作当做是一种创造性的劳动，竭尽全力去做好它，并使自己从中得到满足。

马斯洛认为，一般的人都是按照这个层次从低级到高级，一层一层地去追求并使自己的需要得到满足的。不同层次的需要不可能在同一层次内同时发挥激励作用，在某一特定时期内，总有某一层次的需要在起着主导的激励作用。如果管理者能根据需要层次理论，善于抓住有利时机，知道员工正在追求的哪级层次的需要，并用这种需要来激励他们的话，将会取得极好的激励效果。

根据马斯洛的需要层次理论，员工的各种需要，无论是低级需要还是高级需要，都是公共关系应关注并尽力解决的，并以此来调动员工积极性。

案例链接 10.2

丁新民总裁的“亲民”意识

东方路桥集团是一家位居全国民营企业 500 强前列的综合性集团化企业，它能在短短的 3 年里取得这样的成绩，总裁丁新民的“亲民”意识功不可没。每年元旦、春节施工休整期间，他都分期分批地安排员工到国内外参观学习和考察，学习公路建设等方面的先进经验，激发员工热爱公司. 积极为公司发展献计献策和贡献力量的热情。丁新民总裁还始终把改善员工生活条件放在心上，他要求每个成员企业都要建立自助食堂，保证员工每日三餐花样翻新，但只收取员工一半的成本费用，使每位员工每月的伙食费开支还不足百元，深受员工欢迎。为了解决员工上下班交通困难的问题，企业专门配备了通勤面包车，按时接送员工上下班。员工的工资每年以 10%～20%的速度递增。2000 年，他还投资建起了每户建筑面积为 108 平方米的住宅楼，62 名员工住进了新楼房。随后他还准备推出轿车入户计划，分期分批地帮助员工实现拥有私人轿车的梦想。

（资料来源：中国工商时报. 2002-11-01.）

2. 建立和完善内部沟通交流网络

由于组织的内外环境处于千变万化之中，这必然会对组织内部员工的思想、情绪、心理产生影响，并使组织所面临的问题更加复杂化。同时组织为了适应这些变化，也必须把有关的信息、要求等传播给员工。因此，建立正常、有效的沟通交流网络是必要的。常见的内部沟通交流方式有：员工会议、公告牌、员工意见箱、各种员工活动、电子渠道、内部刊物、员工手册、报告会等。

3. 提供员工全面发展的平台

员工的全面发展就是提倡员工在组织环境中自然素质、业务素质和心理素质的全面发展，是一种综合的个性的发展。根据马斯洛的需要层次理论，员工的最高需要是自我价值实现的需要，同时每个员工都有自己的期待、渴望、疾苦、困难和问题，这些都需要组织给予关心、帮助和解决。当员工的期待、渴望和困难都得到关心和解决时，员工才能全身心地投入到组织的工作中去，才能施展才华，实现其价值。

内部公共关系既是管理活动，也是服务活动。组织内部公共关系活动要通过服务为员工的全面发展提供平台和环境，即帮助员工解决发展中的困难和问题，通过提供培训、交流等活动为发展提供机遇和保障。

4. 处理好与员工家属的关系

中国自古以来就是一个家庭观念极强的国度。成功的组织内部公共关系必然重视处理与员工家属的关系。员工家属的态度在很大程度上直接影响了员工的态度。内部公共关系主要借助以下几种方法来处理好与员工家属的关系，从而进一步调动员工的积极性。

（1）帮助解决员工家属的困难

员工家属的困难会直接影响员工的态度与行为。组织内部公共关系活动重视通过帮助解决员工家属的困难来化解员工的后顾之忧。这就要求公共关系部门和公共关系人员要经常深入员工家庭，嘘寒问暖，关心员工家属，关心员工的家庭生活。例如，经常深入到生活比较困难的员工家庭，送米送面，送救济款，帮助解决家属就业问题。这些事情虽小，但都体现了组织关心员工及员工家属的真情。

（2）建立与员工家属进行情感交流的机制

中国自古以来就是礼仪之邦，所以，在处理问题时，中国人提倡“以情感人，以情动人，以情慰人”，情感交流始终是处理公共关系的灵丹妙药。成功的公共关系人员十分重视情感交流。建立与员工家属进行情感交流的机制是内部公共关系常用的手段。例如，定期深入员工家庭进行拜访慰问，邀请员工家属参加组织的重大活动，或者定期为员工家属送上一封慰问信、感谢信等。

5. 加强组织内部公共关系的沟通

沟通是指主体将某一信息(或观念)传递给客体或对象，以使客体做出所期望反应的过程。组织内部公共关系的沟通主要从如下几个方面进行。

（1）传递组织信息，增进员工对组织的了解

通过沟通，使员工随时了解组织的新政策、新变化，了解发生在组织中的、与他们切身利益有关的部门大事、小事，维护他们的知情权，是公共关系部门必须要做好的工作。

（2）减少摩擦，化解冲突

员工和组织、员工和管理层之间经常会发生这样或那样的摩擦和冲突。组织的公共关系部门必须充分运用公共关系的艺术性和技巧性，努力协调好各种摩擦和冲突，以形成和谐的人际关系和良好的组织氛围。加强沟通、增进联络、促进理解、相互配合，是解决组织内部关系中摩擦和冲突的有效办法之一。

（3）培育员工的价值观

在组织内部开展公共关系活动时，首要任务是造就和培养一个共同的员工价值观念，以达到团结广大内部员工、使内部公众协调一致的目的。

总之，公共关系人员要认真分析内部公共关系沟通的主要障碍因素，采取合理的有针对性的措施消除这些障碍因素，加强和增进组织内部的沟通，进而促进内部公共关系的和谐与协调。

10.2.2 组织与员工关系的处理技巧

组织在处理员工关系时，要遵循“恩威并施，以情动人”的原则。具体来讲，处理员工关系的技巧主要包括以下几个方面的内容。

1. 满足员工的物质利益需求

人的第一需求是物质需求，这是因为人的任何活动都是建立在物质基础上的。在付出劳动之后，能否拿到合理的收入，享受到应有的福利待遇，是绝大多数员工首先关心的问题，也是能否维持员工劳动热情的基本保证。

（1）营造勤劳致富、公平获益的氛围

帮助组织建立效率优先、兼顾公平的分配机制，并努力营造勤劳致富、公平获益的氛围。借助物质利益来调动员工的劳动积极性，关键在于使员工看到通过勤奋工作、尤其是良好的业绩能获得实实在在的收入、待遇和种种利益；同时也要注意员工对公正、合理分配的要求，否则会挫伤他们的积极性。

（2）引导员工正确处理个人利益与整体利益的关系

在同一组织内，个人利益与整体利益总是存在两面性，一方面两者具有一致性，属于一种休戚相关、水涨船高的关系，应教育员工只有加快组织的整体发展，提高组织整体效益，个人利益才会增长；另一方面两者又具有矛盾性，存在着相互制约、此消彼长的特点，要引导员工克服“竭泽而渔”的心理，降低过高的期望值，以保证组织可持续发展，从而获得自己的长期利益和根本利益。

（3）切实解决员工在物质生活方面存在的实际困难

由于种种原因，员工在物质生活上难免会存在一些个人无法克服的实际困难。内部公共关系通过一切可能的方式、途径提供帮助，解决他们的后顾之忧，能很好地培养员工对组织的情感依赖和归属感，这也是公共关系的本质要求。

案例链接 10.3

“我要为春兰奋斗一生!”

在春兰集团，一位踏进厂门不久、实习期尚未满的大学毕业生，不幸患上肝坏死，生命垂危，公司总经理陶建幸没有犹豫，立即派专车把他送到条件较好的南京军区总医院抢救。有人提出疑问，病人对春兰没做什么贡献，又没有多大希望了，公司掏一大笔钱，是否值得？陶总说：“只要有1%的希望，就是尽100%的努力。春兰公司要给春兰人以家庭般的温暖。”经全力抢救，病人终于脱险。病愈后他在科技工作中积极发挥作用，并担任了车间技术组组长。事后，这位青年大学生深有感触地说：“是春兰救了我，给了我新生。我要为春兰奋斗一生!”通过这次事件，全体员工都深受感动，纷纷表示要为企业努力工作，员工的凝聚力、向心力和归属感由此大大增强。

（4）不断改善内部劳动条件、劳动环境和劳动保护措施

不断改善劳动条件、劳动环境，认真做好劳动保护和安全工作，是组织应尽的义务，也是员工应享受到的合法权益，而且对提高劳动生产率、调动工作积极性、协调企业与员工的关系也具有十分重要的意义。

案例链接 10.4

裕隆集团对员工的关怀

台湾裕隆集团是一家知名企业，其成功是与董事长吴舜文以及她所领导的公司正确处理好企业内部的员工关系分不开的。该公司不仅从工薪方面激发员工的积极性，而且还从居住条件与工作环境方面来改善员工的条件。企业的厂房里有空调，女工宿舍也装有空调；员工们上下班有专车接送，有全日供应餐点的福利社；有供阅览进修的图书馆；还有电影院、篮球场、美容室及医疗所等文化和服务设施。此外，已婚员工购房可享受无息贷款或免息分期付款，员工有公费旅行、休假及退休制度等。这些深得人心的措施，很好地协调了企业内部的员工关系。

2. 注意员工的精神鼓励

精神需要既包括人们自由地发挥自己的创造性的需要，又包括人们对各种精神产品的需要。不同的员工因其文化素养、工作性质、个人经历和志趣爱好的不同，其精神需要也

存在明显的差异。员工所关注的精神需要主要集中在：尊重员工的主人翁地位，提高员工的责任感；合理地开发和利用人才，增强员工的自信心；提高组织的向心力，培植员工的自豪感；引导员工在日常工作中寻求生活的乐趣和意义，通过培养员工对本岗位、本企业的责任心、自信心和自豪感，使每位员工获得心理上的平衡与精神上的满足。

案例链接 10.5

沃尔玛重视对员工的精神鼓励

沃尔玛公司重视对员工的精神鼓励。总部和各个商店的橱窗中，都悬挂着先进员工的照片，各个商店都安排一些退休的老员工，身穿沃尔玛工作服，佩戴沃尔玛标志，站在店门口迎接顾客，不时有好奇的顾客同其合影留念。这不但起到了保安员的作用，而且也是对老员工的一种精神慰藉。公司还对特别优秀的管理人员，授予“萨姆·沃尔顿企业家”的称号。公司以沃尔玛的每个字母打头，编了一套口号，内容是鼓励员工时刻争取第一。公司每次召开股东大会、区域经理会议和其他重要会议时，每个商店每天开门营业前，都要全体高呼这些口号，并配有动作，以振奋精神，鼓舞士气。

组织内部公共关系应全力创造有助于员工实现精神需要的环境和条件。

（1）营造和谐、宽松的人事环境

一个组织的人事环境是否和谐、宽松，主要看绝大多数员工是否能形成和获得信任感、温暖感和舒适感。信任感体现了员工之间、员工与组织之间相互信任的程度，温暖感反映了员工之间、组织上下的融洽关系，舒适感则表明了员工对所处环境和条件的体验。有了这样的环境和氛围，员工的积极性、创造性便能很好地焕发出来。

（2）鼓励员工参与组织的管理

积极鼓励员工就改进、改善本职工作提出建议；引导员工为组织的整体发展献计献策，以便使他们的注意力从一岗一事的局部提升到对整个社会组织的生存、发展的思考和关注上。这样做的意义不仅能满足员工的自我实现需要，也使社会组织获得了宝贵的决策参考资料，大大提高组织决策的科学化、民主化水平。

案例链接 10.6

把玻璃擦干净

九十多年前，著名的发明家、闻名全球的柯达公司的创始人乔治·伊士曼，收到一份普通工人写的建议书，其内容之简单令人吃惊。原来，这位工人在信中呼吁生产部门“将玻璃窗擦干净”。虽然是区区小事，伊士曼却认为，这是员工积极性的表现，立即公开表彰，发奖金鼓励，而且从此建立一个“柯达建议制度”。这项由“玻璃窗”引起的制度，一直坚持到现在，是全美持续最久的制度之一。九十多年来，这个公司员工提出的建议总数已近200万项，其中被采纳的已超过60万项。在公司的走廊里，每个员工随手就能取到建议表，丢入任何一个信箱，都能送到专职的“建议秘书”手中，建议者此后还可以随时打电话询问建议的下落；专职秘书则负责及时将建议送到有关部门审议，做出评价和鉴定；公司还设有专门的委员会，负责审核、批准、发奖。柯达公司之所以能取得巨大的成就，跟其良好的内部公共关系是分不开的。

（3）提高员工的综合素质

通过教育、培训，不断提高员工科学文化、技术和管理素质，这不仅有利于增强员工对新的生产方式、新的社会要求的适应能力，更会不断增强社会组织的生存力和竞争力。同时还应看到，随着员工综合素质的提高，他们的自我调节能力、解决困难的能力也相应增强，一些问题、矛盾的化解也变得较为容易。因此，不断提高员工的综合素质也是改善社会组织与员工之间关系的一种重要途径。

（4）开展丰富多彩的文体娱乐活动

组织在力所能及的条件下，应将员工组织起来，参加体育竞赛、文艺演出、交游联谊以及读书看报、交际舞会等有益身心的活动，既可以使员工获得精神满足，亦可以拉近彼此的距离，增进感情，从广义上则丰富了社会组织文化的内容。公共关系人员通过有目的、有计划的组织、引导，直接改善了组织与员工的关系。

3. 提供员工晋升机遇

不想当将军的士兵不是好士兵。职位晋升是员工的较高级需要，每一位员工都渴望能够得到职位晋升。由于职位晋升要求员工必须具有较高的职位技能，要求员工表现优秀并具有较好的适应性和潜力，职位晋升被视作是对员工能力的认可和尊重，所以社会组织为优秀员工提供职位晋升机遇也是一种良好的员工关系处理技巧。

案例链接 10.7

沃尔玛对员工能力的认可和尊重

沃尔玛给每一位应聘人员提供相等的就业机会，并为每位员工提供良好的工作环境、完善的薪酬福利计划和广阔的人生发展空间。在一般零售企业，没有数年以上工作经验的人很难提升为经理。而在沃尔玛，哪怕是新人经过6个月的训练后，如果表现良好，具有管理好员工和商品销售的潜力，公司就会给予员工一试身手的机会，如做经理助理，或去协助开设新店等，如果员工干得不错，就会有机会单独管理一家分店。事实上，沃尔玛的经理人员大都产生于公司的管理培训计划，是通过公司内部提拔起来的。

4. 设置员工退出成本

员工退出成本是指在员工跳槽或从本组织辞职时，要付出或承担的代价，它既可以是经济利益方面的，也可以是社会利益方面的。

社会组织应该从公共关系和管理制度两方面设置员工的退出成本。从公共关系角度来看，组织内部公共关系应该从增强员工对组织的认同感、转变员工对组织的态度及引导员工的行为等几个方面入手，减少导致员工退出的因素，使员工能安心在本组织工作。从管理制度上讲，应该制定出详细的可操作的制度和措施，防止核心员工的跳槽和辞职，并使跳槽或辞职的核心员工承担相应的退出成本。如掌握组织核心技术的技术人员要离开组织，那么组织应该与其签订竞业禁止协议，禁止该技术人员到竞争对手那里或者独自开办企业从事相关领域的工作，以避免本组织核心技术的泄露。

10.3 组织与股东关系的处理

组织与股东关系是20世纪60年代以来公共关系领域里出现的一个不断发展的新的方面。组织与股东关系是组织与投资者之间种种关系的总和，又称为投资者关系。组织与股东关系既是制约组织经营活动的重要因素，也是实施内部公共关系工作的重要对象，因而受到越来越广泛的重视。

10.3.1 股东公众的构成

股东公众有广义和狭义之分。狭义的股东公众仅仅指组织股票的持有者。而广义的股东公众则是指个体投资者、机构投资者以及投资服务机构这3类公众群体。

1. 个体投资者

个体投资者主要是指以自然人身份进行投资的投资者。它主要包括股票持有者和股票交易者。

（1）股票持有者

股票持有者是指持有组织股票而不卖出自己股票的公众，他们是组织真正的股东。在这类公众中，有的是外部加入者，有的是组织员工，其利益与组织利益密切相关。

按照现代股份制度的要求，一个持有组织股票的投资者实际上就是组织的所有者。也只有他们才真正关心组织的发展与资产的增值。其权利主要体现为表决权、选举权和被选举权、红利分配权、剩余财产分配权、转让出资权、知情权等几个方面。

（2）股票交易者

股票交易者是指买入或卖出股票的人。这类公众多数是股票交易市场中的散户，人数众多，他们是以股票买卖价格差作为赢利的主要来源的。广泛地吸引这些个体投资者，有利于避免股票高度集中于少数外部机构。

股票交易者更多的是关注股票价格的涨跌，很少关注组织的实际发展及资产的增值问题，他们更看中股息收益权和组织相关信息的知情权等权利。

2. 机构投资者

机构投资者从广义上讲是指用自有资金或者从分散的公众手中筹集的资金专门进行有价证券投资活动的法人机构。在西方国家，机构投资者主要是指以有价证券投资收益为其重要收入来源的证券公司、投资公司、保险公司、各种福利基金、养老基金及金融财团等。在中国，机构投资者目前主要是具有证券自营业务资格的证券经营机构，符合国家有关政策法规的投资管理基金等。

3. 投资服务机构

投资服务机构是指为投资者的投资活动提供咨询、评论、信息调查、信息分析等服务的机构组织，它主要包括投资咨询公司、股评人员、股票经纪人等，投资服务机构在很大程度上能够影响甚至左右广大投资者的态度。严格来讲，投资服务机构属于组织外部公众群体，但因考虑到其对投资者的作用及影响，把其划入股东关系范畴。

10.3.2 组织与股东关系的处理方法

组织与股东关系的内容包括：稳定老股东，使其保持或增持组织的股份；发展新股东，开辟新财源。为此，组织要处理好与股东之间的关系，就要加强与股东之间的交流和沟通。要处理好组织与股东之间的关系就要做好以下几个方面的工作。

1. 了解股东需求，维护股东正当权益

广大股东投资于组织的最直接的目的是获得相应的收益，因而他们自然对组织能给他们带来多大的经济利益十分关心。组织处理股东关系最好的办法就是尊重并保障股东权益。尊重股东权益就是要尊重股东作为组织所有者的资产受益权、重大决策权和选择管理者权等权利。要尊重和保证股东的权益，需要与股东保持全方位的信息畅通。

（1）及时向股东通报企业运行发展的情况

组织应及时或定时将组织运行发展的宏观状况和有关的具体情况向股东通报。作为一个投资者，股东最关心的问题就是收益的最大化和风险的最小化，也即其资产的保值增值。为保证股东权益，国家在股份有限公司的信息披露方面制定了很多详细的规定和制度。组织应该在严格遵守这些规定和制度的基础上，加大对主要股东的信息通报次数和通报的信息量，争取股东对组织经营的积极建议和意见。

（2）做好与股东的信息交流

组织应经常收集股东对组织提供信息的反馈意见，并把处理情况及时再反馈给股东。向股东通报相关信息不是最终目的，要及时收集股东对组织提供信息的反馈，并认真研究和处理这些反馈信息，并进一步把处理结果和意见再反馈给股东，以求形成问题和意见的实质性解决，并形成固定的信息交流机制和渠道。

（3）认真对待股东获悉企业经营状况的愿望和要求

组织应定期或不定期地询问股东的意见、建议，邀请股东对企业的实地考察、出席股东大会、阅读组织相关文件，并请他们收集有关外部公众、社会各界对组织的意见、建议。可采用的途径有信函、电话、问卷、访问、座谈等。

2. 开展多种多样的公共关系活动

（1）一般的社交活动

一般的社交活动是指组织运用人际关系处理的技巧直接与具体的股东打交道。例如，美国电话电报公司拥有 300 万股东，每年公司都向他们邮寄一份年度报告，使每个股东都感受到自己是公司的一员。美国通用汽车公司拥有 100 多万股东，每一位新股东都会收到由公司董事长亲笔签名的欢迎信。在圣诞节，每一个股东都会收到公司赠送的罐头食品，使股东倍感亲切。

（2）股东联谊活动

股东联谊活动是指开展组织与股东之间、股东与股东之间的联谊活动。例如，舞会、郊游、游览、免费试用公司新产品等活动。通过这些形式的活动不仅能增加股东与组织之间的情感联系，也可以增进股东之间的情感，促使他们成为关系和睦、感情深厚的组织大家庭的共同成员。

（3）利用股票发行的时机开展宣传活动

由于在我国发行的股票一般是在银行和证券机构的参与下、由有关金融机构代理发行的。而金融机构是否愿意代理发行，取决于它对该组织信誉、创业历史、管理机构、实力大小、经营效果的认识。因此，要使股票能顺利发行与上市流通，组织首先要对代理发行机构展开宣传活动，主动请对方上门指导，使双方彼此了解和相互信任。

（4）利用组织庆典或者组织重大活动的机会，邀请机构投资者的代表参加组织的成就展或座谈等活动

机构投资者的代表参加组织的重大活动一方面有利于机构投资者认识和了解组织情况，加深双方的感情和信任，另一方面，还可以请机构投资者为组织的发展和目标提供帮

助和支持。机构投资者十分重视对有发展潜力组织的投资活动，乐于加深对组织的了解和认识。对机构投资者开展专题公共关系活动带来的是利益双赢结果。

思考题

1. 在有些公司的办公室，已开始安装闭路电视监控系统，你认为这种做法可能给办公室员工带来什么影响？

2. 现代社会越来越多地强调团队精神，人们应如何在保持个性与团队精神之间找到平衡呢？

3. 很多组织有报喜不报忧的传统，员工们似乎也适应了这一做法，但是，这对员工是不公平的，他们有权知道真相。为了改变这种局面而又不引起员工恐慌，组织应该怎么做呢？

4. 如何理解员工物质需求与精神需求之间的关系？

案例分析

员工关系，伙伴同事

沃尔玛取得成功的关键在于人性化管理。即让管理者与员工融为一体，共同为公司发展竭尽全力，在企业内部形成强大的凝聚力，使员工充分发挥其积极性和创造力。沃尔玛是如何让员工卖力工作的呢？

（1）称下属为“同事”

沃尔玛的企业文化崇尚“尊重个人”，不只强调尊重顾客，为顾客提供一流的服务，而且还强调尊重公司的每一个人。沃尔玛是全球最大的私人雇主，但公司不把员工当做“雇员”来看待，而是视为“合伙人”和“同事”。在沃尔玛，所有员工包括总裁佩带的工牌都注明“我们的同事创造非凡”，除了名字外，没有任何职务标注。公司内部没有上下级之分，下属对上司也直呼其名，营造了一种上下平等、随意亲切的气氛。

（2）门户开放政策使员工可参与管理

门户开放是指在任何时间、地点，任何员工都可以口头或书面形式与管理人员乃至总裁进行沟通，提出自己的建议和关心的事情，包括投诉受到不公平的待遇，而不必担心受到报复。沃尔玛与员工之间的沟通方式不拘一格，从一般面谈到公司股东会议乃至卫星系统都有。沃尔玛非常愿意让所有员工共同掌握公司的业务指标，每一件有关公司的事都可以公开。

（3）重视员工离职

沃尔玛给每一位应聘人员提供相等的就业机会，并为每位员工提供良好的工作环境、完善的薪酬福利计划和广阔的人生发展空间。沃尔玛设立有离职面谈制度，通过该制度公司能够了解到每一位同事离职的真实原因，有利于公司制订相应的人力资源挽留政策，一方面可以将员工流失率降低到最低程度，另一方面，也可让离职同事成为公司的一名顾客。

（资料来源：http://www. i18. cn）

分析思考：

1. 沃尔玛公司称下属为“同事”的规定，体现了该公司什么样的员工关系处理技巧？
2. 通过沃尔玛公司的案例分析，谈谈你对员工关系的认识。

第 11 章　外部公共关系处理

学习目标

- 了解组织外部公共关系的特征。
- 熟悉组织外部公共关系的处理原则。
- 掌握组织外部公共关系的处理方法。
- 掌握组织外部公众异议的处理技巧。

导入案例

群鸽来访

美国联合碳化钙公司一幢 52 层的新总部大楼竣工了。一天，有一大群鸽子飞进了这幢大楼的一个房间，把它当做栖息场所。公关部经理知道此事后，认为这是一次扩大公司影响的机会，便着手策划一次新闻事件。他首先打电话给城市动物保护委员会，请他们来捕捉鸽子，紧接着又通报新闻媒介报道这座城市从未有过的“群鸽来访”的奇事。动物保护委员会为了不损伤鸽子一根羽毛，用网兜捕捉鸽子，足足用了 3 天时间。在这 3 天中，电视台、电台和各大报社竞相采访，跟踪报道，使这件事成了这座城市中公众关注的新闻热点。这期间，公司首脑充分利用在电台和荧屏亮相的机会，频频向公众介绍公司各方面的情况，加深了社会公众对公司的了解，从而不花一分钱就很好地宣传了公司形象，达到了扩大公司知名度、美誉度的目的。

（资料来源：丁军强．公共关系理论与实务．北京：北方交通大学出版社，2002.）

公共关系的目标是“内求团结、外求发展”，“内求团结”是前提，“外求发展”则是根本，没有“外求发展”的目标，“内求团结”也变得毫无必要。社会组织只有在“内求团结”的基础上，及时、主动、有效地与外部公众建立良好的沟通与传播渠道，取得外部公众对组织的认同、理解、支持与合作，才能让组织进入“人和”的境界。

11.1 组织外部公共关系的含义

任何社会组织都生存于一定的社会环境中，都需要与外界各方面的公众发生广泛的联系，建立良好的外部公共关系是社会组织生存发展的必要条件。

外部公共关系是指社会组织主体与其内部公众以外的其他公众的关系总和。它包括顾客关系、社区关系、新闻界关系、政府关系、竞争对手关系、金融界关系等各类与组织生存和发展有着某种联系的公众关系，也称组织的外部环境。

外部公共关系具有以下几个方面的特征。

（1）平等性

社会组织与外部公众之间、不同的外部公众群体之间并不存在统属关系，自然也没有因统属关系产生的种种制约，他们之间的地位完全平等，所以没有内部公共关系中出现的种种弊病。因而公共关系工作中的平等相待，在外部公共关系活动中得到了突出体现，这是组织与外部公众地位完全平等的必然要求。

（2）差异性

随着社会组织活动的进行，在不同的环节、不同的阶段、不同的方面，社会组织会接触到不同的公众群体，所发生的利益关系也复杂多样，存在着明显的差异性，既有利益性公众如合作伙伴、竞争对手等，又有非利益性公众如政府、社区、行业协会等。

（3）松散性

外部公共关系中，外部公众只是出于满足某种需要才与社会组织发生联系，而这种需要一旦得到满足，他们甚至会与社会组织中断联系，因此这种联系具有选择性和偶然性，甚至可以视为一种暂时的事情。社会组织不可能也不应该对他们进行任何形式的约束，所以外部公共关系呈现出明显的松散性。

（4）难控性

外部公共关系中，由于外部公众与社会组织之间的联系是偶然的、具有可选择性的，因此社会组织对外部公众影响有限，不能像对待内部公众那样通过“正式组织”形式——行政手段、管理规则、沟通方式等来控制、调节与各类外部公众的关系。而且，外部公众本身的多样性、差异性和易受外界影响的特点使得这种情况变得更为突出，社会组织很难控制与他们的关系。

（5）动态性

外部公共关系的动态性主要体现在两个方面：一方面，外部公众本身具有动态性，即外部公众群体是不断变化的，随着时间和环境的变化，部分公众可能变为非公众，非公众也可能变为公众；另一方面，外部公共关系所面对的环境、条件受外部科技、社会、人为等因素变化的冲击更大、更猛烈，加上外部公众本身的差异性和复杂性，使他们与社会组织之间存在着越来越多的变数，这些变数使得他们与社会组织之间的关系处在经常的波动之中。

总而言之，组织外部公共关系的 5 个特征是相互联系、密不可分的。在社会组织与外部公众的关系处理方面，没有任何捷径可走，只有以良好的产品、优质的服务来满足公众的各种需要，只有通过长期不懈的真诚努力积极争取公众的理解和支持，才能创造出社会组织生存、发展所必需的适宜环境和条件。

11.2 组织外部公共关系的处理原则

1. 顾客关系的处理原则

顾客关系是指各类物质产品、精神产品的消费者与社会组织之间的关系。顾客是组织的衣食父母，一个组织成功与否最终要靠顾客的评判，顾客构成了组织生存发展重要的外部环境和条件，良好的顾客关系能够给组织带来经济效益。处理组织与顾客的关系时要遵循以下几个方面的原则。

（1）维系并密切与顾客的关系

维系并密切与顾客的关系是指要求组织既要巩固与已有顾客的关系，又要积极吸引新的顾客。无论是已有的顾客还是新的顾客，组织只有真正满足他们的物质需要和精神需要，才能获得他们的好感。

（2）保护顾客权益

顾客权益主要包括安全、知晓、陈述和选择等权利。公共关系人员要从组织的角度积极保护顾客权益，又要引导顾客认识、理解和运用自己的这些权益。

公关视角 11.1

消费者的权益

1993 年，我国通过了《中华人民共和国消费者权益保护法》，并于 1994 年 1 月 1 日起开始执行，它为维护消费者权益提供了法律依据。根据《消费者权益保护法》，消费者的权益主要有以下几个方面内容。

（1）在购买、使用商品和接受服务时享有人身、财产安全不受损害的权利。

（2）知悉其购买、使用商品或接受服务的真实情况的权利。

（3）自主选择商品或服务的权利。

（4）公平交易的权利。

（5）因购买、使用商品或接受服务受到人身财产损害的，享有依法获得赔偿的权利。

（6）成立维护自身合法权益的社会团体的权利。

（7）获得有关消费和消费者权益保护方面知识的权利。

（8）享有其人格尊严、民族风俗习惯得到尊重的权利。

（9）享有对商品和服务以及保护消费者权益工作进行监督的权利。

（3）促进组织目标的实现

社会组织通过有效地开展公共关系工作，促使顾客接受组织的产品服务，从而有利于实现组织目标。

2. 社区关系的处理原则

社区关系是指组织与所在社区内地方政府、社会团体、单位、居民之间的睦邻关系。社区是人们共同生活的一定区域，构成社区的要素有：聚集的一群人，一定的地域居民之间发生种种联系，一定的社会规范或准则，各种社会群体和机构以及一定的服务设备等。

社区是社会组织生存发展的根据地，处理好社区关系，就是为组织在其所处环境中塑造良好的形象，争取得到社区公众的理解、合作和支持。为此，在与社区的交往中应遵循以下几个方面的原则。

（1）尽量少给社区添麻烦

社会组织对某活动过程可能给社区带来的不便或消极影响，应积极化解或消除，妥善处理好由此而导致的社区公众的种种误会和与社会组织的纠纷。

（2）积极争取社区公众的理解和支持

社会组织的生存、发展需要外部公众的支持，首先应争取社区公众的支持，因为这种支持相对于其他公众的支持显得更直接、更现实。

（3）主动为社区繁荣、发展作出贡献

社区的发展、繁荣要靠社区内全体“公民”的努力，尤其需要直接从社区中受益的社会组织的努力，社会组织通过为社区办好事、参与社区公益服务等方式，既为社区作出了贡献，也为组织自身的环境优化创造了条件。

3. 新闻界关系的处理原则

新闻界关系也被称为媒介关系，即社会组织与新闻传播机构（包括报社、杂志社、广播电台和电视台等）以及新闻界人士（记者、编辑等）的关系。建立良好的媒介关系是营造良好舆论环境的关键，是运用大众传播手段的前提。为此，在与新闻媒介交往的过程中应遵循以下几个方面的原则。

（1）尊重、理解媒介的工作

新闻媒介的性质和任务决定了它必须不断收集、发布信息，作为社会组织必须予以尊重，并尽力为他们的工作提供便利条件。

（2）正确应对不利舆论

新闻媒介与社会组织目标并不完全一致，因此有时会出现不利于社会组织的舆论，社会组织对此要正确应对，虚心接受批评，积极接受监督，这是处理新闻界关系中最具公共关系色彩的方面。

（3）充分借助新闻媒介塑造良好的组织形象

公共关系的根本任务是通过新闻媒介在公众中塑造良好形象。因此，社会组织要通过新闻媒介不断宣传本组织，扩大知名度、美誉度。另外，社会组织也可以通过新闻媒介收集本组织所需要的信息，这是组织处理新闻界关系的最根本目的。

4. 政府关系的处理原则

政府公众一般是指掌握公共权力的一切机构、单位或个人。它包括行政、司法及其他执掌公共事务管理权的组织及其成员，社会组织与他们之间的关系称为政府关系。

良好的政府关系可以使社会组织获得某些政策方面的优惠与支持，有利于其发展；能使社会组织得到人、财、物以及信息资源方面的支持；也能使社会组织获得良好的舆论环境。正确处理社会组织与政府的关系要遵循以下几个方面的原则。

（1）组织行为要合法

政府对社会的统一管理和调控，是通过制定一系列的方针政策和法律法规来实现的。它要求所属范围内的一切组织必须依据方针政策和法律法规来规范自己的行为，社会组织也只有把自己的行为规范纳入政策与法律允许的范围内，符合法律的要求才能得到政府的支持，才能为协调政府关系提供依据。

（2）局部要服从全局

政府代表着国家利益、人民的根本利益和全局利益。社会组织的利益相对于国家利益来说则是局部利益。政府承认并保护社会组织独立存在的自身利益，组织的利益与国家利益在本质上是一致的，但是当两者发生矛盾的时候，就要求社会组织必须无条件服从政府宏观的全局性利益。

（3）加强沟通争取互信

社会组织在协调与政府的关系时要加强沟通，使政府对组织的方针政策和行为有充分、完整、全面的了解与支持，增加政府对组织的依赖。如果组织与政府双向沟通的渠道堵塞，彼此信息不通，互不了解，那么建立良好的政府关系就无从谈起。

5. 竞争对手关系的处理原则

不同的社会组织在根本利益一致的情况下，又必然存在各主体利益上的差异和冲突。同业之间既是竞争者，又是互助者，只有这样才能取长补短，共同发展。所以，处理与竞争者的关系要遵循以下几个方面原则。

（1）优胜劣汰

优胜劣汰有利于打破阻碍生产发展的封锁和垄断，可以及时暴露组织的缺点，促使组织提高经营管理水平和生产技术水平。

（2）产品竞争

组织的竞争主要是产品的质量、价格、服务和特色的竞争。

（3）平等竞争与相互协作

平等竞争就是竞争地位一律平等，反对社会组织的规模歧视、所有制歧视和城乡歧视，更不能利用优势制造垄断，欺行霸市。同时，同行之间要相互协作，竞争者之间是对手，而非敌手。

6. 金融界关系的处理原则

金融界关系是指组织与通过一定形式或途径向组织注入资金或提供服务的专业银行、外汇银行、证券公司、保险公司、商业性投资公司、会计记账公司等公众之间的关系。

组织要实现生产经营的职能，必须具备充足的资金，这种资金单靠企业自身解决比较困难。同时，组织在生产经营过程中，尤其是与其他组织的业务往来中所涉及到的结算、汇兑等问题也不是单靠组织能处理好的。必须依靠金融机构作资金后盾和相关运作的中间桥梁。鉴于金融界关系的重要性，组织在与其交往中应坚持以下几个方面原则。

（1）建立良好的资信信誉

组织要建立良好的资信信誉，因为只有那些资信程度高、偿还能力强、经营状况好且效益高的组织才有可能引入资金。组织不仅要努力达到这些投资条件，也要宣传并维护自己在偿还信贷方面的良好声誉。

（2）接受金融机构的监督

金融机构对自己投入资金的组织必须有充分的了解，并借助种种方式给予监督，才会放心地投放资金，并乐于继续投放资金。

11.3 组织外部公共关系的处理方法

11.3.1 顾客关系的处理方法

1. 积极消除影响顾客关系的因素

顾客最关心的是能否获得具有质量保证的产品、服务以及以什么样的方式向他们提供，他们要付出什么和付出多少，这也是影响组织与顾客间关系的3大因素。

（1）提供质量优异的产品、服务是搞好组织的与顾客关系的物质基础

随着人们生活水平的提高，产品质量并不仅仅是指产品的性能如何，是否方便耐用，它还要满足顾客在产品包装方面求新、求美、求异的需要。

（2）保证服务方式优良是建立良好的顾客关系的主要条件

随着物质财富的增长，顾客在希望得到物质满足的同时，也渴望能获得必要的精神享受。因此，社会组织在向顾客提供优质产品时，应尽可能采取他们满意的方式，注意态度热情、语言礼貌，注意环境幽雅、方法温和等，这些服务方式必然会大大改善组织与顾客之间的关系。

（3）保证价格合理、公道是赢得顾客的重要因素

在传统社会，产品、服务的质优价廉是吸引顾客的最主要因素，虽然现代社会消费意识、要求，日新月异、千变万化，但质优价廉仍是顾客选择商品的重要依据。因此，社会组织尽管出于各种考虑采取种种价格策略，但总体上必须符合价值规律的要求，必须保证顾客的正当利益，否则同样会恶化社会组织与顾客间的关系。

2. 主动为顾客排忧解难

社会组织为了扩大产品销量，除了尽可能改进产品质量，还必须积极、主动地为顾客排忧解难。因为顾客对产品的期望值与产品本身质量之间总会有一些差距，所以顾客在选择、使用产品过程中，必然会遇到这样那样的问题。

随着科技高速发展，大量技术含量高且不断更新的产品投放市场，而顾客对这些产品的认知存在一定的困难，这时就需要社会组织为顾客提供完善的售前和售后服务，帮助顾客克服这些困难，以争取顾客对组织的好感和合作。

案例链接 11.1

留 住 顾 客

许多研究表明，售后服务是留住顾客、增加顾客忠诚度的最有效的方法。意大利经济

学家帕累托的20/80营销法则的内容就是：组织80%的经营利润来源是20%的消费者的重复购买。美国的一项研究表明，让一个老顾客满意，只需花19美元，而要吸引一个新顾客，要花119美元。减少5%顾客背叛率，就可提高利润25%。他们在调查中还发现，顾客从一家组织转向另一家组织，70%的原因是服务，组织的员工怠慢了一个顾客，就会影响40名潜在的顾客。在竞争焦点上，服务因素已逐步取代产品的质量和价格，世界经济已进入服务经济时代。正是基于这样的认识，美国IBM公司公开表示，自己不是电脑制造商而是服务性公司，“IBM并不卖电脑，而是卖服务”。

（资料来源：张百章. 公共关系原理与实务. 大连：东北财经大学出版社，2002.）

3. 巧妙化解与顾客之间的纠纷

由于社会组织不可能完美无缺地向顾客提供所需的一切，因而顾客与组织之间难免会发生种种误会，以至产生摩擦和纠纷。社会组织必须开辟多种渠道，以高超的艺术予以化解，其中正确处理投诉是重要的途径。

顾客的投诉无论是否正确，社会组织都应耐心听取，冷静、认真、及时地处理，而不能计较投诉者的言辞、态度，应把处理投诉看做是与顾客建立密切关系的契机，使顾客从这种特殊交流、沟通中获得各种满足，从而与组织关系融洽起来。

案例链接11.2

中联商厦顾客纠纷的处理

张泽生与妻子、女儿一起到上海探亲，他们来到中华第一街——南京路上购物。在新开张的中联商厦，他们买了一台微波炉，乘电动扶梯下楼时他们顺手将微波炉搁在电梯的胶带扶手上。不料，顺势而下的微波炉撞倒了悬挂在边上的大型商品导购灯箱，只听到一声巨响，灯箱坠地后摔得粉碎。据商厦的同志介绍，修复灯箱费用高达6 000余元。由于当时经理不在，双方约定日后再具体商谈赔偿问题。

几天后，商厦经理亲自与张泽生进行赔偿问题的“谈判”，张泽生实事求是地承认是由于自己不慎造成灯箱损坏，理应赔偿，但请求商厦能减少赔款数目。经理听后主动提出协议方案，为了不使顾客因赔偿而陷入困境，张泽生只需赔偿人民币1元，其余全部由商厦承担，双方签署了协议书，拿到协议书后，张泽生一家激动得热泪盈眶，立即赶到《新民晚报》社，向报社同志介绍有关情况。

又过了几天，《新民晚报》以“撞坏导购灯箱——赔偿一元了结”为题详细报道了张泽生一家在中联商厦的奇遇。此事立即造成了轰动效应，申城街头巷尾人们议论纷纷，盛赞中联商厦，有的还特地到南京路去看看这家刚开张的新商厦。

4. 正确引导顾客，提高顾客的素质

社会组织要以“消费者为中心”，满足其各种要求，而顾客则必须具备“上帝”意识，才能对社会组织的做法积极的做出回应。因此，社会组织从真正为顾客着想的目的出发，还必须承担起引导消费、提高顾客素质的责任。

为此，必须进行消费教育，包括顾客维权教育和消费知识教育。维权教育的目的是让顾客明确并知道如何使用自己的权利，而消费知识教育不仅是普及已有的产品知识，更在于培养新的消费意识，形成新的消费行为。例如，日立公司就在日本国内设立了七个“日立家庭中心”，专门指导日立的顾客如何利用闲暇时间、如何设计和美化生活。日本经营化妆品的资生堂公司组建的以服务消费为主导的“花椿会”顾客俱乐部拥有500多万会员，形成了稳定的顾客群体。

11.3.2 社区关系的处理方法

1. 积极融入社区，承担必要的责任

社会组织必须从观念上、行动上将本组织定位为“社区的一员”才能搞好与社区公众的关系。社会组织要做到入乡随俗，尊重社区的风俗、习惯，有时为与社区打成一片，还要有意识地使自己的产品、服务、员工本地化、社区化。例如，美国的麦当劳快餐店，一般都用当地人做主管。麦当劳快餐店是希望通过这种方式，使本企业融入社区生活，得到社区公众的支持。

社会组织要遵纪守法，遵守社区的一切法律、规章，遵守社区道德规则，服从社区的公共管理，按照社区的处事方式运作和对外交际，成为“社区好公民”。

2. 门户开放，增进相互的了解

社会组织要与社区公众保持良好关系，必须让他们知道本组织是干什么的，要让他们知道本组织的状况、规模、运行、生产、经营等情况，除了确属应该保密的以外，其余的应尽量让社区公众知晓，特别是一些极容易引起误会的社会组织，例如，化工厂、燃料厂、医院、兵营等。让公众知晓的方式有：开放参观、组织座谈、媒介宣传等。

3. 惠及邻里，寻求共同的发展

社会组织应该实实在在把社区作为组织生存发展的基础，加以苦心经营、精心维护，并为它的繁荣昌盛做出应有的贡献。例如，开放组织的食堂、餐厅浴室、运动场、礼堂、电影院等福利设施；优先增加社区的投资项目，以直接推动社区的社会经济发展；积极支持社区公益事业，例如，文体活动、福利事业、环保工作等，为社区发展和繁荣尽力。

案例链接 11.3

积极支持公益事业

生产名牌保健药品"立钻牌"铁皮枫斗晶的浙江天皇药业有限公司，早在1994年产品进入市场之时，就明确了用对社会公益事业的关心来回报公众对企业厚爱的宗旨。1994年，他们将价值百万元的铁皮枫斗晶无偿赠送给中国科学院的学术专家们；1998年，他们又向在杭州的50余名老红军战士赠送价值30万元的产品，帮助他们摆脱病痛的折磨；同年，他们捐赠20万元人民币给浙江天台希望小学；2000年，公司又帮助救活了一位濒死的抗洪英雄——硬骨头战士嵇琪，使其康复出院；同年公司又向英雄部队"硬骨头六连"无偿提供价值50万元的设备，帮助部队改善生产基地的条件和食堂设施；2001年5月29日，公司又将价值百万元的新产品，通过上海市慈善基金会，捐赠给对上海有突出贡献的劳模、教授、科学家等各界人士。公司成立以来短短的六七年间，其慈善捐助总额已逾千万元，社会责任心与显著的产品疗效，使铁皮枫斗晶的销售业绩逐年上升，公司步入了良性发展轨道。

4. 与民同乐，促进情感的交融

为了最大限度地争取社区公众的理解、支持，社会组织还必须增加与社区公众的感情交流，例如，组织庆典、节假日在社区开展各种大型活动，或直接参加社区的庆祝活动，通过布置环境、摆放花木、组织文艺演出等形式渲染喜庆气氛。社会组织可经常性开展与社区公众的交流，如邀请社区领导参加组织活动，开展组织与社区的文体交流活动等。

案例链接 11.4

"准自家人关系"

美国安塞公司在员工中倡导对公共事业的热心态度，公司员工自愿组成"抢救队"，数十年间，每周7天，每天24小时，无论何时发生天灾、人祸，随时出动，无偿为社区居民提供救助，成为社区建设的中坚分子。美国通用公司为了培养与社区公众间的"准自家人关系"，他们将组织自身的服务设施和娱乐设施，如医院、汽车俱乐部向社区公众开放。公司还专门编印了一本指导手册，详细介绍了开放组织的意义及运作中的注意事项，其细致程度无可挑剔。组织通过长期的努力，建立了与社区公众的良好关系。

11.3.3 新闻界关系的处理方法

1. 增加相互了解，促进彼此合作

社会组织需要借助新闻媒介宣传、塑造组织的形象，沟通与公众的联系，而新闻媒介需要通过社会组织收集各种素材，完成向社会大众传播各种信息的任务，两者完全可以建立起亲密的合作关系。然而，这种合作关系必须以双方相互熟悉、了解为前提，只有双方相当熟悉对方情况时，才能使这种合作产生良好效果。

2. 协调目标差异，应对不同舆论

新闻媒介和社会组织的传播目标并不一定总是相同和吻合的，尽管双方都应该向社会大众传播积极准确的信息，但社会组织着眼于塑造本组织的良好形象，而新闻媒介为了在公众中的影响，有时难免会追求轰动效应，在这种情况下，双方就会出现种种误会甚至纠纷。

（1）理解媒介的目标要求

社会组织要理解媒介的目标要求，对方本身就应该是独立的，要避免目标上的不一致，最好的方法是以实在的努力、实在的美誉度争取新闻媒介的接受和支持。

（2）正确对待不同舆论

当出现不利于组织的新闻舆论时，组织应从观念和心理上接受舆论监督，不能认为这是新闻媒介无事生非，认真调查不利舆论的出现原因，如果本组织确实存在问题，舆论批评正确，应及时接受，及时纠正错误，并把本组织所做的相关调整、纠正、补救工作的情况通报给新闻媒介，如果舆论批评失实，组织也要在高度重视的情况下，真诚与新闻媒介沟通、解释、说明。

3. 坚持职业道德，切忌不正之风

由于新闻媒介的宣传直接与社会组织的声誉相关，因而极容易使双方都因急功近利而陷入庸俗，从而助长不正之风。所以，从公共关系的角度，一定要恪守职业道德。

（1）以礼相待。它是指对待新闻媒介及其工作人员要礼貌尊重，友好热情地为他们的工作提供帮助和服务。

（2）以诚相待。它是指要诚心诚意地为新闻媒介提供真实材料，不能制造假新闻。

（3）平等相待。它是指无论是对何种新闻媒介还是不同情况的记者都要热情周到、一视同仁。

4. 加强情感交流，着眼长期关系

由于新闻媒介对组织公共关系的重要性，社会组织应着眼长远，通过种种努力，密切双方的情感关系，从而长期合作。

新闻媒介的任务就是传播信息，社会组织不仅应充分尊重新闻媒介的这一特点，而且可以通过主动提供信息的方式，来取得新闻媒介的好感。借助良好的个人关系来促进公共关系，要经常性邀请新闻媒介参加社会组织的各种活动，使社会组织与新闻媒介保持十分频繁的联系。

案例链接 11.5

长虹“精显王”利用媒介“扬名”

国庆长假期间，长虹公司的公共关系人员为了进一步提升新品“精显王”背投彩电的知名度和美誉度，与《京华时报》合作，在该报的广告版“发表”了题为“长虹‘精显王’再成焦点”的“文章”。文中报道，长虹“精显王”一经上市，就受到了广大经销商和用户的欢迎。在记者采访的过程中，碰巧听到了一则花絮：女高中生小雨决定向当地的消费者协会正式投诉长虹新品“精显王”背投彩电。其原因是精显王电视图像过于清晰，使得自己喜欢的韩国超级偶像脸上的青春痘一览无余，破坏了偶像在小雨心中原有的完美形象，使她精神上受到了痛苦的打击。

记者专门采访了正在上高二的这位女孩子，她说：“作为他忠实的偶像，我不愿意也不想接受他身上的任何缺憾，我希望能永远看到他完美精彩的一面。”长虹“精显王”还特意托记者送去两张小雨喜欢的偶像的巨幅海报，希望她继续支持、喜欢她的偶像，生活得更快乐！

长虹公司通过与新闻媒介通力合作，提升了公司的整体形象水平，赢得了公众更广泛的关注和支持。

（资料来源：张景云，于涛. 100个成功的公关案例. 北京：机械工业出版社，2003.）

11.3.4 政府关系的处理方法

1. 认真研究，准确掌握，坚决贯彻政府的政策法令

组织要认真研究、掌握并贯彻政府的政策法令，要使其一切活动保持在政策法令允许的范围内，并注意政策法令的变动情况，随时修正本组织的政策和行动。遵纪守法，执行政策，服从领导，这是取得政府信任的前提。

2. 积极进行上行沟通，扩大组织的影响，取得政府的依赖

社会组织要想扩大影响，取得政府的信赖，应采取有效的沟通手段，例如，呈报有关计划、总结，邀请上级领导参加有关新建项目的落成典礼、新产品发布会以及重大庆典活动等，请求政府部门负责人就遇到的问题及时给予指导和帮助等，使政府了解组织对社会、对国家的重大贡献和成就，从而增强对组织的信任。

3. 熟悉政府机构的具体设置，职责分工

政府内部分工复杂，有许多业务分工互相渗透、交叉，若分不清职责范围，就容易违背管理权限，就很难分清主次，这样往往会导致不必要的麻烦。

4. 领会政府部门和领导的意图

意图就是为实现某一目标，完成某一任务而做的设想、计划。协助政府部门和领导完成共同的事业，必须了解这项事业的目的、设想、方法及与此相联系的各种行为动机，这就是领会意图。领会意图是配合政府工作，协同动作的重要基础。而且，政府部门的不同领导者，其思想方法、工作方式、性格特点、气质类型、生活习惯和特定条件下的心理状态等也不同，组织的负责人掌握他们这些方面的特征，非常有利于组织开展工作，协调好和政府部门的关系。

案例链接 11.6

克莱斯勒的政府公关

如今，在美国汽车业排名第 3 位的克莱斯勒公司，也曾经有过亏损 116 亿美元，公司濒临破产的境况。当时，临危受命的亚柯卡在其他方案都行不通的情况下，决定以公司的全部资产做抵押向美国联邦政府申请贷款。消息传开，举国哗然，反对声不断，联邦政府一时拿不定主意。为了争取全国公众和政府的理解与支持，亚柯卡发起了强大的舆论攻势。亚柯卡通过媒体发表了一系列阐述公司主张的有亲笔签名的社论。这些社论的标题和内容是公众最为关心的问题，例如，失去了克莱斯勒，美国的境况会更好吗？克莱斯勒有前途吗？克莱斯勒的领导部门是否有足够的力量扭转公司的局面？这些社论发表后，卡特政府的官员和国会的议员们每天都拿着这些广告和社论边看边议论，同时，亚柯卡还派出专人到国会和联邦政府进行游说活动。随着这些公关活动的开展，社会各界也逐渐恢复了对克莱斯勒公司的信任，国会也终于在圣诞节前夕通过了贷款法案。有了这笔巨资的支持，克莱斯勒最终起死回生，并在 20 世纪 80 年代东山再起。

(资料来源：丁军强. 公共关系理论与实务. 北京：北方交通大学出版社，2002.)

11.3.5 竞争对手关系的处理方法

1. 以积极竞争的方式，避免两败俱伤

社会组织不应计较一时得失，应采取高明的对策，那便是用“你好我比你更好”的良性方式展开积极的竞争，而避免借价格战等形式两败俱伤。要做到人无我有、人有我优、人优我专。只有站在较高的层次上用发展的方式处理竞争对手关系，才能避免对双方都不利的局面。

案例链接 11.7

南阳地毯的“沦落”

南阳地毯曾经享誉世界，但由于生产南阳地毯的企业相互之间搞恶性价格战，造成企业利润下滑，各企业为了保持微薄的盈利，不惜降低地毯质量，最终导致整个南阳地毯行业的衰败，南阳地毯声名不再，狼狈地从国际市场溃退。从南阳地毯的教训可以看出，如果各企业能不采用这种“自相残杀”式的恶性竞争，南阳地毯绝对不会“沦落”到如此地步。

2. 以光明正大的态度，争取相互信任

市场经济是法制经济，相互竞争应该是有序竞争。社会组织要以合乎市场经济准则、价值规律要求的方式与对手展开明明白白的竞争。这是处理竞争对手关系的最基本前提，例如，借助产品质量、服务质量的提高来争取消费者，或以新的产品、服务来满足消费者的新需求等，切忌借助官方的或其他有关方面的“看不见的手”来打压对方。要用合乎道德、人格的方式展开坦然的竞争，而避免在广告宣传、产品宣传或其他途径上贬低、打击对方，乘人之危、落井下石。

3. 求同存异的胸怀，求得共同发展

衡量组织公共关系艺术水平高低的关键在于能不能化异为同、化敌为友、化消极为积极。而组织实现这一目标的关键在于怎样把与竞争对手关系中的不利因素化为积极因素。

在市场经济环境下，竞争是为了增强各自的力量，合作可以使双方都变得更加强大。因此，组织应该努力探索与竞争对手共同发展的新途径，并以积极的真诚努力和巧妙的艺术方法把这种可能变为现实。

11.3.6 金融界关系的处理方法

1. 实事求是，帮助金融界了解真实情况

针对金融机构对组织情况、资信程度、还贷能力的关心，组织必须提供真实情况，以建立基本的信任度。

2. 积极主动，配合金融界实施有效监督

组织要取得金融机构的信任，除了提供真实情况，还必须使他们能参与到组织的生产、经营中来，发挥必要的监督作用。组织的产、供、销、运、存等系统不仅要让金融机构熟悉，而且要主动征求他们对资金使用的建议、要求。同时还要就组织的整体发展、市场开拓等情况主动征求他们的意见、建议。

3. 真心诚意，争取金融界给予必要支持

（1）资金方面

金融机构放贷资金一般都要考虑风险问题，投放的风险较低或最低时金融机构才会考虑放贷，因而对没有市场前途的项目或市场前景不明朗的新项目他们一般都十分慎重，这时就需要组织的公共关系人员开诚布公的予以说服，争取理解、支持，当然也要认真重视他们的意见。

（2）信息方面

由于金融机构面对各类组织，处在市场网络的敏感地带，所了解、掌握的信息十分丰富，如果为社会组织所用，必然会产生巨大效益。所以，这就要求组织的公共关系人员通过开展有效的公共关系活动，争取金融机构在信息方面的支持。

11.4 组织外部公众异议的处理技巧

组织外部公众异议是指外部公众针对社会组织的做法产生的不同的或反对的议论，从广义上看包括相关的态度和行为。外部公众异议产生的最直接的原因有 3 种：一是社会组织做法本身不当；二是外部公众存在认知偏差；三是双方在沟通上存在客观障碍。这 3 种原因之所以说是最直接的原因，是因为它们是由一系列更为复杂的原因导致的表象。换言之，造成外部公众异议的深层次原因有很多，如从社会组织的角度看有：产品、服务本身质量低劣，服务态度、服务方式不当，对外部公众意见反映不及时、不灵敏，公共关系人员素质不高等原因。如从外部公众的角度看有：个性因素制约，心理定势、心理倾向的影响，认知偏差的干扰等原因。如从沟通的角度看有：外界因素的冲击、技术条件有限等原因。

一般来说，处理外部公众异议的技巧有 3 种：直接的意见沟通、主动的情感交流、积极的心理影响。

11.4.1 直接的意见沟通

1. 意见沟通中的分析技巧

公共关系人员要与公众进行意见的直接沟通，首先要认真分析组织外部公众意见的不同情况。对外部公众意见可按如下方法进行分类。

（1）对人的意见和对事的意见

对人的意见和对事的意见是从意见内容的指向来划分的。外部公众意见是指向人还是指向事，不能光听外部公众的自我表白，而要做出自己的分析判断，以便能为公正地评价人和事提供依据。

（2）指示性意见和征询性意见

指示性意见和征询性意见是从意见公众的态度来划分的。区分这两种意见不能光看公众的地位和脸色。光看地位，会把征询性意见当成指示性意见，或把指示性意见误认为征询性意见，而光看脸色会被表面的现象所迷惑，看不清他们的真实态度，所以，最好把两者结合起来考虑。

（3）批评性意见和建设性意见

批评性意见和建设性意见是从意见内容的功能上划分的。在公共关系活动中，批评性意见往往是由外部公众提出的，而建设性意见则一般是由组织自身提出的。外部公众从是否满意出发，不满意才提意见，因而提出的意见往往具有批评性，而满意了，就不一定、甚至不表示意见。当然有些批评性意见也具有建设性成分，社会组织要尽量挖掘外部公众的建设性意见或批评性意见中的建设性成分。

2. 意见沟通中的控制技巧

（1）积极促进由意见不通向意见互通的转变

意见不通是最危险的信号，如果听不到外部公众的意见，社会组织的活动也毫无意义。因此，公共关系人员在这个阶段必须积极发表意见、征询意见，并推动外部公众对组织的意见做出反应。

（2）尽力阻止由意见分歧向意见冲突的转化

意见分歧是意见冲突的萌芽，如果社会组织不能及时消除与公众之间的意见分歧，往往会导致两者发生冲突，造成两者之间的关系紧张。因此，社会组织要及时加与公众沟通意见，这里最主要的还是多听取公众的意见，无论公众意见如何，让其提出来，这样就能舒缓他们的情绪，否则双方关系只会走向极端。

（3）全力避免由意见冲突滑向关系破裂的后果

公共关系的目标之一是建立社会组织与外部公众的良好关系。为此，即使面临关系破裂，组织的公共关系人员也要做到：一要与对方保持正常接触，二要想尽办法予以补救，并让对方意识到自己的真诚努力。

（4）通过意见调停实现意见一致

意见调停的办法包括谈判让步、第三者协调和权威命令等。无论是采取哪一种意见调停的办法都应以实现意见冲突的圆满解决为前提，以建立长期的良好关系为目标，最终实现组织与公众的意见一致。

3. 意见沟通中的处理技巧

（1）以诚待人

组织的公共关系人员要真心诚意地听取外部公众的不同意见，在诚意与技巧之间，诚意是基础、前提，后者不过是形式。没有诚意，技巧再好也是虚伪，外部公众永远难以接受；既有诚意，又讲技巧，外部公众才会被说服。

（2）积极主动

组织的公共关系人员工作要积极，这是取得外部公众谅解的基础。在这种情况下，公众即使有异议，也往往出自建设性的，而较少批评性的。沟通要主动，即主动发表意见和征询意见，以唤起公众的责任心和主动性，从而愿意及时进行意见的沟通。

（3）沟通充分

异议的产生往往与沟通不够有关，而在实际中并不是没有沟通，主要是沟通不充分，如限于小范围的交流，而缺少大范围的意见交换。因此，突破一切形式的限制和制约，不拘一格地与各个层面、各种类型的外部公众进行主动沟通，既便于防止异议产生，异议产生时，亦利于化解。

（4）谦虚有礼

组织的公共关系人员在面对外部公众意见时，无论对方意见如何、地位如何，都要显示对对方人格的尊重，这是谦虚的最本质要求。无论自己做了什么工作，都不应该成为消极对待公众意见乃至拒绝外部公众意见的理由。一定要从严律己，主动从自身寻找原因。要注意一定的礼节，特别是对待尊者，以免引起不必要的误会，从而使外部公众意见更加复杂化。

（5）论理有节

意见的沟通是为了化解存在的异议，建立更和睦的关系。在意见沟通中应当有理说理，论理有节，得饶人处且饶人，切忌唇枪舌剑，意气用事，讽刺挖苦对方。意见沟通中的“和”，既是目的，也是手段和方法。它是衡量公共关系人员水平的重要标志。特别是在意见冲突中更反映公共关系人员的气量和胸怀。

11.4.2 主动的情感交流

1. 外部公众情绪的认知技巧

从公共关系的角度看，外部公众的情绪分为两类：一类是由社会组织直接引起的；一类是与社会组织发生间接关系的，即引起情绪的直接原因和公共关系活动无关，但表现的时间和空间同公共关系活动有关。外部公众良好的情绪无论是不是社会组织引起的，对组织开展的公共关系活动都会有积极的影响。社会组织应该借助外部公众良好的情绪来推动双方的关系。但要注意的是千万不可以用欺骗的手段来使外部公众产生良好的情绪，否则一旦对方平静下来，马上会对组织的信心产生根本性的动摇。

同样，消极的情绪无论是不是社会组织引发的，都会对公共关系活动造成负面效应，增加公共关系工作的难度。因此，社会组织对由自己引起的消极情绪应从克服缺点、改进工作的角度予以化解，而对不是由组织引发的消极情绪也要努力引导、转移、化解，给情绪不佳的外部公众以适当的宽慰，一旦其情绪平静下来会对组织产生加倍的好感。

2. 外部公众情绪的体察技巧

所谓体察，即体验和观察。体验是把自己放在对方的位置上，设身处地为外部公众着想；观察，就是要把自己放在主动者的位置上，积极主动地洞察公众情绪变化。

（1）体察外部公众情绪

外部公众的情绪有好坏之分，情绪好时，外部公众往往表现得和气、热情、宽容、耐心；相反，当外部公众情绪不佳时，则表现得急躁、厌烦、粗鲁、冷淡，所以组织的公共关系人员要认真体察，以便针对性的开展工作。

（2）针对外部公众的不同情绪进行沟通

外部公众情绪不好的时候，不容易沟通，但又最需要沟通。虽然可能“引火烧身”，但这时却是公共关系人员与外部公众进行沟通，从内心深处打动外部公众的重要时机。由于外部公众在最需要关心、理解的时候得到了关心，对组织产生异议的可能性也会大大降低。公共关系人员要避免因自身情绪欠佳而影响沟通，公共关系人员自身情绪良好自然有利于与公众的沟通，而当公共关系人员自身情绪不好时，则要首先进行自我调节，直到自身情况适宜于进行与外界沟通时，才能进行与外部公众的积极沟通。

（3）体察外部公众激情

激情是强烈的和外露的比较直观的情绪，公共关系人员主要应体察外部公众是否进入了激情状态，以及激情的发展趋向、产生原因和可能造成的后果。激情虽然短暂，但是有很大的爆发力，而且激情过后，往往会演变为情绪，所以要充分重视。当外部公众处于愤怒、发泄激情中的时候，组织的公共关系人员一定要保持头脑的冷静，以静制动，以真诚态度说理，以理解的态度劝服。

3. 外部公众情感的满足技巧

（1）满足外部公众的自尊需要

自尊是一种不向外人卑躬屈膝，也不容许别人侮辱自己的情感需要。人为了维护自尊，宁愿做出一定牺牲。因此，组织的公共关系人员在与外部公众交往中，必须尊重对方的人格、权利、职业、爱好及其他比较敏感的东西。例如，在与少数民族打交道时，要尊重对方的风俗习惯，而在与外国友人打交道时，则要尊重对方的文化、宗教情感等，否则都极容易产生异议。

（2）满足外部公众的友爱需要

人与人之间相互友爱是一种情感需要，当公共关系人员对外部公众满腔热情、充满友爱时，往往能得到外部公众的积极回报。

（3）满足外部公众的理解需要

人与人之间互相理解是互相尊重、互相友爱的保证，只有被人理解了，才会得到心理上和情感上的满足。从社会组织的角度出发，能设身处地、换位思考、将心比心，多为外部公众着想，自然公众也会为组织着想，相互的分歧也会少得多。

（4）满足外部公众的表现需要

表现又称自我表现，既是人的自主能动性的体现，也是人的内部情感的一种要求。因此，社会组织要赢得外部公众好感，增加相互交流、沟通的机会，应该尽量创造一个适宜外部公众自我表现的条件和环境。

11.4.3 积极的心理影响

1. 劝导技巧的运用

劝导就是劝说和引导，它是主动影响外部公众心理的最主要、最直接的技巧，劝导的技巧主要有以下几个方面内容。

（1）流泻式劝导

流泻式劝导是以告知为主要形式，没有严格对象范围，没有特别的针对性，没有精确的效果预测的一种劝导技巧。社会组织借用这种技巧时，应注意劝导内容的真实性和吸引力，同时提高劝导的针对性。一般而言，社会组织在面对外部公众做大面积、大范围的宣传或事实澄清，可用这种技巧。

（2）冲击式劝导

冲击式劝导是一种以说服为主要形式的专门性的劝导技巧，主要是对明确的对象进行意图明确、针对性强、冲击性大的说服，以解决专门性的问题。在公共关系工作中，冲击式劝导对外部公众心理的影响主要是转变、化解他们已有的看法和意见，当然也是以说理为前提。

（3）浸润式劝导

浸润式劝导是指以周围舆论影响外部公众的劝导技巧，其特点是作用缓和而持久，不易形成表面的对抗，在潜移默化中对外部公众的心理产生影响。浸润式劝导在公共关系中对外部公众心理的影响是促使外部公众产生从众、同化的行为，从而放弃或改变自己的不正确想法。运用这种技巧应注意首先形成一致性的正确舆论，然后再去积极引导外部公众。

（4）逆行式劝导

逆行式劝导与浸润式劝导相反，是少数人对多数人、下级对上级进行劝导的技巧。在公共关系活动中，这种做法对外部公众的影响是“疑”和“悟”，使外部公众对已经形成的看法和意见产生怀疑，从而醒悟劝导的内容。

2. 感染技巧的运用

感染的技巧主要有间接感染和直接感染两种形式。间接感染是指通过报告、讲演、报道、影视、戏剧、小说、曲艺、故事、音乐、诗歌等形式产生感染，这种感染的主要特点在于感染者和被感染者并不一定直接见面，但影响面广；直接感染是指通过自身的言语、表情、动作、行为等直接显示自己当时的情绪和情感，来感染周围的外部公众。这种感染的最大特点是纪实性、情景性和互动性。间接感染和直接感染都能在影响公众情感、心理方面发挥作用，进而对他们产生影响，消除他们对组织的异议。在实践中，要增强感染技巧的影响效果有以下两点可供参考。

（1）注意感染者本身的素质

公共关系人员要充分发挥感染的效果，必须首先注意自身的言行、品质、精神风貌和对公众的高度责任心。

（2）增进感染者和被感染者的关系

双方的关系包括地位关系、空间关系，尤其是感情关系。双方关系越紧密，越容易受感染，感染的效果也越明显。因此，公共关系人员应首先做到积极主动、满腔热情地对待外部公众，才会使外部公众产生亲切感、紧密感而接受组织的积极感染。

3. 诱导技巧的运用

心理学上的“诱导”是中性词，是指外部因素诱发和引导内部意向的作用方式和作用方法，它可以为错误的目的服务，也可以为正确的目的服务。我们这里把它作为一种技巧运用来把外部公众引向正确的积极的轨道，从而最大限度地缩小公众与组织的分歧点，消除外部公众对组织的异议。

（1）兴趣方面的诱导

组织的公共关系人员对外部公众要从兴趣方面进行诱导，才能增进工作效果，也才有利于弥合组织与相关外部公众的矛盾、分歧。凡是兴趣方面的诱导，都要在选择恰当的刺激媒介上下工夫。刺激媒介即诱因，一般有：利益、竞赛、专家指导、新奇等，各种刺激媒介的应用要注意国情，也要不断创新，同时要与公共关系目的相吻合。

（2）需要方面的诱导

外部公众的需要有合理不合理、能否满足等情况。公共关系工作中通过激发、诱导满足外部公众合理需要的方式来融合彼此关系，消除可能有的分歧。组织应该满足的外部公众的需要类型主要有：一是反复出现的一直给以满足的需要。这些需要若得不到不满足，实际上是在降低原有的满足水平，必然导致公众不满。二是通过公众之间对需要的相互比较而出现的相对合理的需要，组织应给予满足，否则也不利于赢得外部公众的好感，却会增加矛盾。三是能够给予满足的特殊需要。外部公众的需要具有差异性，但只要条件具备，即使是一些特殊需要组织也应当给予满足，这样才能让外部公众意识到社会组织的人情味。

思考题

1. 处理好组织和外部公众关系的关键点是什么？
2. 公共关系人员应该如何协调和顾客的关系？
3. 怎样协调组织和新闻界的关系？
4. 社会组织应如何处理好与政府之间的关系？
5. 组织外部公众异议处理的重要意义是什么？

案例分析

"顾客之间的纠纷，肯德基不应该负责"

2000年8月，江西第一家肯德基餐厅落户南昌，开张数周，生意一直非常火爆。然而，开业不到一个月，就有顾客因争座被殴打而向报社投诉肯德基，造成一场不小的风波。

事情的起因是一位女顾客用所携带的物品占座后去排队购买套餐，回来时发现座位被一位男顾客抢占。先是两位顾客因争座发生口角，他们的争吵引起了其他顾客的注意，此时餐厅的员工未能及时平息两人的争端。接着两人争吵声音渐大，店内所有顾客都开始关注。最后两人由争吵上升到互殴，男顾客大打出手，殴伤女顾客后离店，其他的顾客也纷纷离座或远远地看热闹。女顾客很气愤，当即要求肯德基餐厅对此事负责，并加以赔偿。到此时，这件事的影响还仅局限于人际范围，如果餐厅经理能满足顾客的要求，女顾客不至于向报社投诉。但餐厅经理表示"这是顾客之间的事情，肯德基不应该负责"，并以此为由拒绝了女顾客的要求。女顾客马上打电话向《南昌晚报》和《江西都市报》投诉，两报立即派出记者到现场采访。女顾客陈述了事件的经过并坚持自己的要求，而餐厅经理在接受采访时对女顾客被殴表示同情和遗憾，但是认为餐厅没有责任，不能做出道歉和赔偿。两报很快对此事做了报道，结果引起众多市民的议论和有关法律专家的关注。事后，根据消费者权益保护法，肯德基被认为对此事负有部分责任，令其向女顾客公开道歉，并赔偿了部分医药费，两报对此也都做了后续报道。

（资料来源：张百章．公共关系原理与实务．大连：东北财经大学出版社，2002.）

分析思考：

1. 从公共关系角度来看，顾客争座，肯德基到底该不该管？
2. 从这一事件中，我们应该吸取哪些教训？

第 12 章　公共关系专题活动

学习目标

- 了解公共关系专题活动的含义和特征。
- 熟悉开展公共关系专题活动应遵循的原则。
- 掌握举办公共关系专题活动的筹划和实施程序。
- 熟练掌握策划各类公共关系专题活动的技巧。

导入案例

“母亲座谈会”

美国亨氏集团与我国合资在广州建立婴幼儿食品厂，在筹建食品厂的初期，亨氏集团做了大量调查工作，他们利用收集产品形象的信息反馈来开拓市场，他们多次召开“母亲座谈会”，广泛了解消费者的要求，征求母亲对婴儿食品的意见，使亨氏婴儿营养米粉等产品的配方更趋合理，受到广大消费者的青睐，迅速走进了千千万万的中国现代家庭。

亨氏集团召开的“母亲座谈会”是大型专题公关活动的一个成功范例。在这之后，他们又举办了其他的大型活动，这一系列的大型活动，收到了良好的宣传效果，使亨氏产品走进了公众的心里。由此可见，大型公共关系活动的举办对组织具有举足轻重的意义。

为了创造组织良好的公共关系状态，塑造组织的良好形象，组织通常要开展各种各样的公共关系专题活动，以便同某部分公众进行重点沟通和协调。这样的公共关系专题活动不同于一般的公共关系活动，它要求公共关系人员进行周密的、新奇的构思和策划。而且，在举办公共关系专题活动时，公共关系人员既要精心选择专题活动的具体形式，又要对所选择的活动加以认真设计和组织策划。所以，作为公共关系人员要掌握举办各种专题活动的方法，并能随机应变地选择和熟练地运用。常见的公共关系专题活动形式主要有各种赞助活动、新闻发布会、展览会和庆典活动等。

12.1 公共关系专题活动概述

公共关系工作应抓住一切时机来扩大组织影响，塑造组织形象。这就要求公共关系人员不仅要做好经常性工作，而且应精心组织好各种专题活动，使这些活动与其他公共关系工作互相配合、相得益彰。

12.1.1 公共关系专题活动的内涵

1. 公共关系专题活动的含义

公共关系专题活动是指组织为塑造自身形象而围绕某一特定主题所开展的专门公共关系活动，是组织与公众沟通的有效途径。这种活动有着鲜明的主题、明确的目标公众、强烈的感染气息，时效性非常强。

通过公共关系专题活动，可以使公众真切地感受到组织的存在和作用，传播组织信息，塑造组织形象，提高组织的社会知名度和美誉度，建立组织与公众的密切联系，增进公众对组织的理解，扩大组织的社会影响，为组织创造一个和谐的社会环境，促进组织的发展。

2. 公共关系专题活动的特征

（1）针对性

公共关系专题活动是在精心策划后，根据组织或公众的某种特殊需要而开展，能较好地解决某一明确问题。

（2）传播性

公共关系专题活动的策划者把活动作为一个信息传播的载体，通过活动内容把信息传达给活动的参与者，并且进一步通过参与者的人际传播和大众传播媒介把信息传播的更为广泛。

（3）协调性

公共关系专题活动的协调性表现在专题活动过程的各个方面与环节。第一，目的与内容的协调，一个既定的目的，要通过内容来兑现，两者之间相互协调，策划构思才能实现。第二，内容与形式协调，内容决定形式、形式反映内容。第三，实施项目之间的协调。公共关系专题活动在实施管理过程中，管理事项纷繁复杂，各个实施项目之间要综合协调，否则专题活动不能实现既定的目的。

（4）时效性

专题公共关系活动常常能引起新闻界的关注，得到新闻界的支持并给予报道，因此可以在较短的时间内达到尽可能大的信息覆盖面，尽快扩大影响。专题活动的时效性越强，其公共关系效果也就越明显。

（5）灵活性

公共关系专题活动的方式多种多样，活动的举办时间、规模大小、活动内容及活动过程可以灵活掌握适时调整。

12.1.2 公共关系专题活动的原则

尽管公共关系专题活动的形式多样，规模也不尽相同，但无论其形式和规模有什么差别，对组织形象的影响都是特别深远和巨大的。因此，组织在开展各种公共关系专题活动中一定要注意遵循以下原则。

（1）实事求是的原则

公共关系专题活动在开展过程中应本着实事求是的原则，向公众传递真实可信的信息，用真诚宣传组织、吸引公众、化解矛盾、有效沟通，决不能因一时之利而弄虚作假，以保证组织的长远发展。

（2）注重效益的原则

公共关系人员在举办专题活动时必须牢记一句话：只许成功不许失败！成功的公共关系专题活动会产生巨大的效应，会为组织带来可观的效益；同样，不成功的专题活动也会产生巨大的负效应，不会为组织带来任何效益，反而会给组织带来不良的影响。因此，每项公共关系专题活动都要经过公共关系人员的精心策划，确保活动的开展会给组织带来一定的效益。

（3）创新的原则

创新是构成公共关系专题活动的基本要素，只有创新才能为公共关系专题活动带来生机和活力。成功的公共关系活动之所以会产生“轰动效应”，原因就在于它的创造性和开拓精神给公众留下了难忘的印象。

12.1.3 公共关系专题活动的筹划和实施

1. 公共关系专题活动的筹划程序

公共关系专题活动的筹划，一般可分为 5 个阶段，即立项阶段、调研阶段、策划阶段、论证阶段、决策阶段。

（1）立项阶段。它是指正式确立某个公共关系专题项目，只有项目确定，才能开展策划工作。影响项目立项的因素主要有：主题是否具有迫切性；是否有足够的经费支持项目的开展；项目进行是否具有可操作性。

（2）调研阶段。这一阶段是进行项目筹划前的调查和研究分析阶段，必须要做好充分的调查研究，才能为策划提供科学的依据，在调查的基础上进行专题活动目标的研究，确立目标公众，确立活动主题。

（3）策划阶段。这是主体工作阶段，包括拟定内容和活动形式，排列程序、安排时间、拟订场地、布置方案、制订经费预算及实施计划等。

（4）论证阶段。策划方案拟订后，对方案进行预测性评估，既要听取专家的意见，也要听取参与活动的公众的意见，从各个不同角度论证方案的可行性并做出调整。

（5）决策阶段。经过充分论证的策划方案经由决策人审定，方案就可以正式确定。

2. 公共关系专题活动的实施程序

（1）制订实施方案。公共关系策划人员需要制定出具体的实施方案，列出各项筹备工作的要求，列出工作计划的进度表。

（2）筹备工作阶段。这一阶段主要的工作有 3 个方面：一是做好活动实施的物质准备工作；二是拟订应急方案；三是拟订具体的传播计划。

（3）活动进行。专题活动进行阶段，关键是做好现场的指挥和协调，要做到有条不紊，活动负责人需要具备优秀的综合管理能力。

（4）活动评估。每一项公共关系专题活动计划实施之后，都应该进行评估工作。

12.2 赞助活动

赞助活动是以表示组织对社会的责任感为前提，通过支持社会公益活动，以无偿提供资金、物质或劳动力等形式，帮助或支持某一具有广泛群众基础，同时能使企业获得一定的形象传播效益的社会活动。赞助活动有利于塑造组织关心社会公益事业的良好形象，培养与社会各界或某类公众的良好感情，有助于提高社会组织的知名度和美誉度。同时可以使组织与被赞助的社会事业或项目同步成名，它是一种信誉投资和感情投资行为，也是现代社会中一种行之有效的公共关系技巧。

12.2.1 赞助活动的形式

1. 赞助体育运动

赞助体育活动是赞助活动中最常见的一种方式，因为体育活动是广大群众喜闻乐见的活动，也是许多公众热心的活动，涉及的公众层面宽、范围大，感染力强。赞助体育活动可以使组织影响的广度和深度有很大提高。社会组织赞助体育活动一般出于增强广告效果，或扩大与体育有关的产品的销路，或测试新产品的性能，以便于改进产品，赢得更多的用户。赞助体育活动的方式有提供经费、场地、饮料、食品、服装、器械、人员和其他便利条件以及组织体育比赛、冠名体育比赛等。

案例链接 12.1

三星的奥运 TOP 体育赞助计划

为了提升三星的知名度，使全球更多的人知道三星、了解三星，三星集团坚持执行以奥运会 TOP 计划为中心的多种体育赞助活动，增加三星品牌的曝光率。三星近年来赞助的重大体育赛事，如表 12-1 所示。

表 12-1　三星以奥运会 TOP 计划为中心的多种体育赞助活动

年　代	赞助活动
1986 年	赞助汉城亚运会
1988 年	首次赞助冬季奥运会，成为冬季奥运会在无线通信设备领域的世界级伙伴
1990 年	赞助北京亚运会
1994 年	赞助广岛亚运会
1996 年	赞助亚特兰大奥运会期间的展示会
1998 年	赞助曼谷亚运会；赞助长野冬季奥运会
2000 年	三星成为悉尼夏季奥运会的顶级赞助商
2002 年	赞助盐湖城冬季奥运会；赞助釜山亚运会
2003 年	赞助第 22 届世界大学生运动会
2004 年	赞助雅典奥运会
2006 年	赞助都灵冬奥会
2008 年	赞助北京奥运会

三星抓住时尚人士热爱体育赛事的心理，通过赞助重大的体育赛事，成功地提高了三星品牌的曝光率，增加了三星品牌的知名度，使三星品牌的价值迅速上升。

（资料来源：http://biz. 163. com）

2. 赞助社会慈善和福利事业

赞助社会慈善和福利事业是组织和社区、政府融洽关系的重要途径，也是一种向社会表明其承担社会义务和责任的手段，更能体现组织对社会公益事业的关心，这类赞助人情味最浓，商业味最淡，最易博得公众的好感，能为组织赢得良好的声誉和广泛的社会影响。

组织赞助社会的各种公益和福利事业主要包括社会公共设施建设的投入、社会的慈善与福利事业等，赞助的对象主要是社会上需要救济的对象，有具体困难的公众和社会弱势群体等。例如，赞助康复中心，修建敬老院，提供残疾人基金，到福利院、孤儿院、荣军院慰问、捐款，捐赠生活设施和其他所需物资，义演、义卖，提供医疗设施等。例如，宁波雅戈尔集团公司出巨资修路，并将修建的公路命名为“雅戈尔大道”，让公众记住雅戈尔公司的善举。

案例链接 12.2

百事的“母亲水窖”项目

百事公司早在2001年就开始支持中国妇女发展基金会组织实施的“母亲水窖”项目，帮助中西部地区贫困缺水家庭，百事公司因而成为参与该项目的首家“财富500强”企业。在过去的6年中，百事基金会、百事中国公司和中国员工投入巨大热情参与献爱心活动，其中百事公司在百事基金会的支持下，2005年10月向“母亲水窖”项目捐赠1 200万元人民币。迄今为止，百事基金会、百事中国公司及其中国员工已共同捐资1 560万元人民币，共建水窖1 500多口，受益人群达到10 000多人，已培训农村妇女万余人以便进一步维护当地的水窖工程。

2005年10月，百事基金会决定同中国妇女发展基金会深入合作，实施农村安全饮用水工程，将“母亲水窖”项目推向新阶段。

（资料来源：http://wvw. ichuanmei. com）

3. 赞助教育事业

教育事业是千秋伟业，是造福于子孙后代的光荣事业。任何一个国家经济要繁荣昌盛，科技要强大领先，必须首先解决教育问题。赞助教育可以为组织塑造一个关心教育事业的良好社会形象，同时组织又能够借此与教育界建立良好的关系，为组织今后的人才招聘和培训创造条件。赞助教育事业的方式有提供奖学金，兴建校舍，组建学校，赠送图书资料和教育仪器，提供科研基金、资助科研设备的购买、赞助学术研讨会、资助学术专著出版、资助学校教研活动、支持“希望工程”，以及协助学校进行职业训练、建立实训基地、开展产学研合作等。

案例链接 12.3

三星集团的教育支援

在教育支援领域，三星中国分别开展了三星智力快车、希望工程、科技之旅、三星奖学金、夏令营等活动。其中《三星智力快车》于2000年起由三星中国赞助，7年间《三星智力快车》已经成为家喻户晓的中国最具权威和奖金额度最高的中学生智力竞赛节目。

2005年，三星决定分三年向中国青少年发展基金会捐助共900万元，用于在中国各贫困地区建立45所希望小学。

三星奖学金于2002年，在以清华和北大为代表的全国各高校开始运营。5年来，全国2 324名重点大学的优秀学生拿到了此奖项，一些奖学金获得者还参加了三星组织的夏令营活动。除此之外，三星各个地方的分公司也对各自当地的学校进行资助，促进当地人才的培养。

（资料来源：http://www. ichuanmei. com）

4. 赞助文化艺术活动

组织赞助文化艺术活动，不仅有利于文化事业的发展，提高民族文化素质，而且可以培养组织与公众的良好感情，提高组织的社会效益与美誉度。组织赞助文化艺术活动常见的形式有：赞助广播电视节目的制作、播映，电影、电视的拍摄；赞助报刊新专栏的开辟、图书的出版、书画与摄影艺术展；赞助科学与艺术研究、文学艺术创作；赞助音乐会、文艺表演，以及赞助电台、电视台、报社、杂志社举办的各种有奖知识竞赛、摄影比赛、小发明或小创作奖励等。组织可以有效地运用这些活动提高组织的知名度和美誉度。例如，潞安环能为庆祝股票发行在太原举行的大型文艺晚会；优秀话剧“立秋”在创作过程中得到企业的公益赞助；天津佳士力集团冠名赞助中央电视台佳士力剧场“佳片有约”栏目等。

5. 赞助学术理论研究活动

组织对学术理论研究活动的赞助影响面虽然不大，但意义却重大而深远。一是可以推动与本组织产品和服务有关的研究深入发展，为组织发展提供基础理论和技术支撑；二是可以提高本组织在同行中的知名度和影响面。

6. 赞助建立某一专项奖励基金

组织赞助设立专项奖励基金是组织承担社会责任、推动社会进步的具体体现，它不仅能促进所奖励专业或事业的发展，而且使组织得到综合回报。由组织出资设立的专项奖励基金一般有优秀学生奖、护理人员奖、社会科学论文奖、发明家奖、计划生育奖、见义勇为奖等。

7. 赞助公益事业和环保事业

赞助公益事业的形式很多，例如，赞助道路、学校、医院、公园等公用设施的建设。环境保护是一项功在当代、利在千秋的公益事业，涉及广大公众的切身利益，且能造福子孙后代，是公众和媒介关注的热点问题。赞助环保事业的常见形式有：宣传环保、资助环保组织、直接资助环保项目的建设等。

12.2.2 赞助活动的策划技巧

组织举办公益赞助活动之前，必须对赞助活动进行精心策划，公共关系人员应注意掌握以下几个方面的策划技巧。

（1）赞助要符合本组织的特点

一般来讲，性质不同、特点不同的组织，应选择不同的赞助内容。例如，专营民间乐器的商店，应选择赞助民间艺术展览；专营图书的书店，应选择赞助图书展览会；生产文具的工厂，赞助残疾学龄儿童等；例如，宗申摩托车集团就一直致力于赞助中国摩托车运动，并将国家队冠名为“宗申车队”。

（2）赞助活动要适时，并能同其他专题活动结合进行

组织适时进行赞助活动，结合其他专题活动开展公益赞助活动，有利于提高活动的有效性。例如，赞助儿童事业，应选择“六一”儿童节；赞助老人活动，则选择“重阳节”。还可以结合组织的开业、周年庆典、新年节庆，或者在组织受奖之时进行公益赞助活动，这样更容易引起公众的注意。

（3）突出赞助的独特性

策划赞助活动最忌讳千篇一律，人云亦云，公共关系人员要敢于创新，独辟蹊径。只有这样，才能出奇制胜。例如，美国强生公司（一家以药品生产为主业的大型国际化公司），在 1998 年就同全美反家庭暴力联盟合作，开展了名为“避难救助（Shelter Aid）”的援助行动，为家庭暴力受害者提供避难所。强生公司通过这项赞助活动，提升了公司的整体形象水平，有力地推动了公司的产品销售。

（4）特别行业的赞助活动要注意赞助的特殊性

美国万宝路公司利用赞助做广告，从美术展览到汽车大赛的一系列文化、体育领域里，都能看到他们的赞助活动。他们巧妙地回避了吸烟、吸烟与健康等敏感问题，在国外烟草行业不允许做广告的政策法令制约下，在反对吸烟的强大舆论影响下，取得了成功的宣传效果。

12.3 新闻发布会

公共关系与新闻传播紧密相连，在公共关系实践中，组织经常利用新闻发布会这一公共关系专题活动形式，实现组织与公众之间的信息传播与沟通，造就有利于组织的舆论环境

案例链接 12.4

奥运冠军助兴两厢飞度上市

广州本田飞度三厢自从2003年上市热销以来，人们都在翘首等待飞度两厢的下线。但是从2004年5月开始车市陷入低迷，广州本田公司一直在寻找飞度两厢的下线时机。2004年9月初我国奥运健儿载誉归来，广州本田特意邀请了多位奥运冠军出席飞度两厢轿车上市的新闻发布会。

2004年9月12日晚，广州本田在广州市新体育馆正式发布了全新设计、全新概念的革命性的05款飞度两厢轿车。在发布会上，多位雅典奥运冠军、省市领导、全国特约店代表、媒体代表、用户代表及广州本田员工共3 800多人共同见证和分享了这份喜悦。一时间两厢轿车在羊城甚至全国掀起了销售热潮。

（资料来源：http://auto. 163. com/04/1223/10/189GNSA7000816HJ_3. html）

12.3.1 新闻发布会的特点和举办条件

新闻发布会又称记者招待会或信息发布会，它是政府、企业、社会团体和个人为公布重大新闻或解释重要方针政策而邀请新闻记者参加，并让记者就此提问，而后由召集者回答的具有传播性质的一种公共关系专题活动。它是社会组织传播信息、吸引新闻媒体报道、搞好新闻媒体关系的行之有效的途径和手段。

1. 新闻发布会的特点

（1）权威性强

社会组织以记者招待会的形式发布组织信息，其形式比较正规、隆重，而且规格比较高，有极强的权威性。

（2）针对性强

新闻发布会上，记者就自己感兴趣的话题进行提问，由主办方回答，这种形式针对性强；同时，在提问中，记者们还可相互启发，能更深入地了解情况，掌握信息。

（3）具有较高的价值性

新闻发布会一般在组织急需的情况下举行，因而新闻发布会的信息，必然具有较高新闻价值，值得新闻媒体的广泛报道。

（4）难度大、要求高

召开新闻发布会不仅成本高，而且占用组织者和与会记者的时间也较长，对组织发言人和主持人的要求较高。发言人和主持人要头脑清晰、思维敏捷、逻辑性和应变能力强。因此，举办记者招待会与其他专题活动相比，难度较大。

（5）有利于感情交流

新闻发布会上，主持人或主要发言人与记者进行面对面的交流，可就一些问题达成共识，加强了组织与新闻记者的感情沟通。

2. 举办新闻发布会的条件

（1）社会组织有特别新闻需要向社会公众公布，通过新闻发布会发布或解释。例如，北京申奥团申奥成功后，时任国务院副总理的李岚清马上在俄罗斯的首都莫斯科举行了中外记者招待会。

（2）社会组织有重大活动并希望借机扩大影响。例如，某商场的店庆日、新产品上市或组织发生重大或紧急事件等。

（3）社会组织有希望记者临场观察的题材。

（4）社会组织有重大经济信息需要公布。

（5）社会组织有举办新闻发布会的紧迫要求，也就是说如果不举行此会议，可能会造成社会组织的重大损失，或失去扩大影响的良机。

（6）社会组织要有一定的经济实力。

12.3.2 新闻发布会的策划技巧

新闻发布会是重要的专题公共关系活动，策划新闻发布会必须把握以下几个方面的技巧。

（1）寻找合适的时机

社会组织在决定是否举办记者招待会之前，要认真研究一下将要发布的消息是否非常重要，是否具有广泛传播的新闻价值，是否确有采取这种形式的必要，以及新闻发表的紧迫性和最佳时机。

适于召开新闻发布会的时机包括：组织及产品（服务）已成为某类公众关注问题的一部分；组织或其他成员已成为众矢之的；由于新产品上市，聘用某大腕明星作自己的广告代言人（记者有时对广告不感兴趣而是觉得明星更值得关注）；组织人员重大调整；扩大生产规模；取得破纪录的销售业绩等。

（2）筹划培训与“彩排”

组织一个成功的新闻发布会，先期的培训与演练很重要。要判断发言人是否称职、哪些环节还存在问题，就要进行几次系统化的培训与演练，具体培训与演练的方法有以下几种。

① 在组织中挑选几名平时敢于直言的人，让他们扮演“记者”的角色。让他们设计的问题既有肯定会被问到的，还要有组织不希望被问到的。

② 针对新闻发布会的内容所涉及的专业技术问题，邀请相关专家参加，以检查发言人所说的是否准确。例如，涉及法律问题，可以邀请组织的法律顾问参加。

③ 通过反复播放“彩排”录像，让新闻发言人观看自己的表现，然后提出改进意见。

④ 邀请公共关系专家对新闻发布会的组织人员和实施人员进行培训。

（3）选择合适的新闻发言人

代表组织形象的新闻发言人的表现，会影响公众对组织的认知。新闻发言人应具备的条件一般应包括以下几个方面的内容。

（1）新闻发言人应具有较强的传播与沟通能力。它具体包括：知识面、语言表达能力、倾听能力、反应能力和身体语言能力等。

（2）新闻发言人应具有执行原定计划和灵活调整的能力。

（3）新闻发言人应在组织中担任重要职务，熟悉组织的整体情况和方针、政策，只有这样其发布消息和回答问题才具有权威性。

（4）确定日期

新闻发布会召开的时间应尽量避开重大的社会活动日，以避免记者不能参加此次活动而去选择更重要的活动，这样会降低会议的新闻价值，影响会议效果。在一周内，新闻发布会的时间不太适宜安排在周末；在一天内，新闻发布会的时间最好安排在上午 10：00 和下午 15：00 左右，会议时间控制在一小时左右为宜。

（5）邀请

组织应根据新闻发布会的主题，有选择地邀请有关的新闻记者参加，例如，经济类、法制类、社会生活类等。还要根据消息发布的范围来确定记者的覆盖面和级别，考虑如何选择广播、电视台、报纸、杂志等媒体记者，以及考虑媒介是选择地方性的、区域性的还是全国性的。有时新闻发布会为了提高会议的规格和会议内容的可信度，还可以邀请一些社会知名人士及有关方面的专业权威人士参加。

（6）会议所需资料的准备

公共关系人员应根据新闻发布会的主题事先准备好文字、图表、图片、实物、模型、影视、照片等各种资料。根据新闻发布会的主题，成立专门的发言起草小组，全面收集有关资料，拟写发言稿和报道提纲供发言人参考。同时，还应该准备新闻稿和新闻资料，发放给记者作为采访报道的参考。这些资料应在会议举行时现场摆放或分发、展示、播放、使用，以增强新闻发布会的效果和可信度。

案例链接 12.5

德国奔驰新车新闻发布会

奔驰公司为推出一款新车而精心组织了一个别开生面的新闻发布会，给参会记者留下了深刻的印象。

（1）新闻发布会规模与耗资巨大。德国奔驰新车新闻发布会邀请了 50 多个国家和地区的 1 200 名记者参加，为记者每天支出的住宿费就至少在 180 万人民币。

（2）新闻发布会材料全。在发给记者们的材料中，有公司历史沿革、经营情况、首脑简况以及公司总部大楼艺术特色介绍，还有关于新车的材料，光数据就数不胜数，可供挑选的照片有几百幅，有专门拍摄的一部专题影片，有介绍情况的 CD 光盘等。

（3）新闻发布会组织严密。所有参会的记者第一天上午在公司总部报到。下午 1 点半首次举行 30 分钟的会议，会议的内容主要是介绍日程安排和新车的大致情况，2 点，所有的记者 2～3 人为一组，分别驾驶近百辆不同型号、性能、装饰的新车，从斯图加特市出发，晚上 6 点左右，各国记者驾车到达乌尔姆市，先参观新车展览，然后参加奔驰公司首脑主持的新闻发布会。第二天早上 8 点，记者再驾车从另一条以高速公路为主的道路返回，中午到斯图加特机场解散、回国。

（4）新闻发布会注意搜集记者反映。当试车结束后，公司举办了一场别开生面的记者座谈会，邀请了部分记者参加此次座谈。

（5）新闻发布会服务细致。新闻发布会期间，除了精心为记者们安排好食宿外，奔驰公司的所有参会人员耐心地为记者们讲解新车的主要特点和性能。

奔驰公司举办这场新闻发布会的目的就是希望通过新闻发布会活动，让世界更好地认识奔驰，了解奔驰，驾驶奔驰。

（资料来源：郎群秀．公共关系学．北京：科学出版社，2007.）

12.4 展 览 会

展览会是一种综合运用各种媒介、手段，推销组织产品、技术或专利，宣传组织形象，建立良好公共关系的宣传活动。它通过实物、文字、图表来展示成果，图文并茂能给公众留下深刻的印象。它是社会组织塑造形象的最佳公共关系形式之一。展览会的特点是：传播媒介的多样性，传播方式的直观性，双向沟通的直接性，传播过程的高效性。

1. 展览会的类型

（1）按展览会的性质分，可分为宣传展览会和展销会

宣传展览会的目的是为了宣传某种观点、思想或某一成果，又或者是揭露某种骗局。展销会的目的是为了开拓市场，促进商品销售。

（2）按展览会的规模分，可分为大型综合展览会、小型展览会和微型展览会

大型综合展览会，如国际博览会、全国性展览会等；小型展览会，如各行业、各省区的展览会；微型展览会，如各企业、公司独家举办的展览会。

（3）按展览的内容分，可分为专题性展览会和综合性商品展览会

专题性展览会也是专业展览会，如汽车展览会、服装展览会、房地产展览会等。综合性展览会展出的商品种类较多，如世界博览会中国馆、广州中国进出口商品交易会等。

（4）按举办展览的场地分，可分为室内展览会和露天展览会

室内展览会较为隆重，不受天气影响，举办时间相对不受限制，但布展较为复杂，所需费用也较多。露天展览会布展较简单，费用较低，但受天气影响，时间不宜过长。

2. 举办展览会的注意事项

展览会是一种综合性的立体式传播媒介，要办好它，必须做好以下几个方面的工作。

（1）内容要有针对性

举办展览会要弄清参观者的类型，以便有针对性地准备展览会的内容。

（2）展览地址要便捷

举办展览会要选择良好的展览地址，它应是方便、好找；周围环境与展览会的内容协调；展览会所需的辅助设施容易配备和设置的地方。

（3）展览会传递信息的形式要一体化

展览会上用来传递信息的形式主要有展版、展品和解说词，这三者之间要合理配置，既不能重复，又不能脱节，这样才能使展览会的主题鲜明突出。

（4）解说词要精炼传神

展览会上的解说词要具体、精炼、吸引人，把具有新闻价值和传播功能的东西挖掘出来。

（5）完善的配套服务

展览会的辅助设备和相关服务要跟上，例如，为了成功地举办一个国际博览会，要专门设立一个对外贸易业务部门，专门设立订购、文书、邮政、电传、检验、海关、对外运输等服务部门，还要设置休息室、洽谈室、小卖部等设施。要举办一个国内博览会，所需的设备和所要提供的服务也是较多的。

（6）设计精美的纪念品

在展览会上应设计一些能展示组织精神的标志，并将其制作成纪念品，一方面可以联络组织与公众的感情，另一方面可以加深组织在公众心中的印象。

（7）确定展览会的经费预算

举办展览会需要一定的费用，如场地费用、设计和布置费用、职员费用、联络费用、交际费用、宣传费用、运输费用和保险费用等。在做这些经费预算时，一般应留出5%～10%的预备金，以备调剂之用。

（8）选择适当的参展商品

组织要尽量选质量较好、具有独特风格、在市场上有竞争力的商品参展，且商品的品种和档次应力求齐全，参展的商品还要有针对性。

（9）选择适宜的展览位置

如果参展，组织应尽量争取分到一楼入口处附近的位置。

（10）选择恰当的时机

何时展览，对于一些季节性明显的商品来说，是首先要考虑的因素。一般来说，展览时间应适合该项商品的销售季节，而且每次展览时间不宜过长，以免拖延时日，耗费钱财，影响效果。

3. 展览会期间的公共关系技巧

（1）与新闻界保持密切联系

在举办展览会之前，组织应先通告新闻界关于展览会的时间、地点、内容和规模等；在展览会期间，要及时向新闻界提供有关的资料，并争取广播、电视和报刊记者的采访，以此来扩大宣传，提高组织的声望。

（2）通告参观者

除通过新闻界的宣传吸引社会公众之外，组织还应直接与有关的社会机构、社会团体联系，通告公众，对特殊公众应提前发出邀请。

（3）安排一些扩大影响的活动

组织可以安排一些与展览会相关的会议，给展览会造声势，也可以邀请一些知名人士、新闻机构和主管部门的领导参加，扩大展览会的影响。

（4）搞好展览会的效果评估与总结

展览会的效果测定是对实施展览工作所带来的社会效益的测定，它主要体现在观众对展品的反映、对组织形象的认识和对整个展览会举办形式和效果的看法等方面。

案例链接 12.6

“微型广交会”震动马来西亚商家

2004年12月16日上午，在马来西亚吉隆坡的太子世界贸易中心，马来西亚的众多商家云集在这里，参加为庆祝中马建交30周年而首次在吉隆坡举办的“中国出口商品展览会暨投资洽谈会”。

记者在现场看到，太子城展览中心的大堂里，到处都是“中国出口商品展览会暨投资洽谈会”的标牌和横幅，前来办理采购商证的商家络绎不绝，5 000 多平方米的展厅里，250个摊位展示来自国内21个省市多家企业的名优特产品，主要为机电、礼品及家庭用品、装饰品和医药、食品4大类。这次展览也引起了马来西亚媒体的关注，马来西亚的中文报纸《星洲日报》、《南洋商报》、《中国报》、《东方日报》，英文媒体《星报》、《新海峡时报》和马来西亚文报纸《前锋报》、《每日新闻报》等都发布展会信息并刊登大幅广告。

据悉，除了马来西亚当地的商家和参观者，印尼、新加坡、泰国、印度、巴基斯坦等多个国家和客商都闻讯而来。有媒体称，“微型广交会”在马来西亚商界掀起了中国潮。

（资料来源：新华网．2006-03.）

12.5 庆典活动

庆典活动是社会组织围绕重大节日或自身重大事件举行庆祝的一种公共关系专题活动。庆典活动是展示组织形象、提高社会知名度的组织行为，目的是通过庆典活动达到联络公众、广交朋友、增进友谊、扩大影响的目的。庆典活动与组织的平常活动相比更加特殊和隆重，能引起公众较多的关注，因此它是提升组织形象水平的重要活动方式。常见的庆典活动有开业（工）典礼、落成典礼、剪彩仪式、交接仪式、签字仪式、发奖仪式、周年纪念大会、地方传统节日、重大活动的开幕式和闭幕式等。

庆典活动的组织工作非常繁杂，需要公共关系人员精心组织。由于庆典活动的仪式举行时间一般较短，准备工作稍有疏漏，便可能造成无法挽回的后果，影响公共关系效果。因此，在策划庆典活动时，要做好以下几个方面工作。

（1）确定纪念庆典活动的主题，围绕主题来安排活动内容

举办纪念庆典活动，组织必须要根据其所确定的目标，以及自身的需要和公众的需要进行精心设计，选择一个适合的主题，在确定主题后，再围绕主题来安排穿插有关活动内容。只有这样才能显示开展纪念典礼活动的目的和作用，才能收到应有的效果。

案例链接 12.7

“谢谢银座各界人士过去的照顾”

日本电通广告公司，在1967年7月公司成立66周年纪念日这天，由银座的旧址迁入驻地的新楼。当天清晨，200 名员工在公司总经理的率领下，举着“谢谢银座各界人士过

去的照顾”、“欢迎驻地各界人士以后多赐教”的旗帜，浩浩荡荡地由银座向驻地行进。沿街公众目睹了这一盛况，日本各大报纸和电视台也纷纷报道了这一周年纪念日的乔迁之喜，使电通广告公司闻名遐迩，给广大公众留下了美好的记忆。

（2）选择纪念庆典活动的形式

在庆典活动的主题、内容确定以后，还要确定庆典活动的项目和活动形式，活动项目必须要反映和表现主题，而且其活动形式也要选择多种方案。例如，兴办企业的开业庆典，可供选择的形式有开放参观、商品展销、企业成就展览、联谊舞会、招待酒会、先进职员表彰会、新闻发布会、消费者座谈会等。

（3）拟定庆典活动的程序，落实有关工作任务

纪念庆典活动规模一般都比较盛大，要做到有条不紊、忙而不乱，首先，需要成立一个专门的机构来指挥和协调各项公关工作的开展。其次，要安排纪念活动的具体程序。单一的典礼程序一般可以分为：主持人宣布典礼开始；宣读重要来宾的名单；剪彩或授旗、授勋；签字与互换文本；来宾致辞。庆典活动程序最好能够事先就印制好，并且在来宾到来之前，分发到每个座位上，也可以在来宾签到时分发。各种活动内容的次序安排要井然有序，相互配合，重点明确。

另外，根据纪念庆典活动的程序安排确定具体的工作任务，要妥善安排各种接待事宜，确定专人负责来客签到、接待、剪彩、放鞭炮、摄影、录像、录音以及环境的布置、道路、场地、照明、音响、订制与发放纪念品等琐碎的细节，要讲清活动内容、礼节、纪律等要求，并印制好任务安排表，发放给有关人员，作为协调各种具体工作的依据。

（4）精心拟定邀请的宾客名单

邀请宾客时不仅要考虑有关单位和左邻右舍，特别是比较重要的庆典活动还要邀请一些社会名流和新闻界人士参加。名单拟定之后，要将请柬于庆典活动举行前至少 72 小时送到被邀请人手中。如果是函寄方式，对于那些特别的宾客还有必要采用打电话等办法进行双重邀请。

（5）确定致贺词的宾客名单以及剪彩人物

致词人员必须具有一定的代表性，或应该具备一定的社会影响力。组织的致词人员应该事先拟定好发言稿，重要活动还要将发言稿提前印发给与会者。如果需要来宾致贺词，则应该提前与之联系，并在活动之前逐一落实。如果庆典安排有剪彩活动，那么参与剪彩的主方代表应该是组织的重要负责人，客方代表则应邀请地位较高或有一定名望的知名人士。

在现代公共关系活动中，为了突出组织的经营宗旨，制造社会轰动效应，组织也可以别出心裁地在庆典活动中灵活使用一些技巧。比如，商场开业典礼仪式上，就不妨邀请消

费者剪彩，可称其为“上帝剪彩”。这样做实际上既表现出组织对公众的友好态度，也表明了组织视消费者为上帝的经营宗旨，其强烈的新闻色彩也会引来众多新闻媒介的宣传报道，这远比正规的剪彩更有意义。

（6）合理安排一些制造气氛和促进理解的活动

组织可以在举办主要的纪念庆典活动时，举办一些辅助性的小节目，以增加公共关系活动的吸引力。

① 制造气氛的活动

为了活跃纪念庆典气氛，组织可以安排，敲锣打鼓、挥舞彩旗、舞龙舞狮、燃放礼花爆竹、合唱歌曲、呼喊口号、张贴标语以及庆典后歌舞演出、电影放映等辅助性活动。这些活动的安排无疑会使整个纪念庆典活动的气氛活跃起来。

② 促进理解的活动

组织可以安排茶话会、恳谈会、参观活动、招待演出、联谊舞会和赠送纪念品等。这些辅助性的活动最好由本组织的员工来亲自策划安排，以培养其当家做主的精神和职业自豪感，增强公司内部的亲和力。

（7）利用新闻媒介扩大典礼与仪式活动的社会传播面和影响面

因为参加庆典活动的公众毕竟是有限的，所以组织应争取把典礼与仪式传播到更大的公众范围中去。这就需要借助新闻传播媒介来扩大影响，如果能争取到新闻报道，还可以起到鼓舞士气的作用。例如，成都饭店全面改建竣工周年纪念活动就借助新闻报道，简述了活动内容，回顾了饭店历史，选登了国家旅游局的贺电，表达了饭店与同行搞好关系、交流经验和为公众提供优质服务的良好愿望，在扩大了自己影响的同时，也鼓舞了员工的士气。要组织好庆典活动，给公众留下深刻的印象，需要公共关系人员用心构思、认真策划、精心组织，使庆典活动热烈隆重、富有特色。

（8）庆典活动的具体实施

公共关系人员一切准备工作完成后，就应当紧锣密鼓地实施纪念庆典活动。公共关系人员事先要布置好会场，确定要登上主席台或在第一排就座的主要宾客的名单，每位宾客前面应有醒目的名卡。在主要宾客站立的地方应该铺上地毯，以示庄重。接待人员应该在活动开始前 5 分钟引导主宾进入既定区域。主席台座位的顺序应该以中间最为重要，左右两边以此类推，工作人员要妥善安排好宾客的座次。如果是筹办签字仪式，则应摆好签字者的桌椅，安排好座次顺序。

庆典活动的形式并不复杂，时间也不长，但要办得隆重热烈、丰富多彩，给人留下深刻的印象却并不容易。现场公共关系人员必须沉着冷静，做好充分准备，有序地指挥调度现场。另外，安排节目时应考虑让本组织人员参与，这样可以培养员工的归属感和自豪感。

思考题

1. 组织开展社会公益活动有何公共关系作用？
2. 你认为什么情况下可以新闻发布会的形式增强公共关系效果？
3. 如何对展览会的效果进行评估？
4. 开展庆典活动需要把握哪些主要环节？

案例分析

老字号，新辉煌——全聚德135周年店庆

全聚德集团公司决定以1999年“全聚德”建店135周年为契机，举办多层次、一系列的店庆活动。以店庆造市场，以文化兴市场，强化“全聚德”烤鸭美食精品意识，丰富“全聚德”企业文化内涵，激励全聚德集团的全体员工增强迎接新世纪挑战的信心。

全年系列店庆活动分为3个阶段。

（1）第一季度全聚德与《北京晚报》、北京楹联研究会联合举办“全聚德杯”新春有奖征集对联活动；面向全社会开展“我与全聚德”征文活动；征集店史文物活动；集团着手整理资料，编辑出版《全聚德今昔》一书。

（2）在全聚德创建日7月18日（农历六月初六）当天，举办“全聚德建店135周年店庆暨全聚德烤鸭美食文化节开幕式”。

店庆当天，上午9:30～11:30在前门全聚德烤鸭店一楼大厅举办了隆重的开幕仪式。首先是北京市商业联合会致贺词，然后举行了《全聚德今昔》一书的首发式，最后是第1亿只全聚德烤鸭出炉的仪式。其中，第1亿只烤鸭出炉及片鸭仪式成为最受关注、最具新闻价值的焦点事件，众多摄影记者为了抢到好的摄影位置，早早就在炉前等待。开幕式当天就有24家媒体参与报道，报道量达56次之多。全聚德集团在媒体选择上以报纸为主，同时兼顾电视和广播，并以公司宣传刊物为辅助，确立了全面多维的信息传播体系，收到了较好的信息传播效果。

接下来，在7月18～25日的美食文化节活动中，全聚德又推出了国际烹饪大师巡回献艺、亚洲大厨精彩绝活表演；赠送全聚德135周年纪念品；开展由顾客参与的趣味性烹饪、服务技能竞赛等活动。

（3）举办全聚德品牌战略研讨会。

这次全聚德店庆活动，众多媒体通过新闻、照片、侧记、专访进行了全面的报道，使其知名度和美誉度进一步提升，强化了品牌形象，实现了预期的目标。

分析思考：

1. 全聚德135周年店庆活动的新闻热点是什么？
2. 全聚德是如何利用新闻媒体扩大店庆效果的？

第 13 章　公共关系危机

学习目标

- 了解公共关系危机的含义和特征。
- 认识公共关系危机的管理过程。
- 熟悉公共关系危机处理的方针和原则。
- 掌握公共关系危机的应对策略。

导入案例

从“危机”到“商机”

1. 事件回放

中国国家医药监督管理局（SDA）于 2000 年 11 月 16 日发布了《关于暂停使用和销售含苯丙醇胺药品制剂的通知》，在 15 种被暂停使用和销售的含 PPA 的药品当中，包含了中美天津史克制药有限公司生产的康泰克和康得两种产品。

2. 危机调查

中国环球公关公司在接受中美史克的委托之后，迅速对中美史克公司面临的状况进行了全面而周密的调查研究，他们认为，中美史克生产的康泰克一直是中国感冒药市场的第一品牌，康泰克在国内上市 11 年以来，累计销售已超过 50 亿粒，其品牌形象深入人心。这样一个有着高知名度和美誉度的药品品牌被中国政府禁售无疑会引起轩然大波，引发媒体的报道热潮。中美史克公司对中国药监局这一决定的态度无疑将会引起新闻媒介的密切关注，如果把握不好，该事件便会引发更深层的危机。

3. 公关对策

（1）迅速反应，争取主动。中美史克应适时进行新闻发布，迅速主动阐述事实真相，表明公司从消费者健康利益出发，坚决支持中国国家药监局决定的态度。

（2）密切监测，防患未然。中美史克要全面监控国内的各类媒体、网站及竞争对手的消息，及时获取相关的最新动态，为下一步的行动提供依据。

（3）以诚相待，积极沟通。态度诚恳，以增加媒体对中美史克公司的理解与同情。

4. 对策执行

中美史克的媒介恳谈会于 2001 年 11 月 20 日在北京国际俱乐部饭店召开，来自全国 56 家媒体参加了会议，其中文字媒介共 47 家、电子媒介共 7 家（包括中央电视台“东方时空”等 8 个栏目）。与会记者纷纷就康泰克是否已经停产、中美史克公司如何看待这次 PPA 事件、对消费者与各级经销商有个怎样的说法等问题进行了提问。由于会前做了充分准备，中美史克公司对外发言人的回答给与会媒体留下了深刻印象。

5. 公关效果

PPA 事件 289 天后，中美史克公司将新康泰克产品推向市场。中国环球公关公司再一次接受中美史克公司的委托，鼎立协助康泰克重返市场。

2001 年 9 月 3 日（PPA 事件 289 天后），新康泰克上市新闻发布会，同样在北京国际俱乐部饭店举行，中美史克公司召开了“新康泰克上市北京新闻发布会”。会议共邀请了包括中央电视台、北京电视台等媒体在内的 69 家媒介，共计 73 名记者，其中 2/3 的记者均参与过 PPA 危机事件的报道。

自 2001 年 9 月 3 日，新康泰克成功上市以来，它已陆续出现在全国各大药店，并取得了非常好的销售业绩。

（资料来源：中国公关网．2004-07-20.）

20 世纪 80 年代，公共关系在世界范围内得到了迅速的发展。进入新世纪后，日趋激烈的竞争对公共关系的影响越来越多，社会组织面临着越来越复杂的生存环境，遭遇危机是不可避免的。任何组织中都隐藏着爆发危机的可能性，危机给组织造成的危害，轻则影响组织正常运营，重则危及组织的发展甚至生存，并给相关公众带来极大的损失，给社会环境造成极大的破坏。既然危机不可避免，那么正确地处理各种危机事件就成为现代公共关系活动最具挑战性的任务，同时，也是社会组织公共关系的日常工作。树立科学的危机意识，掌握公共关系危机的处理的方针、原则和应对策略，是有效消除危机影响、开发危机可利用资源、塑造组织形象、强化公共关系效用的基础。公共关系危机处理已经成为现代公共关系的主要课题。

13.1　公共关系危机的含义

从公共关系角度看，危机一般是指组织与消费者、新闻媒体、政府、社区等公众之间因为某种非常因素而引发的对于组织的声誉、形象或发展造成不良影响的非正常状态。这种危机的产生可以导致组织与公众之间的关系迅速恶化，严重影响组织的形象和正常运行，使组织的生存和发展受到威胁。但是，如果能对危机进行正确处理，通过精心策划的公共关系活动来转化危机，则不但能使组织转危为安，而且还可能组织带来更大的发展空间。

案例链接 13.1

宝洁公司对“退货事件”的处理

2006 年 9 月 14 日，新华社消息称，国家质检总局有关负责人证实，近日广东出入境检验检疫机构从来自日本株式会社蜜丝佛陀公司制造的 SK-Ⅱ品牌系列化妆品中检出禁用物质铬和钕。

当日下午20点30分，SK-Ⅱ品牌系列化妆品经销商宝洁公司也给记者发来了官方声明，该声明表示，“安全和质量对于 SK-Ⅱ至关重要。SK-Ⅱ所有产品上市前都经过了公司内部严谨的安全评估，并且在进入中国市场前都经过卫生部严格检验和注册，产品的安全和质量有充分的保障，对于本进口批次产品中发现的问题，宝洁公司将全力配合政府部门了解情况，使之得以顺利解决。”

9 月 15 日，全国各大商场就陆续对这些问题产品进行了下架处理。

随之，全国各地消费者蜂拥至 SK-Ⅱ专柜要求退货，但宝洁公司却设置了很高的退货门槛。这些苛刻的退货条款激起众怒，媒体一片哗然。自 9 月 14 日至 9 月 24 日，从新华社报道“SK-Ⅱ品牌入境化妆品被查出违禁成分”新闻的 10 天以来，许多地方的消费者因退货问题得不到解决与 SK-Ⅱ工作人员发生肢体冲突。

宝洁公司经历了一场公关危机之后，虽然最终问题得以解决，但由于它对危机公关不够重视，使得一个质量事件演变成一个公关事件。

“危机”从字面看，是“危”与“机”的组合，一方面代表着危险，另一方面也意味着机会。公共关系危机，英文为 public relations crisis，是指由于组织机构管理不善、同行竞争甚至遭遇恶意破坏或者是外界特殊事件的影响，组织与公众的关系处于极度紧张的状态，组织面临极度困难的处境。公共关系危机有以下 4 个方面的特征。

（1）必然性

公共关系危机的发生具有必然性，即任何一个组织机构都可能在经营管理的某个时段和某个环节发生公共关系危机。世界上许多知名的企业，如可口可乐、三星、博士伦等，在其发展的过程中都遇到过各种各样的公共关系危机。大到一个国家，小到一个企业，都不可避免地会发生公关危机事件。

案例链接 13.2

不管你多么强大，总有危机找上门

每年都有企业遭受危机困扰，每年都有企业在重重危机中倒下，几乎所有的企业都惧怕危机，都在寻求可以预防危机和破解危机的办法。以下就是一些企业遭遇危机的实例。

（1）1999 年，可口可乐比较烦，因为比利时和法国的一些中小学生因饮用美国饮料可口可乐，发生了中毒事件。

（2）2000 年 11 月，含有国家叫停的 PPA 成分的中美史克生产的康泰克被押上媒体的“审判台”，PPA 等于康泰克的舆论几乎将中美史克在中国多年的经营成果毁于一旦。

（3）2001 年是南京老牌食品企业冠生园的灾难年，虽然冠生园的经理吴寰中称，他们是遭到了“知情的同行暗算”，因为用陈馅当新馅在月饼行业是一种普遍现象，但是冠生园的品牌却从此倒下了。

（4）2002 年，“砸大奔”、“牛拉奔驰游大街”等事件，引发了大家对奔驰服务和质量的质疑，奔驰公司在中国消费者心中的形象也一落千丈。

（5）2004 年，阜阳劣质奶粉事件使得整个乳品行业陷入危机。

（6）2005 年 3 月以来，素以“优质”著称的洋品牌危机频现。亨氏、家乐福、肯德基与苏丹红有染，宝洁公司 SK-II 化妆品被告含有腐蚀性成分，强生婴儿油被指含有有害成分，高露洁牙膏“三氯生致癌”风波、雀巢的“金牌成长 3+奶粉”碘超标引发信任危机。

如果将企业比作一个人，那么，企业的危机就是围在脖子上的围巾：有的企业被这个围巾勒伤甚至勒死，但是有的企业将它作为服饰的点缀或者用来取暖。

（2）突发性

危机的突发性是指危机是否发生、发生的具体时间、实际规模、具体态势和影响深度，都是不可预测的，因而显得非常突然。因为危机往往潜伏着，当它经历了从量变到质变的过程，积累到了一定程度就会爆发。无论多么科学严密的社会组织也不可能预测危机怎样爆发和何时爆发。一般来说，公共关系危机都是在很短时间内爆发的，爆发速度很快，允许组织和个人做出反应的时间很短，往往使组织机构及其管理者措手不及。

（3）紧迫性

信息时代，信息的危机传播比危机本身的发展要快得多。对组织机构来说，危机一旦被媒体曝光，其破坏性的能量就会迅速蔓延，如果不能及时控制，危机会急剧恶化，使组织遭受更大损失。危机事件由于事发突然，内容往往又与公众直接相关，特别是当危机涉及人身安全问题时，公众将更加关注，传媒也会因新闻的价值，而更“热心”地进行报道披露，一经传媒报道，其冲击力是惊人的。

（4）破坏性

公共关系危机有可能对组织造成重大损失。尽管公共关系危机的性质、等级和强度有可能不同，但它们却有着共同的结果，那就是会严重削弱一个组织的运行能力，破坏其最为宝贵的财富，即声誉和形象，甚至给组织带来重大的财产损失。

公共关系危机的爆发，会严重损害组织的形象和声誉，恶化组织的社会关系，激化矛盾和纠纷，使公众对组织失去信任，挫伤员工的积极性，涣散组织的凝聚力和战斗力，处理危机耗费大量的管理时间和财产资源。当事的组织如不能及时有效的处理，就会被社会公众迅速“抛弃”，数十年甚至上百年的形象基础也因此而毁于一旦。

公关视角 13.1

投诉的负效应

根据美国学者的调查表明，每有一位通过口头或书面形式直接向公司提出投诉的顾客，就有约 26 位保持沉默地感觉到不满意的顾客。这 26 位顾客每个人都有可能对另外 10 位亲朋好友造成消极影响，而这 10 位亲朋好友中，约有 33%的人可能再把这个坏消息传给另外 20 个人。换而言之，只要有 1 位顾客不满意。就会产生 1+（26 × 10）+（10 × 33% × 20），即 327 人的不满意。可见，哪怕是一个小小的非媒介投诉，都会产生如此大的影响。

13.2 公共关系危机的管理

公共关系危机管理是公共关系发展中的新领域，是对危机处理的深化和对危机的超前反应，是社会组织在探讨危机发生规律、总结处理危机经验的基础上形成的新型管理范畴。其做法是针对组织自身情况和外部环境，分析、预测可能发生的危机，然后制定出针对性措施。公共关系危机管理的目的一是防患于未然，将危机爆发的可能性降到最低限度，将事故消灭在萌芽状态，二是一旦危机爆发，能胸有成竹、有条不紊地将危机化解，把损失控制在最小范围内。

公共关系危机的管理过程包括公共关系危机的预防、公共关系危机的监测、公共关系危机的预控、公共关系危机的处理措施、公共关系危机处理的评价等5个方面。

13.2.1 公共关系危机的预防

组织的公共关系部门应根据本组织的具体情况，全面预测可能发生的各种公共关系危机，并针对可能发生的各种意外，制订出详细的预防计划和危机处理方案，并把这些计划和方案列入公共关系手册或安全守则中，使得预防和处理公共关系危机的工作条例化、规范化。只有这样，才可以在公共关系危机发生时临危不乱。具体措施应包括以下几个方面的内容。

1. 危机因素调查预测

危机因素调查预测是指根据组织生产经营的特征，经过详细的调查，列出各种可能导致公共关系危机发生的因素。在进行危机因素调查时，要求公共关系人员要就组织的整个生产流程、管理环节以及外部所有可能引发危机的因素进行认真细致的分析研究，并对引发危机的各个因素进行排队，重点监测最有可能引发公共关系危机的一些因素。

2. 危机预防计划的制订

危机预防计划应包括危机监控计划、员工危机教育计划、危机防范措施计划、危机处理计划等。

（1）危机监控计划

危机监控计划是指对危机因素实时监控，可以及时发现危险的苗头，有机会将危机消灭在萌芽状态。对引发危机的组织内部因素的监控，主要是通过规范生产流程和各种规章制度来实施的。而对引发危机的组织外部因素的监控，需要借助合作伙伴、政府、行业协会等外部公众的合作，进行公共关系调查来完成。

（2）员工危机教育计划

对员工进行危机防范教育，有助于培养员工的危机防范意识。尤其是有计划地让员工经历危机预防的实战锻炼，使员工身临其境，直接感受危机带来的压力，对增强员工责任感和安全意识是很有帮助的，这也是一种有效的危机防范措施。

（3）危机防范措施计划

危机防范措施应包括安全工作规范、安全生产措施、产品质量控制措施等。危机防范措施在危机公共关系处理中占有重要地位，因为最好的危机处理方法就是将危机消灭在萌芽状态。危机防范措施就是防止和控制危机的发生，使其能在萌芽状态就得以化解。

（4）危机处理计划

危机处理计划则应该是一套完整的、对已经出现的危机做出的反应行动计划。危机处理计划与其他一般计划最大的不同之处在于一般计划制定之后都要付诸实施，而危机处理计划只是在紧急状态下才实施的。

危机处理计划应包括以下几个方面的内容。

① 危机处理委员会或危机处理小组的人员构成及其责任。危机处理委员会或危机处理小组的规模一般为5～7人，小组成员在多数情况下可以兼职。该小组成员可以来自组织的各个部门，也可以成立一个专门机构。

公关视角13.2

危机管理人员组成的最佳方案

英国危机公关专家里杰斯特提出，危机的管理人员应由以下几个方面的人员组成。

（1）能出主意的人，他们一般点子多，创意多。

（2）善于收集各方面信息的人。

（3）能从多角度多方位考虑问题的人。

（4）善于管理分析资料的人。

（5）重视人道主义的人。

② 处理危机的通信设施与系统。在处理危机的时候，信息渠道通畅是取得成功的关键和保障。在危机处理计划中必须制订确保危机处理过程中通信设施与系统的有关计划，实质也就是要确保信息渠道通畅的计划。

③ 处理各种危机的行动方案。行动方案是进行危机处理的具体实施过程。在行动方案的制订过程中，要考虑到各种危机所发生的环境、原因、特性等具体因素，确保有针对性的开展危机处理工作，提高取得成功的几率。行动方案应包括具体政策、措施、原则等。

13.2.2 公共关系危机的监测

危机的监测是不断地对危机现象、危机前兆和危机起因进行监视，并及时做出危机预测，从而有针对性地预控危机，以提高组织的危机反应速度。危机监测具有监视和预测两方面的功能。

危机监测对象主要有以下几种。

（1）危机现象

危机现象是指危机发生过程中所表现出来的一些表象，例如，火灾中的异常烟雾、火光和热辐射等。危机现象在一定程度上反映了危机的一些本质问题。监视危机现象是为了评估或推测危机发生的原因、进程或发展趋势。

（2）危机前兆

危机前兆是指危机爆发前出现的一些征兆，例如，小事故频发就是组织安全危机的前兆。

监视危机前兆是为了预见可能发生的危机，以便组织能赶在危机爆发之前采取措施，或者制止危机大爆发，或者避开危机的危害。

（3）危机起因

危机起因是指可能引起危机的各种要素。例如，本企业产品质量大幅度下降、违章操作、管理失当等。危机的起因是危机监视的主要对象，监视危机起因的前提是已经找到或者猜测到危机与某一因素之间的内在联系。

13.2.3 公共关系危机的预控

危机的预控是在危机监测基础上对可能引发危机的各种因素进行控制，以达到防止危机爆发的目的，它直接关系到能否有效地避免危机，是危机管理的工作重点。

1. 危机预控的主要方式

危机控制的主要方式是预先控制，是根据监测的结果，对各种可能引起危机的因素在危机爆发之前加以控制，预防危机的爆发。同时，全体员工的共同参与也是预控危机的重要方式。因为员工处于生产的第一线，对各种危机因素了解的比较清楚。这种方式一方面便于直接对危机因素实施监测；另一方面，群众提出的预控措施往往比较有效，再将这些措施与日常工作相结合，容易达到预控危机的目的。

2. 经常性危机预控的主要内容

（1）组织机构设置及人员配置

公共关系危机预防管理与特定的危机处理不同，特定的危机处理是一次性的，而危机预防管理是日常性的，所以应设置危机日常管理机构，该机构不仅可以承担危机的日常监测、识别诊断、评价和预警预控工作，而且还可以向组织内外公众表明“认真负责的管理态度”。例如，成立危机管理委员会或危机管理小组；拥有一支训练有素的危机应急队伍，以应对各种突发事件，在危机来临之际帮助组织顺利渡过难关。

（2）建立危机管理制度

组织必须建立健全危机管理制度，以便有效地实施危机的预防与处理，并以此来约束组织成员的行为，从而保证危机管理方针、政策、措施的有效实施。

根据国内外公共关系管理专家的经验，仅仅制订危机预防计划和危机处理计划还不够，还要根据危机计划内容制定出危机管理手册，其中应该包括详细的危机预防措施、危机处理组织机构、危机处理程序、措施、政策、危机管理制度等。危机管理手册应该发放到每个工作人员手中，一旦危机发生，大家有章可循，避免发生混乱。

（3）有效实施预控措施

有效实施预控措施包括认真落实危机预控管理计划，坚持实时监测，认真执行危机管理制度等。

（4）组织危机预演

由于危机不会经常出现，所以对多数人来说，对危机处理是没有经验的，通过训练和模拟演习来积累危机处理的工作经验是较为可行的方法。

（5）做好危机管理的物质准备

物质准备的内容包括处理危机所需经费、必要设备、信息资料等。例如，完善的信息资料和方便的通信方式，这一点必须依靠平时的积累和准备。

案例链接 13.3

肯德基所面临的公共关系危机是其咎由自取

2005 年 3 月 15 日，上海市相关部门在对肯德基多家餐厅进行抽检时，发现新奥尔良鸡翅和新奥尔良鸡腿堡调料中含有“苏丹红一号”成分。3 月 18 日，北京市食品安全办紧急宣布，该市有关部门在肯德基的原料辣腌泡粉中检出可能致癌的“苏丹红一号”，这一原料主要用在“香辣鸡腿堡”、“辣鸡翅”和“劲爆鸡米花”三种产品中。苏丹红事件让肯德基瞬间面临着突如其来的信任危机，原本生意火爆的肯德基餐厅随之出现门可罗雀的情景。但事实是，早在 1995 年，苏丹红就被确认为致癌物，欧盟和其他一些国家已经开始禁止其用于食品；2004 年 6 月 14 日，英国食品标准管理局在食品中发现苏丹红色素，随即发出警示；2005 年 2 月 23 日，中国质检总局也已经开始通知全国彻查。人们对肯德基餐厅发出这样的疑问：作为国际知名的跨国餐饮连锁公司，为什么就不能重视这些提醒和警示，加强自身检查和管理呢？如此看来，肯德基所面临的公共关系危机是其咎由自取的结果。

13.2.4 公共关系危机的处理措施

危机的处理指的是在危机爆发后，为减少其危害，按照危机处理计划和应对策略采取的直接处理措施。危机对组织造成危害的大小，以及组织是否能够转危为安，都取决于危机处理的有效程度。

1. 隔离危机

隔离危机就是切断危机蔓延到组织其他地区的各种可能途径。隔离危机应主要从两个方面入手。

（1）人工隔离。它是指在人力上明确分工，一部分人处理危机，另一部分照常维持日常工作，这样可以避免因危机发生使日常工作陷于停顿，造成更大的损失。

（2）事故隔离。它是指对危机本身隔离，对危机的隔离应该从发出警报开始。报警信号应明确危机范围，以便使其他部分的正常工作不被影响，同时为处理危机创造有利条件。

2. 在危机的各个阶段应采取的措施

（1）危机初期——深入现场，了解事实

危机发生初期，组织和有关公众对信息模糊不清，所得到的信息可能前后矛盾。这些前后矛盾的信息容易引起社会公众对组织的误解、偏见甚至敌视。不过，此时的公众还没有介入行动。这时组织的危机管理委员会或危机事故处理小组应该能够立刻行动。同时，组织的高层领导必须亲临现场，组织危机处理工作。最好率领专业人员以最快的速度展开调查，弄清危机事件发生的时间、地点、原因、人员伤亡、财产损失等情况。

（2）稳定期——确定对策，发布消息

当掌握了危机事件的第一手资料，清楚了公众和舆论的反应后，组织应在高层领导人的直接参与下，迅速确定一系列对策和措施。确定对策既要考虑危机本身的处理，又要考虑好处理危机所涉及的各个方面的关系，抓住机遇，恢复声誉。同时要不失时机地召开新闻发布会或记者招待会，向新闻媒介公开危机的有关情况，这里要注意，一定要真诚地对待新闻媒介，不论是好消息坏消息都不要隐瞒，要公布真实的调查结果，以及组织正在采取的措施。同时恳请新闻媒介密切合作，防止不利的消息和舆论。与此同时，还要与受害公众和各方面公众沟通，争取公众的理解。

（3）抢救期——控制事态，减少损失

抢救期是危机灾难发展到顶峰的时期，抢救工作进入关键阶段。在此期间，组织应该及时把抢救工作的最新消息传递给新闻媒介，要有条不紊地理顺各种关系，并且可以争取权威性机构帮助解决危机。要设法使受到危机影响的公众理解组织，并帮助组织解决问题，争取事态向有利于组织的方向发展。

（4）危机末期

在危机末期，危机管理委员会有3项重点工作。

① 安顿人心，对受害公众给予补偿、安慰、关怀，对广大客户和消费者加强沟通，以情动人。

② 对危机处理情况作全面调查、评估、总结，并将结果写出详细的书面报告，以便向董事会和股东汇报，向公众和媒介公布。另外，还要进一步修正危机预防计划和危机处理计划。

③ 提出恢复组织形象、恢复产品信誉、重返市场的计划。

13.2.5 公共关系危机处理的评价

公共关系危机的评价是指当对危机事件的处理暂时完成后，公共关系危机的工作并没有最后完结，还需要进一步消除社会影响，重塑组织形象。并且认真总结在事件发生期间公共关系处理的方式、方法的合理性和有效性，为今后的公共关系危机的处理提供经验和方法上的借鉴。

1. 公共关系危机处理的评价原则

（1）客观性原则

客观性原则是指在公共关系危机的处理过程中，采取了什么样的措施，进行了什么样的分析，做出了什么样的决策，调查到什么样的第一手材料，都要客观地加以总结和分析，从中找到切实可行的处理问题的规律。

（2）讲求实效原则

讲求实效原则是指组织要从社会效应、经济效应、心理效应和形象效应等方面，评价消除危机有关措施的实际效果。

2. 公共关系危机处理的评价的标准

（1）在危机处理过程中，公众受到的不良影响是不是降到了最低。

（2）在公共关系危机处理的实施过程中，给社会造成的损害是不是最少。

（3）在危机事件发生后所进行的处理过程中，组织是不是以最小的代价，保住了组织在经济方面最大的利益。

（4）在公共关系危机的处理完成后，组织在公众心目中的形象受到的损害是不是最小，或者是否已经以最大的努力在公众中建立起组织的新形象，以最大可能恢复了组织的美誉度和公众对其的信任。

3. 公共关系危机处理的评价方法

（1）数据分析统计法

数据分析统计法是指在实施过公共关系危机处理后，对组织在事件处理过程中所进行的一系列工作进行收集、整理，进行量化核算，将其行为最终和组织的效益、形象以及公众的认可和社会利益结合起来，通过统计和换算，总结在公共关系工作实施中成功的经验和失败的教训。因为数字是一种很能说明问题的佐证。

（2）实效调查法

实效调查法是指通过走访各方当事人，诸如组织中的决策者、管理者、责任人、受害人、社会公众、相关的专家、学者以及各种有关人员，从不同的角度分析、评价公共关系危机处理方法和措施的成败得失，使组织从中找出重点，总结成功的原因和不足之处，以便把握规律，积累经验，防患于未然。

13.3 公共关系危机处理的方针和原则

公共关系危机的处理是一项专业性很强的工作，公共关系人员能否及早地发现危机的某些早期征兆，将危机消除在萌芽状态，能否做到危机出现，临危不乱，需要公共关系人员熟练地掌握公共关系危机处理的方针、原则和应对策略。

13.3.1 公共关系危机处理的方针

公共关系危机事件一般都出乎意料，舆论影响较大，时间比较紧迫，处理起来比较棘手。作为组织机构中的公共关系部门，在处理危机事件中往往处在第一线，其决策和行动的基本方针如下。

（1）保持镇定，判明情况

作为处理突发事故第一线的公共关系人员，一定要处变不惊，保持镇定清醒的头脑，尽快了解危机发生的全部经过，判明有关情况。

（2）真实报道，争取主动

危机发生后，各公共关系部门要主动向新闻界提供真实、准确的信息，公开向广大公众表明自己的立场和态度，引导新闻界撰写出正确的新闻报道。

（3）谨慎从事，坚决果断

公共关系人员在处理危机的时候应该从全面考虑，谨慎从事，切忌鲁莽轻率。同时，处理危机要坚决果断。优柔寡断会贻误处理危机的最佳时机，致使组织形象受到更大的损害。

（4）言语婉转，态度尊重

组织的公共关系人员在处理危机过程中，和公众沟通时要言语婉转，态度尊重。例如，一声“请”、“谢谢”、“对不起”或者一个温暖的微笑，都会使人“心满意足”，甚至化干戈为玉帛。

（5）注意措辞，统一口径

对于组织的发言人来说，一言既出，驷马难追，如果措辞不当就会引火烧身。另外，发言时要注意组织内部要统一口径，这既可以显示出组织的周密团结，又不会让公众在言辞的差异中找出破绽，甚至产生疑虑和猜测。

案例链接 13.4

“真实传播，挽回影响”

1993 年 10 月，万家乐公司生产的热水器在短短的一个月内，连续发生多起“爆裂”事故，引起郑州市消费者的关注和投诉。但万家乐热水器厂家声称，检测结果显示“爆裂”不是产品质量问题引起的，而是由于水质问题引起的，于是以此为借口，迟迟不采取危机处理措施。

1994 年 10 月，新华社记者随全国人大常委会消费者权益保护法执法检查组到郑州检查，接到消费者的投诉后，写了“郑州多次发生‘万家乐’热水器爆炸事故”的新闻稿。在记者的新闻稿中“爆裂”变成了更具新闻吸引力的“爆炸”一词。万家乐公司依旧没有重视这个消息，未对此事采取任何应对措施。新华社发出该新闻后的第二天，全国几乎所有大报纸都在头版位置刊登了这则消息，使万家乐的品牌遭受了重创及毁灭性的打击。万家乐公司的错误做法终于使这些公众异议演化成了一场严重的公共关系危机事件，导致公司遭受重创，企业形象严重受损。

由以上案例可以看出，社会组织在处理突发事件时的宗旨就在于“真实传播，挽回影响”。因为只有真实、准确的信息传播，才能够使组织争取和获得公众的信任、理解和配合，才能把握公众舆论的主动权，变不利因素为有利因素，尽快恢复组织的社会声誉。

13.3.2 公共关系危机处理的原则

一些危机事件是可能危及组织生存和发展的严重恶性事件，并且处理危机事件也不仅仅是组织的某个职能机构、部门和少数几个人的公共关系行为，组织的所有成员都有责任和义务积极参与其中，都应积极主动努力配合有关职能机构或部门，才能妥善圆满地处理好公共关系危机。

公共关系危机处理的成败，就在于社会组织的所有成员是否遵循有关原则和要求。有效处理公共关系危机一般应遵循以下原则。

1. 主动性原则

在处理危机时，不论是何种性质的危机，不管危机的责任在哪一方，企业都应主动承担责任，妥善处理危机。即使受害者在事故发生中有一定责任，企业也不应首先追究其责任，否则会各执己见，加深矛盾，不利于问题的解决。在情况尚未查明，而公众反应强烈时，组织可采取高姿态，宣布如果责任在己，一定负责赔偿，以消除影响。

案例链接 13.5

SONY 彩电"召回"风波

2003 年 7 月 29 日，索尼（中国）公司发布了一则"致索尼彩电用户的通知"，由于索尼有 10 款"特丽珑"电视机的电容器件有瑕疵，它们将在日本召回 34 万台"特丽珑"电视机。在中国市场，索尼公司并没有销售以上 10 个型号的彩电，但是在 1998 年 1 月至 1999 年 6 月间，索尼在中国生产的少量 21 英寸彩电中的 6 型个号也使用了该类零件，如有中国用户发现以上型号的索尼彩电出现类似情况，索尼在华的顾客服务机构将会负责提供"恰当的检查及维修服务"，"如因此为您带来任何不便，我们表示真诚的歉意"。

索尼中国公司在处理这次公关危机时显得临阵不慌，并主动出击，把可能会扩大的危机尽量弱化和降低扩散性，并正确地引导了媒体的舆论导向，在整个危机公关的开始阶段以积极的态度取得了主动权，维护了索尼品牌在中国的形象。

（资料来源：中国公关网．2006-09.）

2. 及时性原则

公共关系危机处理的目的在于处理突发性事件，尽最大可能地控制事态的恶化和蔓延，把因公共关系危机造成的损失减少到最低程度，在最短的时间内挽回组织的损失，维护组织的形象。因此，事件发生后，公共关系人员要迅速做出反应，果断进行处理，在处理突发性事件时赢得了时间就等于赢得了形象。

案例链接 13.6

从汶川地震看中国政府的危机公关

中国 30 年以来最严重的地震正在演变成为一场规模巨大的灾难。四川山区的数十万群众亟须紧急救援。面对紧迫灾情，我国政府的速度反应表现在以下几个方面。

（1）应急速度快。在地震发生后，胡锦涛主席立即做出指示，要求尽快抢救伤员，保证灾区人民生命安全；温家宝总理立即赶赴灾区指挥救灾工作；解放军总参谋部的应急预案立即启动。

（2）信息披露速度快。5 月 12 日 14 时 46 分，新华网就发布消息：四川省汶川县发生 7.8 级强烈地震。

（3）扑灭谣言速度快。汶川地震发生后，谣言四起，其中有谣言称北京将发生余震，一时间闹得人心惶惶。但是，仅在汶川地震后2小时，国家地震局就公布，北京当晚发生余震的传言不实，北京地区近期都不会发生破坏性地震。

这是一种前所未有的速度。从地震发生到信息发布，到启动应急预案、抢险救灾，所有这些工作都在2小时以内启动的。

此次汶川地震，让公众看到了政府在灾难（重大危机）面前的应对能力。

（资料来源：www. chinapr. com）

3. 真实性原则

真实性原则是指对于头绪繁多，变化多端的突发性公共关系危机，往往会让人在混乱的表象面前产生种种猜疑误解，甚至会流传出许多谣言。这时只有本着实事求是的态度，公布事实真相，让事实说话，才能防止流言蔓延，影响组织的形象。

案例链接 13.7

“说真话”

艾维·李就主张组织应该“说真话”，把有关情况尽快如实地告诉公众，以缓和紧张的公众关系，争取公众谅解。艾维·李曾在帮助某铁路公司处理人员伤亡事故时，采取尽快公布事故真相、向有关各方诚恳道歉等措施，使该铁路公司恢复了信誉，乘客数量与事故前相比非但没有减少反而有所增加。

4. 公众性原则

危机产生的实质实际上是组织利益与公众利益的失衡，此时组织应尽可能地把公众利益放在首位，以公众的利益为出发点，寻求组织利益与公众利益的平衡，否则小危机会转变成大危机。在很多情况下危机会给公众带来经济损失，这时如果组织牺牲一下自身利益，不仅能够获得公众的理解、支持和认可，还有利于与公众建立良好的公共关系。

案例链接 13.8

专机运送一个小部件

在美国宾夕法尼亚有一家公司是IBM的客户，该公司购买的IBM计算机主机因一个小部件出现故障而被迫停机。IBM公司得知客户反应的问题后立即安排专人负责处理。由于该部件不常用，宾夕法尼亚并没有配件，于是IBM公司以最快的速度从科罗拉多州找到更换部件，并派专机运送，于24小时内为客户排除了计算机故障，使之避免了更大损失。

类似的做法尽管使IBM付出的代价远远超出了它从中直接得到的经济效益，但却赢得了顾客的信任和赞誉，保证了公司的快速发展。

5. 善后性原则

公共关系危机带来的不良社会影响、不可能在一朝一夕消失殆尽，因此还要做好危机事件的善后工作，包括对公众损失的补偿，对社会的歉意，对自身问题的检讨等。

案例链接 13.9

勇担责任赢得顾客

2001年3月23日，是杭州家世界超市重新开张后的第6天，为酬谢顾客，家世界超市进行特价促销，到8点钟超市开张时，顾客不顾工作人员的劝导，争先恐后地进入超市，因人群拥挤，玻璃大门被挤破，造成一名顾客的手指被划破。事发后，家世界超市立即委派两名员工送伤者去医院治疗，慰问伤者家属，并由该超市承担受伤顾客的医疗费用。对于一个超市来说，顾客在购物时受伤本是非常令人不快的事件，会对组织的声誉造成不良的影响，而家世界超市主动在第一时间承担责任，得到了顾客的谅解，同时也树立了良好的组织形象。

（资料来源：中国公关网．2006-09.）

6. 灵活性原则

由于危机多属于突发性的，不可能有既成的措施和手段，因此公共关系危机事件的处理要针对不同情况下的危机情况要具体问题具体分析，只有根据具体情况，才能进行有针对性、灵活性的处理。由于危机多属于突发性的，不可能有既成的措施和手段。

案例链接 13.10

“先生，你走运了”

在比利时布鲁塞尔的一家超级市场，一位顾客买了一台照相机和变焦镜头，货架上标价是2 500比郎，但在收款处电脑上打出的价格却是1 500比郎，收款员又打了两遍还是和第一次一样，于是笑着对顾客说：“先生，你走运了。”收款员按1 500比郎收取货款后，才通知有关部门来修理电脑。对该超市来说，虽然损失了1 000比郎，但却得到了顾客的信任和赞誉。

13.4 公共关系危机处理的应对策略

公共关系危机的处理是在调查研究的基础上，通过对危机性质的正确判断和公共关系危机处理目标的确定，制定相应的对策和具体措施，并付诸实施。根据不同的公众对象应分别采取不同的应对策略。

1. 对组织内部的应对策略

公共关系危机处理工作小组应迅速而准确地了解事态的发展，制订总体方案并通告内部全体人员，以统一认识，共同行动。同时，奖励处理危机过程中作出突出贡献的工作人员，惩罚引发危机事件的责任者，并将处理结果及时地向外部公布，以求得公众的理解、支持和合作。

2. 对受害者的应对策略

组织要认真了解受害者的情况，主动承担相应的责任，并诚恳地向受害者道歉。耐心地听取受害者的意见，及时地了解和满足有关赔偿损失的要求，即使受害者有一定的责任也不宜追究，否则双方发生争执会影响事件的解决。要尽最大的努力做好善后处理工作，给受害者以安慰和同情，尽可能提供他们所需要的服务，并尽快实现。在处理整个危机事件的过程中，设专人负责与受害者接触，不要随意更换负责处理事件的工作人员，保持各项分工人员的稳定性，给受害者一定的信任感，也有利于事件的妥善解决。

3. 对上级主管部门应对策略

危机事件发生后，要及时、主动地向直属的上级主管部门汇报，不能言过其实或虚报谎报，要实事求是。在事件处理过程中，要经常地、及时地与上级主管部门保持联系，定期地报告事态的发展情况，以求得上级主管部门的指导和支持。事件处理结束后，组织要写一份书面材料，详细地报告这次危机事件的处理经过、所采取的办法以及处理的结果，同时，报告中还要说明今后的预防措施。

4. 对新闻界的应对策略

组织应主动地向新闻界提供真实、准确的信息，公开表明组织的立场和态度，以减少新闻界的猜测，这有助于新闻界做出正确的报道，尽可能地使其用有利于组织的内容、形式对外公布。注意引导新闻界从公众的立场和观点进行报道，不断提供公众所关心的信息，向公众说明事实真相，并向有关公众表示道歉及承担责任。引导新闻界谨慎传播，在事实未完全明了之前，不要对事件的原因、损失以及其他方面的任何可能性进行推测性报道，不轻易表示赞成或反对的态度。对新闻界表示主动、合作的态度，对确实不便发表的信息，也不要简单地说“无可奉告”，而应说明理由，以求得记者的同情和理解。对重要事项要以书面形式发给记者，避免报道失真。

案例链接 13.11

创维主动与记者沟通

2004 年 11 月 30 日，创维集团香港上市公司创维数码突然临时停牌。当天，该董事局主席黄宏生等高层，因涉嫌“串谋盗窃”公司资金逾 4 800 万港元，被香港廉政公署拘捕，包括创维数码董事局主席黄宏生等与此案有关系的人士达 15 位之多。事件发生后，香港亚视新闻、廉政公署网站等立即进行了公布，因此，在短短几个小时内该事件就传遍了包括媒体在内的整个家电行业。

事件发生后，创维在第一时间内做出了反应，集团副董事长张学斌连夜召开了高层会议，并在第二天举行了媒体记者说明会，邀请来自全国的 50 多位行业记者，公布事件情况，这在一定程度上统一了记者的思想，起到了稳定大局的作用。

5. 对其他公众的应对策略

组织应通过各种渠道向其他公众说明整个事件的经过、处理方法和今后的预防措施，以获得他们的理解和支持。在危机事件的处理过程中，如果有其他公众来访，组织的工作人员要热情接待，同时对于他们提出的各种问题，要坦诚地回答。危机事件发生后，即使是没有受到直接伤害的公众在某种程度上也会产生心理恐慌，因此，组织也要向其他公众表示诚挚的歉意。

6. 对业务往来单位应对策略

危机发生后，组织应尽快、如实地向业务往来单位传递事件发生的信息，并以书面的形式通报组织正在采取的对策，如有必要应派专人到各单位当面解释。在危机处理过程中，组织应定期地向各单位及各界公众通报处理的进展情况。危机处理完毕后，还要以书面的形式向各单位表示诚恳的歉意。

总之，组织在危机处理时必须反应迅速，掌握主动权，有效治疗，积极防疫，因势利导，才能防止危机的加重。不管何种形式危机，只要组织采取有效的对策，进行自我保护，危机状况是可以减轻甚至避免的，这正是公共关系的独特作用。

思考题

1. 公共关系危机会对组织产生哪些影响？

2. 公共关系危机的内部成因有哪些？
3. 为什么公共关系危机可以预防但不可消除？
4. 为什么在公共关系危机处理中组织对待危机的态度非常重要？

案例分析

“泰莱诺尔”中毒事件

1982 年 9 月 30 日早晨，有消息报道说，芝加哥地区有 7 人因使用强生公司生产的“泰莱诺尔”镇痛胶囊而死于氰中毒。这一消息引起了美国使用“泰莱诺尔”药的约 1 亿消费者的巨大恐慌。

博雅公关公司 1978 年以来一直负责“泰莱诺尔”的宣传工作。危机发生后，强生公司的公关部门会同博雅公司立即采取措施控制危机。他们采取的第一项关键性措施是与新闻媒介通力合作，因为新闻界是向公众报警的关键。本着对社会负责的态度，该公司还将预警消息通过媒介发向全国。随后的调查表明，全国 94%的消费者知道了有关情况。

强生公司为了保护消费者，还以 1 亿多美元的代价从市场上撤回了 3 100 万瓶胶囊。同时花了 50 万美元向有关的内科医生、医院和经销商发出警报。

随后，立即开始的第二阶段工作是重返市场。博雅公关公司为强生公司组织了一次记者招待会，邀请 30 个城市的记者参加，并通过卫星将记者招待会的实况传向世界各地。1982 年 11 月 11 日，美国各电视网、地方电视台、电台、报纸报道了强生公司抗污染包装的胶囊重返市场的消息。公司还花了 5 000 万美元向消费者免费赠送这种重新包装过的药品。

一年后，强生公司重获大部分市场份额，公司及其产品也重新得到公众的信任。

分析思考：

1.“泰莱诺尔”中毒事件发生后，强生公司采取了哪些对策？
2. 强生公司的做法是否符合公共关系危机处理原则？

第 14 章　公共关系礼仪

学习目标

- 熟悉公共关系礼仪的含义和原则。
- 了解公共关系人员的个人外在形象是如何确立的。
- 掌握公共关系语言礼仪的规范和禁忌。
- 合理地运用公共关系活动礼仪。

导入案例

微笑是最具魅力的礼仪

被誉为“全球旅馆业之冠”的美国希尔顿饭店，其创始人康纳·希尔顿是一位传奇人物。他于1919年以仅有的5 000美元作资本，在得克萨斯州办起了美国第一家旅馆，经过几年的经营，希尔顿的资产增值了一万倍。这时，他踌躇满志，颇为得意地向母亲炫耀他如何赚钱有方，而他的母亲淡然一笑说道：“你拥有5 000万资金有什么了不起？知道比这更值钱的东西是什么？”希尔顿被问住了。母亲又说：“我看，做生意除了要对顾客诚实之外，你还得想出一个简单可行、不花钱又行之久远的办法，去争取顾客的反复光临，这样，你的旅馆才会前途无量，资金才能不断增加。”母亲的忠告，引起希尔顿的思索，什么才是“简单”、“可行”、“不花钱”却又“行之久远”的赚钱之道。希尔顿思索良久，确认只有“微笑”才具备上述条件，具有无穷的魅力。于是，他要求企业的员工，不论在什么情况下，都必须对顾客保持微笑。终于，持之以恒的微笑收到了出人意料的效果，在经济危机严重的年代，只有他的旅馆员工始终坚持微笑待客，这给人们留下了深刻美好的印象。经济大萧条过去后，希尔顿的事业率先进入繁荣时期。当初只靠5 000美元起家的小旅馆，成功吞并了号称“旅馆之王”的纽约华尔道夫奥斯托利亚旅馆，还买下了号称“旅馆皇后”的纽约普拉萨旅馆，使希尔顿拥有的旅馆扩展到了100家，遍布于世界五大洲的各大城市，成为名副其实的全球旅馆业第一名。

美国沃尔玛零售公司是世界500强企业，它的微笑服务享誉全世界。在微笑服务上，他们有一个统一的规定，要求店员对顾客微笑时必须要露出 8 颗牙齿，只有微笑时露出 8 颗牙齿才算“合格”，因为当把 8 颗牙齿全都露出来时，人的微笑才表现得最为完美。因此，店员必须要进行不断地练习，一直到完全合格为止。这个近乎苛刻的“微笑要求”让沃尔玛的服务一直在世界范围里领先同行，也取得了巨大的经济效益。

公共关系工作需要广交朋友，沟通各种信息，融洽与协调各方面的社会关系，减少社会摩擦，化解各类矛盾与冲突，为组织创造一个和谐的社会关系环境。在组织与社会各界的交往中，最应该讲究的就是公共关系礼仪。可以说，公共关系是通过人际交往建立起来的。无论是公共关系的建立，还是公共关系活动的实施，都离不开人际交往。而人际交往的实现又离不开礼仪的协调，公共关系礼仪对人际交往的调节是形成积极的、富有成效的人际交往和良好的公共关系状态的必要条件。因此，公共关系礼仪既是公共关系人员所必需的自身修养和业务素质的体现，也是公共关系人员为塑造组织良好形象所必须掌握的公共关系手段。

14.1　公共关系礼仪概述

1. 公共关系礼仪的含义

礼仪是在交往中体现出来的人们之间互相尊重的意愿，是与人交往的程序、方式以及实施交往行为时的外在表象方面的规范，包括语言、仪容、仪态、风度等。

公关视角 14.1

礼仪的作用

美国著名哲学家洛克曾说过：“礼仪是一个人在他的一切别种美德之上加上的一层装饰，通过这层装饰对别种美德产生效用，使他获得一切与他接近的人的尊重与好感。没有良好的礼仪，高贵会被人看成是骄傲、自信会被人看成是自负、谦虚会被人看成是无用、诚实会被人看成是愚蠢。”这一段话是对礼仪作用的最好诠释。

公共关系礼仪是指公共关系人员为塑造（或维系）组织主体良好形象而在与公众交往过程中，所应遵循的合乎社会规范和道德规范要求的各种礼仪规范与准则。公共关系礼仪对于当今的公共关系人员来说，无疑是一种“通行证”。公共关系礼仪是组织风貌、员工精神状态、公共关系人员工作水平和专业技能的最集中体现，是公共关系沟通和社会交往的方法，是处理公共关系事务所必须遵循的行为准则。

公共关系礼仪以追求人与人之间，社会组织之间，人类社会中的和谐互惠为目的，本质是创造真、善、美。在学习和传播公共关系礼仪的过程中，必须理解和把握公关礼仪的这种追求的本质。公共关系礼仪是礼仪在公共关系领域的具体化，主要包括以下3个方面的内容。

（1）公共关系人员形象礼仪

公共关系人员形象礼仪是指公共关系人员应具备的礼仪修养及仪容、仪态、服饰等个人形象。

（2）公共关系人员语言礼仪

语言是人际交往最主要的方式，也是公共关系礼仪的重点。语言包括有声语言和无声语言。公共关系语言礼仪包口头语言礼仪和体态语言礼仪。

（3）公共关系人员活动礼仪

公共关系人员活动礼仪是指公共关系人员在组织（或参与）各类社交活动时应遵循的礼仪，它包括握手、递接名片、接待、拜访、会议、宴请、商务等礼仪。

2. 公共关系礼仪的原则

（1）诚信原则

诚信即诚实，守信用。在社会交往中，待人真诚，讲求信用，不虚情假意、圆滑世故、言而无信。

（2）宽容原则

宽容即宽大有气量。在社会交往中要胸怀博大、宽宏大度；要求同存异，不要求全责备、斤斤计较，当他人与自己观点、行为有差别时，多体谅、多理解、多换位思考、多设身处地为他人着想。

（3）谦恭原则

谦恭即谦虚而有礼貌。谦恭是礼仪的情感基础，是人际沟通的桥梁和润滑剂。因此在社会交往中不要狂妄自大、蛮横傲慢，要注意维护他人人格的独立和尊严。

（4）平等原则

平等即人与人交往时地位与人格的平等。在社会交往中，对待交往对象要一视同仁，不要因地位高低、富贵贫贱的差别而有厚此薄彼之举。既不能曲意谄媚，也不能盛气凌人，要做到不卑不亢、亲切自然。

（5）适度原则

适度即程度适当，“度”可理解为儒家思想中的“中庸”。在社会交往中，对待交往对象既不过分冷淡，也不要过于热情；既不卑躬屈膝，也不骄傲自大；既要周到细致，又不琐碎烦人；既遵守礼仪规范，又不刻板呆滞。

（6）灵活原则

灵活即善于随机应变。公共关系礼仪并非是一成不变的，其规则要适应现实生活，适应当时场合的需要。因此，在体现公共关系礼仪灵活性时，要因时、因地、因对象的不同而做到具体问题具体实施，灵活运用，巧妙安排。

14.2 公共关系人员形象礼仪

随着社会的进步、物质生活条件的改善，社会文明程度日益提高，人们对礼仪倍加推崇。在日常社会交往中，第一印象如何往往决定了今后的交往能否顺利、成功，而第一印象的好坏在很大程度上取决于个人的外在形象，而个人的外在形象又往往通过仪容、仪态、服饰等方面确立起来。一个人如果衣着打扮得体、大方，举止稳重、潇洒，仪容整洁、富有魅力，往往能给人留下良好的第一印象，从而使双方的交往有个良好的开端。

14.2.1 仪容

仪容是一种无声的语言，在人际交往的最初阶段，它是影响“第一印象”的最主要因素，直接影响人际交往的效果。整洁、美好的仪容能让人联想到办事认真、踏实，从而赢得公众的信赖，因此，在公共关系实际工作中，要求公共关系人员在社交场合力求做到仪容得体、举止大方。仪容的修饰主要包括以下 3 个方面。

（1）面部修饰

面部是人际交往中关注的焦点，是人真正的“门面”，因此，面部的修饰是仪容修饰中最重要的环节之一。美化面部的基本要求是：端庄、自然、清洁和适当修饰。

男士要注意每天修面剃须，切忌胡子拉碴地参加各种社交活动。男士即使蓄须，也需考虑工作允许，并注重常修剪、讲整洁。男士除非参加登台的演艺活动，一般不宜化妆。女士工作时要化淡妆。淡妆的主要特征是清丽、素雅，具有明晰的立体感，容易给人留下较深的印象。一般情况下，总体宜以淡雅、自然为主，不宜浓妆艳抹；如参加晚间社交活动，则多为浓妆。

（2）头发修饰

在社交场合，对头发修饰的基本要求是发型要朴素大方，头发要勤于梳洗。发型的选择应考虑工作场所、时间、年龄及个性、体貌特征等因素，基本要求是长短适当、风格庄重。就男士而言，要求是前发不要覆额，侧发不能掩耳，后发不能触领，不可以长发披肩或梳起发辫，也不可以剃光头。对女士而言，一般以简约、明快为宜，脸长者不宜头发过短，脸短者则不宜头发过长；身高者可留长发，并可梳理蓬松，个矮者宜剪短发，不可梳理成大发式；肤色偏黑或肤色偏黄者不宜留披肩发。

（3）肢体修饰

人的四肢既是劳动的工具，也是在社交场合展示自我风采和魅力的载体。任何优美的体态语言都离不开四肢的和谐运用，因此，在公共关系礼仪中也应重视对四肢的合理运用。这就要求人们合理地修饰自己的手臂和腿脚，以保持一个良好的整体形象。

14.2.2 仪态

仪态就是人的身体姿态。“站如松、坐如钟、行如风”是我国古人对良好的站、坐、行姿态的规定。体态语言学大师伯德·惠斯戴尔的研究成果表明，在双方的沟通过程中，有65%的形象是通过体态语言来表达的，用优美的体态表现礼仪比用语言更让人感到真实、生动、美好。

（1）良好的站姿

站立是人最基本的姿势，是一种静态的美。对男性的站姿要求为：抬头，目视前方；挺胸，直腰，收腹；肩平，双臂自然下垂；双腿并拢直立，脚尖分呈“V”字形，身体重心放到两脚中间；也可两脚分开，比肩略窄，双手合起，放在腹前或背后。对女性的站姿要求为：双脚要靠拢，膝盖打直，双手握于腹前，面带笑容。

公共关系人员在正式的公共关系活动中不能有双手叉在腰间这类威胁性的动作，也不可以采取双手抱在胸前这种拒绝、防卫性的体态；不可驼背、弓腰，双目不可左右斜视，否则这不仅显得形象猥琐，也可能让对方觉得你心不在焉；不可一肩高一肩低，也不要下意识地做小动作，如玩弄皮带、衣襟等，不要双臂随意摆动，不可双腿不停地抖动。不宜将手插在裤袋里，这些动作使人显得拘谨，给人以缺乏自信和经验的感觉，而且也有失庄重。

（2）良好的坐姿

坐也是一种静态造型。端庄优美的坐姿，会给人以文雅、稳重、自然大方的美感。对男性坐姿的要求为：一般从椅子的左侧入座，后背紧靠椅背，挺直端正；双手舒展或轻握于膝盖上；双脚平行，间隔一个拳头的距离，大腿与小腿成直角。对女性的坐姿要求为：双脚交叉或并拢，双手轻放于膝盖上，嘴微闭，面带微笑，两眼凝视说话对象；轻轻入座，至少坐满椅子的2／3，后背轻靠椅背；对坐谈话时，身体稍向前倾，表示尊重和谦虚；如果长时间端坐，可将两腿交叉重叠，但要注意将两腿向回收；在正式场合，入座时要轻柔和缓，离开时要端庄稳重。

不规范的坐姿是不礼貌的，是缺乏教养的表现。例如，男士坐下后双腿拉开成八字形，将脚伸得很远；女士叠腿呈“4”字形，双腿不停地抖动，甚至鞋跟离开脚跟在晃动；入座后二郎腿翘起，或前俯后仰；将双腿搭在椅子、沙发和桌子上等均为不规范的坐姿。对不规范的坐姿应在平时加以纠正，养成良好的就座姿态。

（3）良好的走姿

良好的走姿应该是四肢协调自如、步履轻盈、平稳，行走成一直线。男士应抬头挺胸，收腹直腰，上体平稳，双肩平齐，目光平视前方，步履稳健大方，步幅以一脚半距离为宜。女士应头部端正，目光柔和，平视前方，上体自然挺直，收腹挺腰，两腿并拢而行，步履匀称自如，步幅以一脚距离为宜，要充分显示女性庄重文雅的温柔之美。

行走时最忌讳内、外八字，前者显得拘谨，后者有放浪形骸之嫌；不可弯腰驼背、摇头晃肩、扭腰摆臀；重心交替要协调；走路时不可以吸烟或把双手插在裤兜里；不可以左顾右盼；不可以无精打采，身体松松垮垮；不可以摆手过快，摆手幅度也不能过大或过小。

14.2.3　服饰

服饰是人的衣着及其所用饰品的统称，是人形体的外延，有遮体御寒、美化人体的作用。公共关系人员在社交场合中的衣着服饰，反映其精神面貌、文化涵养和审美情趣，在一定程度上影响其公共关系活动目标的实现。具体说来，服饰既要自然得体、协调大方，又要遵守某种约定俗成的规范或原则。服饰不但要与个人的具体条件相适应，还必须时刻注意客观环境、场合对人的着装打扮的要求，即着装打扮要优先考虑时间、地点和目的 3 大要素，并努力与其保持协调一致。

1. 服饰穿戴的基本要求

作为个体的每个人其自身的生理（体型、年龄、肤色等）及性格、性别等特征各不相同，服饰的选择也应有所区别。选择服饰应注意扬长避短，要体现出自己的个性特征。同时，在服饰的选择与穿戴时要考虑以下 3 个方面的因素。

（1）时间因素

时间因素是指着装时要根据时间（如一天中的早上、中午、晚上及一年内的春、夏、秋、冬）的变化选择着装。例如，早晨户外运动时，适合穿运动装。

（2）地点因素

地点因素是指根据所处的具体地点、场所、位置和环境等，选择着装也应有所不同。一般来讲，地点因素主要应考虑上班、社交及休闲 3 种情形，上班时着装应当整洁、大方、高雅；社交场所衣着则可适当新潮、个性化一些；休闲时的打扮应以随意，舒适为基准。

（3）目的因素

目的因素是指选择服装时要考虑具体交往对象的需要。一般来说，正式场合应西装革履，但有时简朴的装扮反而会带来更好的效果。例如，政党领导人参加选民活动时，身着便装会显得更亲切友好，更容易赢得选民的信任和好感。

2. 着装礼仪

（1）女士着装礼仪

理想的女士职业装，一般以套裙为主，以一定程度的“中性化”为基础，讲究庄重优雅的格调。

① 服装

女士在正式场合应着典雅大方的套装，以民族性或古典性服装为宜。套装应掌握如何配饰、点缀使其免于死板之感；若是将几组套装作巧妙的搭配穿用，则不仅是现代化的穿着趋势，也是符合经济原则的装扮。职场穿着的基本忌讳：过分鲜艳，过分杂乱，过分暴露，过分紧身，过分透视，过分短小。

② 鞋袜

在社交场合，穿鞋要注意鞋子与衣裙色彩和款式的协调，不可以穿凉鞋、拖鞋等，如布鞋配套裙就不宜在社交场合穿着。女士着裙装时，应配长筒或连裤丝袜，袜口不得短于裙摆边；颜色以肉色或黑色为主，袜子大小松紧要合适；不能穿着挑丝、有洞或缝补过的袜子，也不要当众整理自己的袜子。

③ 饰品

女士佩戴的珠宝饰物一定要美观、大方、得体、雅而不俗，佩戴过多的珠宝饰物会使对方产生相对寒酸的心理。饰品要与佩戴者协调、与其他服装和饰品协调、与佩戴场合协调。如果同时佩戴两件以上的首饰，一般要求要同质同色，如黄金项链搭配黄金戒指，戒指一般带在左手上，拇指和食指一般不带戒指。

（2）男士着装礼仪

男士着装应遵循整洁、稳重、和谐、雅致的原则。

① 服装

男士在一般场合可以穿着便装，即各式外衣、牛仔裤等日常服装；而在商务、政务交往中的正式场合，如典礼、谈判、会议等，通常要求男士穿着西装。西装穿着看似简单，其实也要遵从一定的规范，男士穿着西装有“十忌”：一忌西裤过短或过长（以裤脚盖住皮鞋为基准）；二忌不摘除袖口的商标；三忌衬衫不扎于裤内；四忌不扣衬衫扣子；五忌西服袖子长于衬衫袖子；六忌衣裤袋内鼓鼓囊囊；七忌领带太短（一般以领带盖住皮带扣为宜）；八忌西服配便鞋（休闲鞋、球鞋、旅游鞋、凉鞋等）；九忌穿尼龙丝袜或白色袜子；十忌衣裤皱皱巴巴、污渍斑斑。

② 色彩

男士着装要体现庄重、俊逸，色彩上不求华美、鲜艳，色彩变化上不宜过多，穿西服套装时全身的颜色不能超过 3 个，以免显得轻浮。鞋子、腰带、公文包最好为一个颜色。

黑色为男士着装的首选颜色。

③ 鞋袜

在正式场合中，男士以穿黑色或深棕色皮鞋为宜，娱乐场所男士可以穿白色或浅色皮鞋。男士着装礼服时袜子颜色要与西裤颜色相近，白色的运动袜子不能在正式场合穿着。

④ 帽子与手套

男士佩戴的帽子要整洁、端正，颜色与形状符合自己的年龄与身份。帽子与手套一般应在室外佩戴，与人握手时应脱去手套以示礼貌，向人致意时应取下帽子以示尊重，室内社交场合不要戴帽子和手套。

3. 着装忌讳

公共关系人员在公共关系工作中的着装应注意如下事项。

（1）忌露

公共关系人员不是演艺界人士，工作与外出时，着装不能露出肚脐、脊背等。

（2）忌透

对公共关系人员来说，天气再热，也不能穿着“薄、露、透”的衣服，使内衣、背心等若隐若现，时髦的“透视装”、“内衣外穿”对公共关系人员来说是不可取的。

（3）忌紧

公共关系人员的制服不能过于紧身，让内衣、内裤的轮廓显露出来，这是不文雅也不庄重的，与公共关系人员的身份不符。

（4）忌异

公共关系人员不是时装模特，着装不能新奇古怪，标新立异。

（5）忌乱

公共关系人员在正式场合不能卷袖子，也不能随便敞开扣子，服装颜色不能过多，过乱；衣服不能皱巴巴，又脏又破，都会影响个人和组织的形象。

14.3 公共关系人员语言礼仪

任何社会交际活动都离不开语言这种媒介，语言是社交活动最常见、最普遍的工具形式，是促进人际关系融洽、互相了解、沟通、合作的桥梁。在我国古代，特别是春秋战国时期，谋士说客如云，他们凭着三寸不烂之舌，四方游说，留下许多千古佳话，如三国时诸葛亮舌战群儒。在现代，毛泽东、周恩来、邓小平话语的魅力及影响，更是难以用笔墨形容。在交际活动中，语言作为一种最基本的媒介形式，在很大程度上关系到交际行为的成败，大到“一言兴邦，一言丧邦”，小到“好言一语三冬暖，恶语伤人六月寒”，都说明了语言的特定意义和作用。

在公共关系礼仪活动中，公共关系人员不一定要伶牙俐齿，妙语连珠，但必须具有良好的逻辑思维能力、清晰的语言表达能力，在谈话中保持自己应有的风度，始终以礼待人。这就要求在谈话之中每一名公共关系人员要重视语言能力的训练，让公众在交谈中感到"如坐春风，如浴阳光。"公共关系语言礼仪一般包括口头语言礼仪和体态语礼仪两个方面。

14.3.1 口头语言礼仪

口头语言，也称口语，是公共关系活动中人际交往、交流的重要形式，它是一种明白通畅、生动活泼又不失庄重典雅格调的语言表达活动。公共关系口头语言，是用来传递公共关系信息，为特定公共关系目的服务的语言，它的使用场合非常广泛。

公共关系口头语言由于受到公共关系交际模式和特定公共关系目标的影响，因而要求公共关系人员在日常交往中要根据公共关系活动目的有针对性地选择使用符合公共关系场景的话题和适合公众接受的口头语言；要通情达理，亲切委婉，要真诚地选择一些能够表明理解、谅解对方的语言；根据公共关系双方交谈的内容和环境的变化，迅速地调整口头语言，选择不同的表达手段，灵活应变；借助语言方式和体态语言，加强、提高公共关系口头语言的表达效果。口头语言礼仪一般包括：称呼礼仪、交谈礼仪、电话礼仪、介绍礼仪等4种类型。

公关视角 14.2

实用会话法

日本经营评论家创造了一种"实用会话法"，把说话能力分解为5个因素：语气（S）；用词（W）；内容（I）；情感（E）；技巧（T）。谈话时只要根据5个因素作适当调整，就能获得良好的交谈效果。如对初次见面者，其方程式是：S>I>W>T>E，它表明，初次与对方交谈，最重要是选择恰当的语气（S），其次是谈话的内容（I），之后依次是用语（W）、技巧（T）、情感（E），这5个因素的前后顺序可按其在交谈中所起的作用的大小来确定。

（资料来源：何伶俐．高级商务礼仪指南．北京：企业管理出版社，2003.）

1. 称呼礼仪

称呼即称谓，指的是人们在交往应酬时，用以表示彼此关系的名称用语。不论是在口头语言中，还是在书面语言中，称呼对交往都十分重要，称呼的运用与对待交往对象的态度直接相关，是给对方的第一印象，因此，称呼时不可以马虎大意。在交往中，要注意学习、掌握称呼的方式、原则和通行的做法。

（1）主要称呼方式

① 泛尊称。这种称呼几乎适合于所有的社交场合，对男子一般称“先生”，对女子一般称“夫人”、“小姐”、“女士”。应注意的是，在称呼女子时，要根据其婚姻状况，已婚的女子称“夫人”，未婚的女子称“小姐”，对不知婚否和难以判断的，可以称之为“女士”。

泛尊称可以同人的姓名、姓氏和行业性称呼分别组合在一起，并在正式场合使用。比如，“王先生”、“秘书小姐”等。

公关视角14.3

我国传统礼仪语言中的尊称和谦称

1. 尊称

- 令——“令”有美好之意。令尊、令堂、令郎、令阃、令爱、令兄、令妹等，是对他人父亲、母亲、儿子、妻子、女儿、哥哥、妹妹的尊称。
- 贤——贤内助、贤兄、贤弟、贤婿、贤侄等，但称“贤父”、“贤母”的极为少见。
- 尊——尊容、尊言、尊意、尊口、尊兄、尊大人、尊夫人等。
- 贵——贵姓、贵庚、贵地、贵体、贵校、贵厂、贵公司等。
- 高——高寿、高见、高明等。
- 芳——芳龄、芳名、芳容等，多用于尊称女性。

2. 谦称

- 愚——愚师、愚兄、愚见、愚意等。
- 舍——用于称比自己辈分低和年龄小的亲属，如舍妹、舍弟、舍侄，同“小”的用法有类似之处，如小儿、小婿、小媳、小弟、小侄等。
- 家——家兄、家父、家祖父、家祖母等。
- 鄙——鄙人、鄙职、鄙意等。
- 拙——拙见、拙作、拙刊、拙笔等。

② 职务称。在公务活动中，可以用对方的职务相称。例如，“部长”、“经理”、“处长”、“校长”等。

职务性称呼还可以同泛尊称、姓名、姓氏分别组合在一起使用。例如，“王经理”、“李校长”、“部长先生”等。

③ 职衔称。如果交往对象拥有社会上受尊重的学位、学术性职称、专业技术职称、军

衔和爵位的，可以用“博士”、“教授”、“律师”、“法官”、“将军”、“公爵”等称呼相称。

这些职衔性称呼还可以同姓名、姓氏和泛尊称分别组合在一起使用，例如：“王力教授”、“法官先生”等。

④ 职业称。它是指对不同行业的人士，可以用被称呼者的职业作为称呼。例如，“老师”、“教练”、“警官”、“医生”等。对商界和服务业从业人员，一般约定俗成地按性别不同分别称为“小姐”、“先生”等。

在这些职业称呼前后，还可以同姓名、姓氏分别组合在一起使用。

⑤ 姓名称。在一般性场合，彼此比较熟悉的人之间，可以直接称呼他人的姓名或姓氏。例如，“乔治·史密斯”、“张志刚”等。

中国人为表示亲切，还习惯在被称呼者的姓前面加上“老”、“大”或“小”等字，而免称其名，如“老王”、“小张”。更加亲密者，往往不称其姓，而直呼其名，例如，“志刚”、“卫东”等。

除以上常用的称呼外，在交往中还有以“你”、“您”相称的“代词称”和亲属之间的“亲属称”。社会主义国家和兄弟党之间，人们还以“同志”相称。

公关视角 14.4

中国古人的名、字、号

1. 名

名字是一个人区别于其他人的称号。当代国人一般只有名而无字，名与名字的含义相同；古代中国人名与字有不同的含义和用途。古人幼时取名以供长辈呼唤。

2. 字

字是古人成年后取的别名，与名相表里，又叫“表字”。名和字在意义上一般是有联系的，字往往是名的阐释和补充。例如，诸葛亮字孔明，“亮”与“明”是同义词；岳飞字鹏举，“飞”与“鹏举”意也相近。

另外，还有在家族中依行辈规定的“字辈名”，一般其第一个字是本行辈所固有的。

3. 号

号，亦称别名，是古人在名和字以外的别名，一般为尊称、美称，呼人之号比呼其字更示尊重与客气。例如，陆游，号放翁；范蠡，号陶朱公；秋瑾，号鉴湖女侠。另有一类号叫“诨号”、“混名”，即通常说的“绰号”、“外号”，如梁山好汉中的“智多星”、“豹子头”、“母夜叉”等。

古人在人际交往中，名具有“名以正体”的严肃性，一般用于谦称、卑称。上对下、长对少方可称名。下对上、平辈之间，称字不称号，在一般情况下直呼对方的名，是不礼貌的。字具有“字以表德”之意，或以明志趣，或以表行第，因此，对人称呼常用字，字的使用率大大超过名。名人雅士的号则更是“号为尊其名更为美称焉”，号比字更加尊重、响亮。如孙中山先生，“文”是其名，“逸仙”是字，而“中山”则是号。他的自称是名“文”，而决不会自称“逸仙”或“孙中山”，父兄长辈直呼其名“孙文”理所当然；一般直呼其“孙文”者通常是其政敌，带有咒骂、蔑视之意；称他“逸仙”的往往是其早期的同辈和挚友；特别是辛亥革命以后，人们大都称之为“中山先生”或“孙中山先生”。

（资料来源：林友华. 社交礼仪. 北京：高等教育出版社，2003.）

（2）称呼的原则

① 称呼要看对象。对不同性别的人应使用不同的称呼。例如，对姑娘可以称“小姐”、“小姑娘”，对男士可称呼“先生”、“师傅”等。

对不同亲密关系的人使用不同的称呼。例如，对亲密度很高的人可以称呼其小名、绰号等，对亲密度低的人则不行。

② 称呼要看场合。一般场合，人们使用的都是与其环境相对应的正式称谓。例如，一位姓李的先生，在下级向他汇报工作时称他为“李书记”（官衔），朋友和他交往时称他为“老李”、“李大哥”，年轻的工人在车间里称呼他“李师傅”，妻子在家里称呼他“当家的”。

③ 称呼要与称呼人的身份、地位相称。公共关系人员由于社交活动范围广，称呼必须考虑对方的身份、地位等，并应充分考虑称呼人的场合。例如，在社交场合对一位风度翩翩的男士只能称呼“先生”，而不能按照自己的习惯称呼“大哥”、“兄弟”之类。

（3）称呼禁忌

交往中如称呼不当就会失敬于人，失礼于人，有时还会导致严重的后果。所以一定要注意称呼的禁忌。

① 错误的称呼。它是指称呼对方时，记不起对方的姓名或张冠李戴，叫错对方的姓名，都是极不礼貌的行为，是社交中的大忌。对被称呼者的年龄、辈分、婚否以及同其他人的关系做出错误判断，也会出现错误的称呼，例如将未婚妇女称为“夫人”等。

② 易产生误会的称呼。不论是自称还是称呼他人，都要注意不要使用让对方容易产生误会的称呼。例如，“爱人”，中国人爱把自己的配偶称为“爱人”，而外国人则将“爱人”理解为“婚外恋”中的“第三者”。另外，也不要使用过时的称呼或者不通用的称呼，让对方不知如何理解。

③ 庸俗的带有歧视、侮辱性的称呼。在正式场合，不要使用低级、庸俗的称呼或用绰号作称呼。例如“哥们儿”、“姐们儿”、“石头”等。不论在任何情况下，绝不能使用

歧视性、侮辱性的称呼。例如，“乡下人”、“洋妞”、“老梆子”等。

公关视角14.5

我国古代一些年龄的称谓

花信：二十岁左右女子
弱冠：二十岁男子
壮：三十岁
而立：三十岁左右
强：四十岁
不惑：四十岁
艾：五十岁
知命：五十岁
耆：六十岁
花甲：六十岁
老：七十岁
古稀：七十岁
耋：八十岁
耄：八九十岁
期颐：百岁老人

2. 交谈礼仪

交谈礼仪是指人们在交谈过程中应遵循的礼节和应讲究的仪态等。谈话包括说和听两个方面，无论是说还是听，都要合理地运用眼神和注视。此外，一次愉悦、成功的交谈，还须注意选择话题，对说话内容进行修饰，力求使说话过程轻松愉快。交谈礼仪主要包括以下3个方面的内容。

（1）礼貌

交谈时表情要自然大方，和颜悦色，目视对方，全神贯注，会心、耐心、虚心地聆听，态度诚恳。不要做其他事，以免显出漫不经心、不耐烦之态。

（2）用语

交谈中要用敬语，以表示尊敬和礼貌。对他人有所要求时用“请”、“麻烦”、“劳驾”；对别人提供的方便和帮助用“谢谢”、“给您添麻烦了”来表示感谢；给别人带来了不便，用“多包涵”、“对不起”、“请原谅”来表示歉意；别人表示了歉意，要用“没关系”、“算不了什么”来回答；当别人表示谢意时，可用“别客气”来回答；他人来参观访问，用“欢迎”、“欢迎光临”；有求于别人，用“请多关照”；对不能及时处理的事，应向对方说“请您稍候”、“麻烦您等一下”；对正在等候你的人应说“让您久等了”、“对不起，耽搁您的时间了”；对自己的失误表示歉意时应说“实在很抱歉”；接受吩咐时应说“听明白了”、“清楚了，请您放心”；当没听清楚他人的问话时应说“很对不起，我没听清，请重复一遍好吗?”；当你要打断他人的谈话应说“对不起，我可以占用一下您的时间吗”；道别时说“再见”、“一路平安”、“欢迎再来”等。现在，我国提倡的礼貌用语是 10 个字："您好"、"请"、"谢谢"、"对不起"、"再见"。这 10 个字体现了礼貌用语的基本要求。

公关视角 14.6

目前在我国还有一些常用的礼仪语言

目前我国常用的礼仪语言有：

初次见面说"久仰"；托人办事用"拜托"；
好久不见说"久违"；赞人见解称"高见"；
请人批评说"指教"；看望别人用"拜访"；
请人原谅说"包涵"；宾客来临说"光临"；
央人帮忙说"劳驾"；陪伴朋友用"奉陪"；
求给方便说"借光"；中途先走称"失陪"；
麻烦别人说"打扰"；等候客人称"恭候"；
向人祝贺说"恭喜"；请人勿送用"留步"；
求人解答用"请问"；对方来信称"惠书"；
请人指点用"赐教"；老人年龄称"高寿"。

（3）交谈忌讳

① 忌自我吹嘘，目空一切。

② 忌夸夸其谈、滔滔不绝，面对见解分歧，切忌针锋相对、武断固执、恶语伤人。

③ 忌谈论格调低下的话题和使用粗俗的"垃圾"语言。

④ 忌提及对方不愿提起或易引起伤心的话题，包括对方的生理缺陷。

⑤ 忌随意询问对方婚姻、年龄、收入等，也不可评论对方的宗教信仰。

3. 介绍礼仪

介绍是互相认识、建立沟通的重要方式。在公共关系活动中人们总免不了需要介绍，要么是你为别人介绍，要么是别人为你介绍，要么是自己介绍自己。然而正确的介绍并不是一件容易的事，因为介绍可以说是最为复杂的礼节。在介绍时，你需要知道应如何恰当地称呼双方；你需要了解被介绍双方的身份和地位，以免把介绍的顺序搞错；另外，你还需要知道正确的握手方法，因为双方被介绍认识后总是要互相握手致意的。

（1）自我介绍

在社交活动中，时常需要自我介绍，例如，和陌生人见面、应聘某个职位等。自我介绍的内容通常包括自己的姓名、单位及职业、身份等。在介绍中，应尽可能找出与对方的相似点，以搭建彼此沟通的桥梁。

自我介绍必须注意以下几个问题。

① 要注意介绍内容的繁简

自我介绍时要措辞恰当，简繁适宜。例如，在某些公共场所和一般性社交场合，自己并无与对方深入交往的愿望，这种情况下只需介绍自己的姓名。又如，因公务、工作需要与人交往，那么自我介绍应包括姓名、单位和职务，无职务可介绍从事的具体工作，例如，“我叫李云飞，是盛唐公司的公共关系部经理”。

② 要讲究自我介绍的艺术

自我介绍时，要寻求适当的机会，举止要大方，表情要亲切自然，掌握分寸，言语得体，实事求是、恰如其分地介绍自己。介绍时要充满自信，先向对方点头致意，得到回应后再向对方报出自己的身份，语调要热情友好，充满自信，眼睛要注视对方。

（2）为他人做介绍

① 介绍的顺序

为他人做介绍时，必须遵循“尊者优先了解情况”的规则，先确定双方地位的尊卑，然后先介绍位卑者，后介绍位尊者。具体的礼仪规则有：先将男士介绍给女士；先将年轻者介绍给年长者；先将职位低者介绍给职位高者；先将未婚者介绍给已婚者；先将客人介绍给主人；先将非官方人士介绍给官方人士；先将本国同事介绍给外国同事；先将自己公司的同事介绍给别家公司的同事；先将后到者介绍给先到者。

② 介绍他人的礼仪

当为他人做介绍时，不要用手指指点对方，而要手掌心向上，五指并拢，胳膊向外微伸，斜向被介绍者，向谁介绍，眼睛就要注视谁。

（3）介绍的禁忌

在介绍时，应尽量避免不得体的做法。主人应把主宾介绍给所有其他的宾客，否则是失礼的表现；把应该介绍的宾客遗漏，也是失礼的行为。介绍时切忌用命令的口吻进行介绍，例如，“王先生，来和张先生握握手”。也切勿随便把一个一般交情的人介绍为“我的朋友”，除非你们的亲密友谊众所周知，否则，言外之意就是说另一方不是你的朋友。当你在晚会上想结识某人，而旁边又无人引见时，切忌冒冒失失地去问：“你叫什么名字？”这种行为极为唐突，也很不礼貌。应该首先自报姓名，若仍不能使对方作自我介绍的话，也不必再问，可以事后设法找人打听。

介绍八忌：一忌省略称呼；二忌颠倒介绍的顺序；三忌作重复介绍；四忌只介绍关系而忘了介绍姓名；五忌忘记被介绍双方的姓名和身份；六忌对于双方或一方没有表现出认识兴趣，硬性介绍；七忌带一位有身份的人去见他不屑于认识的人；八忌带客人四处去认识他（她）不认识的客人。

4. 电话礼仪

电话是公共关系人员开展社交活动不可或缺的工具。电话交谈的礼仪包括：拨打电话的礼仪和接听电话的礼仪。

（1）拨打电话的礼仪

公共关系人员在拨打电话时要先作简要的自我介绍，切忌直接问："喂，你是谁？"当拨错号码时，要主动致歉，切忌强词夺理；讲话内容要精练简洁，切忌拖泥带水或东拉西扯；语速快慢要适当，切忌放"连珠炮"或吞吞吐吐。

（2）接听电话的礼仪

接听电话时应铃响即接，服务热情，切忌不理不睬，慢慢吞吞；首句应是问候语（如"您好"），自我介绍，文明礼貌，切忌态度生硬；如果遇到难以答复或待查询事项时，应礼貌地请对方稍等或记下联络方法，随后回复，切忌敷衍了事或让人久等；如果遇到打错的电话，应礼貌说明，切忌冷言恶语；当遇到代转、代接的电话，要慎重热情、及时准确转达，切忌越俎代庖；在接听电话过程中语言要简洁，语调要平实，切忌声嘶力竭或有气无力。

14.3.2 体态语言礼仪

体态语言，也叫动作语言，是指人的一些细微的动作、举止、表情等都反映着内心的思想与感情。体态语言就是通过各种动作、举止、表情向他人表达自己的心理活动、状态及内在情感需求。公共关系人员要有效地进行交流和公共关系活动，就必须借助体态语言，只有口头语言和体态语言紧密配合，才能达到交流和公共关系的目的。体态语言礼仪主要包括眼神礼仪、微笑礼仪和手势语礼仪 3 种类型。

1. 眼神礼仪

眼睛作为"心灵的窗户"能带给人更多的无声语言，它表达着更丰富的情感，是体态语言的重心。

（1）眼神礼仪的基本要求

公共关系工作对眼神礼仪的基本要求是多用平和、平视的目光与人交流，以表达温和、大方、亲切、友好、谦恭、真诚之意。

（2）眼神礼仪注视区域的要求

注视对方的双眼，传递的是全神贯注的神情，是尊重、恭敬、诚恳的表示。一般在问候、聆听、道贺、道别、陈述等情形时使用。注视对方的面部，一般在与公众较长时间交谈时使用，以散点柔视为宜，不要聚焦于一处，这是公务接待时最常见的一种注视。注视对方的全身，一般在与公众相距较远时使用，如演讲。注视对方的局部要根据具体情形而定，如递接物品时应注视于对方的手部，除非特殊需要，不可以注视对方的头、胸、腹、臀或大腿，若是异性，还要特别注意避免对其“禁区”的注视。

（3）眼神礼仪注视角度的要求

正视对方表示对人的尊重和重视，即使对方位置在自己平行一侧，也要侧身转向对方而视。平视对方表示双方地位的平等和本人的不卑不亢。仰视，就是抬头仰望对方，往往给对方以重视、信任之感，但在面对公众或公众身处低处时，仰视者往往会给人以不屑一顾、轻视公众的感受。俯视，就是低头向下俯瞰对方，往往有自高自大、不顾一切之嫌。

（4）眼神礼仪运用的禁忌

运用眼神礼仪时应注意不要斜视，它使人感到受到冷落、轻蔑；不要盯视，它常被人认为是侮辱和嘲弄的表现；不要“眯眼”，它会使人感到含情脉脉，易闹笑话或误会，这在西方是调情的举动；不要扫视，它往往被人认为是挑衅的表现。

2. 微笑礼仪

微笑礼仪是指用不出声的笑来传递信息的表情语言。笑有很多种，有豪爽的开怀大笑、羞涩的嫣然一笑，有憨厚的傻笑、阴险的奸笑，还有令人恐惧的狞笑、难分真伪的皮笑肉不笑，根据人体动作语言学专家的统计，人的笑有80多种。在所有的笑容中，微笑是最具魅力的。微笑可以表示友好、愉悦、欢欣、请求及表示歉意、拒绝和否定。微笑可以调节情绪，消除隔阂，健康身心。

微笑也是公共关系活动中最具魅力的表情语，在大千世界中，人是最美的，在人们千姿百态的言行举止中，微笑是最美的。绝大多数人都喜欢在生活中看到笑脸，与人交往时，微笑是最难以抗拒的。

微笑是社交场合的“通行证”，但是，并非每个笑脸都令人高兴。在使用时要注意真诚、得体，不可以强作欢颜即所谓的“皮笑肉不笑”，以免给人以虚伪之感。特别要注意不能微笑的场合，例如，进入庄严肃穆的场所时、公众对象出现满脸哀愁时、面对具有先天性生理缺陷的人时、某人出了洋相正感尴尬时，微笑的效果会适得其反。

案例链接 14.1

微笑的训练

虽然微笑是发自内心的，但后天的训练非常重要。有人说我没有不高兴啊，可就是笑不出来。对于一些性格内向、羞涩的少男、少女而言，要在脸上经常挂着微笑确实需要一个训练过程。据说，日本航空公司在培养空中小姐时，就要先进行长达几个月的微笑训练。

以下就是几种训练微笑的方法。

（1）情绪记忆法。它是指在训练微笑时应多回忆美好往事，即使遇到不如意、悲伤、辛酸的事情，也要提醒自己"保持笑容"。

（2）他人诱导法。它是指在训练微笑时应面对镜子，听他人讲笑话，同时矫正笑姿，镜中的自己要保持正确的站姿或坐姿。微笑是轻快自然的，切忌矫揉造作、皮笑肉不笑。

（3）发声训练法。它是指在训练微笑时应面对镜子，深呼吸，然后慢慢地吐气，并将嘴角两侧对称往耳根部提拉，发出"1"或"7"的声音。

（4）携带卡片法。它是指在训练微笑时应经常在自己的皮夹中放一张写有"微笑"的卡片，一直携带着它，像一面镜子，随时随地提醒自己保持微笑。

以上只是外部训练的方法，最根本的方法还是培养豁达乐观的性格，积累丰富的学识，以增强自身修养的方法来提高自己的形象气质。

（资料来源：何伶俐. 高级商务礼仪指南. 北京：企业管理出版社，2003.）

3. 手势语礼仪

手势语是通过手和手指的活动来传递信息的体态语，它包括手指语和鼓掌语。

（1）手指语

手指语是指通过手指的不同动作，可以生动活泼地把人的很多想法表示出来，而且比语言表达方式更简洁。不过，在社交场合要注意，不同的国家，同样的手指语表达的意思是不一样的。

"O"形手指语即用拇指和食指组合成圆圈，在美国表示赞同、允许之意，在法国表示"零"或"没有"，在日本表示"钱"，中国也常指"零"。"V"形手指语即将食指和中指组成"V"形，在西方表示胜利的意思，在中国，传统上是表示数字"2"的意思，当然在今天，越来越多的中国人也用这个手势表示胜利、成功之意。拇指语在英国、意大利和新西兰等国表示搭车，在中国表示称赞或欣赏即"顶呱呱"之意。食指语，通常用于在话语中强调某方面的内容，但与人说话时以食指直指对方或在对方的面前晃动食指，往往带有威胁、指责之意。

（2）鼓掌语

鼓掌语可以表示欢迎、致意、感谢、认同、赞赏及反感（即喝倒彩）等诸多意思。

（3）手势语的礼仪要求

手势语要优雅、含蓄和彬彬有礼，手势不宜过多，动作不宜过大，变化不宜过快。切忌"指手画脚"、"手舞足蹈"、"抓头搔耳"及咬指甲、揉衣角、拨弄衣扣、不断用手指抚摸茶杯、桌子等器具，也不要用手指在五官上乱刮，这些手势往往给人以粗俗、缺乏涵养之感。

公关视角 14.7

手的姿势语言

手的姿势语言主要包括以下几个方面的内容。

(1) 成人之间用手轻拍手背、手臂或背部，分别表示默契、理解或安慰。

(2) 手支头部，表示思考或女性需要安慰；手敲头部、以手抱头等表示陷入长久思考；手轻拍额头，表示腼腆、困惑；手抓头发，表示不满、困惑、害羞或痛恨自己。

(3) 用手指或笔敲打桌面、在纸上乱涂抹。这表明不同意对方说法，借此来消除紧张感或不耐烦的情绪。

(4) 用嘴咬指甲，表明此人心理上、个性上尚未完全成熟。

(5) 玩弄物件，如打火机、手帕、头发、首饰等。表明心理紧张或为影响对方说话而故意转移对方视线，或者利用手中玩物提高气势（如将烟灰缸、茶杯等推入对方一边，侵犯对方的人际空间，扩大心理上的势力范围）。

(6) 两手并拢成尖塔形，置于颚下倾听对方讲话，表明镇静或震慑或高傲或自信。

(7) 两手垂于膝前，双手交握，表明宁静或虚心或女性化。

(8) 将手插入裤子或上衣口袋中，是不让对方看破自己内心，警戒心理的表现。

(9) 摊手，有时加上耸肩，表明坦率或无可奈何。

(10) 交叉双腕，表明解决手的放处或防范对方。

(11) 握拳交叉，表明攻击或敌意。

(12) “4”字交叉，表明不安或缺乏自信。

(13) 交叉双臂身子前倾，表明批判地听，多半准备拒绝。

(14) 手摸下颚，表示评价对方的人或所说的话。

(15) 从上到下摸脸，表明为难。

(16) 以手摸鼻，一般交谈时表示怀疑；求人时对方摸鼻，表示准备拒绝。

(17) 交谈时摸耳垂，表示准备插话或厌烦对方。

（资料来源：何伶俐．高级商务礼仪指南．北京：企业管理出版社，2003.）

14.4　公共关系人员活动礼仪

公共关系活动礼仪是指公共关系人员在工作中处理事务所应遵循的礼仪规范。公共关系人员在日常工作中，要注重服饰美、强调语言美、提倡交际美、推崇行为美，培养讲究礼节、注重礼仪的习惯。在比较重要的公务交往中，更要遵守礼节规范。

14.4.1 握手礼仪

握手礼仪是当今世界上通行的交往礼仪，也是人们日常交往中最常使用的一种见面礼。握手礼仪可以表达欢迎、友好、祝贺、感谢、尊重、致歉、慰问、惜别等多重复杂的情感。握手礼仪的基本精神是以一种简单的身体接触，来表达自己的坦诚和信任。

1. 握手方法

握手时，一般是双方面对面站立，相距一步，各伸出右手，掌心向左，拇指张开，四指并拢，上身略向前倾，眼睛注视对方，面带微笑，手掌与地面垂直，手臂自然弯曲，上下轻摇。握手时，应让对方感到你的诚恳与真挚，不要斜视别处或东张西望，更不可与一人握手的同时，与另一人交谈。

握手的方式千差万别，不同的方式体现不同的意义，通过握手，我们可以了解对方的性格、情感状况、待人接物的态度等。

2. 握手礼仪规范

公共关系人员在日常交往中，握手时要遵循以下几个方面的要求。

（1）时间上的要求

初次见面握手时，用时一般不超过 20 秒，老友间握手最长也不应超过 30 秒左右。握手一般不宜轻轻一碰就放下，也不可久握不放。

（2）仪态的要求

男性握手时应脱去手套；握完手，不可当着对方的面擦手；握手时不可以跨着门槛或隔着门槛，握手时不要东张西望，不要用手指捏捏点点，不要用不干净或湿的手去和别人握手，不要用左手去和别人握手。

（3）力度的要求

握手时既不能有气无力，也不能握得太紧。握手的力度太轻，会被别人认为你傲慢冷漠或缺乏诚意；手握得太紧，会被人认为你热情过火，粗鲁轻佻。

（4）次序上的要求

握手时一般遵循先同性后异性、先长辈后晚辈、先已婚者后未婚者、先主人后客人、先贵宾后一般、先职位高者后职位低者的原则。握手时，要体现对女士、长辈、主人、上级的尊重。与女性握手要晚出手（即等女性先伸手）、轻握短时；与长辈、上级或贵宾握手时，也要晚出手（即等对方先伸手）、快趋前、酌情问候，不可久握不放。

14.4.2 递接名片礼仪

名片是现代社会中必不可少的联络手段之一，在公共关系活动中的使用越来越广泛。名片使用的礼仪主要涉及递送名片的礼仪、接受名片的礼仪、交换名片的礼仪 3 个方面。

（1）递送名片的礼仪

递送名片时，双方若是初次见面，相互介绍后即可递上名片。若是比较熟悉的朋友之间，可在告辞的时候递过去。递送名片时，双目正视对方，不可目光游离不定或漫不经心，要使名片正面朝向对方，用双手或右手递送给对方，并说相应的寒暄语，如“请多关照”、“请笑纳”等。

（2）接受名片的礼仪

接受名片时，应起身或欠身，目视对方，恭敬地用双手的拇指和食指接住名片的下方两角，并点头致意；接过后，要认真阅看一下以示敬重和有兴趣，可以说些表示客气的话，如“谢谢”、“深感荣幸”等；看过后，应郑重放入口袋、名片夹或其他适当地方，切不可一眼不看地随手置于一边，也不可随意在手中玩弄。

（3）交换名片的礼仪

交换名片表达了双方愿意交往的意愿。一般是地位低者、晚辈或客人先向地位高者、长辈或主人递上名片，然后再由后者予以回赠。若上级或长辈先递上名片，下级或晚辈也不必谦让，双手礼貌接过，再予以回赠。递、接名片时，如果是单方递、接，应用双手递、双手接；若双方同时交换名片，则应右手递、左手接。

案例链接 14.2

合同泡汤了

美国的《纽约时报》曾有一则生动的报道：“午餐后的商务会议顺利开始了。西装革履的美国公司人员坐在谈判桌的一边，有可能成为他们客户的日本人坐在另一边。在译员进行的冗长的翻译时，美方首席代表思想开小差了。他开始摆弄起日方首席代表的名片，几乎是下意识地把名片拿到嘴边，用名片的尖角上上下下仔细地剔着牙，因为午饭后，他的牙缝中间塞进了饭渣。会议的结果可想而知，合同泡汤了。”

14.4.3 接待、拜访礼仪

接待和拜访是公共关系人员在公共关系活动中的一项经常性的工作。公共关系人员在接待和拜访中的礼仪表现，不仅关系到其本人的形象，而且还涉及其所代表的组织形象。因此，接待礼仪和拜访礼仪历来受到重视。

1. 接待礼仪

（1）接待对等

在接待来宾之前，公共关系人员事先要了解来宾的背景资料，如年龄、性别、身份、来访目的、来访时间长短及其工作内容等，确定迎送规格，并根据背景资料，按照与客人对口、对等的原则，确定级别相当的人员或组织出面迎送。如果由于其他原因，级别相当的人员或组织不能出面，可灵活变通为职位相称者或副职人员代替，但要向客人解释，说明原因，表示歉意。

（2）迎送恭敬

迎接客人时，迎接人员应提前到达飞机场、火车站或轮船码头等候；送别客人时，无论是在门口还是在机场、码头、车站，都要待客人走远或在交通工具启动后挥手道别。送行时接待人员应根据情况或陪同前往，或在客人登机、上车、上船前到达指定地点，如果有仪式则应于仪式前到达。

对来访者，接待人员一般应起身握手相迎，对上级、长者、客户来访，应起身上前迎候。对于同事、员工，除第一次见面外，可不起身相迎。

（3）认真倾听

公共关系人员不能让来访者坐冷板凳。如果自己有事暂不能接待来访者，应安排秘书或其他人员接待客人，不能冷落了来访者；要认真倾听来访者的叙述，组织间的往来是“无事不登三宝殿”的，来访者都是为了谈某些事情而来，因此应尽量让来访者把话说完，并认真倾听。

（4）明确表态

公共关系人员对一时不能回答的问题，要约定一个时间再联系；对能够马上答复的或立即可办理的事，应当场答复，迅速办理，不要让来访者无谓地等待或再次来访。对来访者的意见和观点不要轻率表态，应思考后再答复，这也是对来访者的一种负责任的态度。

（5）礼貌婉拒

公共关系人员对来访者的无理要求或错误意见，应有礼貌地拒绝，不要刺激来访者，避免使其尴尬。

（6）委婉结束

公共关系人员如果要结束接待，可以婉言提出借口，例如，“对不起，我要参加一个会，今天先谈到这儿，好吗?”等，也可用起身的体态语言告诉对方就此结束谈话。

2. 拜访礼仪

（1）约定时间和地点

公共关系人员应事先打电话说明拜访的目的，并约定拜访的时间和地点。不要在客户刚上班、快下班、异常繁忙、正在开重要会议时去拜访，也不要在客户休息和用餐时间去拜访。

（2）做好准备

公共关系人员应事先阅读拜访对象的个人和公司材料，准备拜访时可能用到的材料，注意穿着与仪容，拜访前检查各项携带物是否齐备(名片、笔和记录本、电话本、磁卡或现金、计算器、公司和产品介绍、合同等)，明确谈话主题、思路和话语。

出发前应与客户通电话确认一下，以防临时发生变化；应选好交通路线，算好时间出发，确保提前 5～10 分钟到达；到了客户公司门前，应再次整理着装；如提前到达，不要在被访公司门前溜达。

（3）见面礼仪

公共关系人员进入室内要面带微笑，向接待人员说明身份、拜访对象和目的，从容地等待接待人员将自己引到会客室或受访者的办公室。如果是雨天，不要将雨具带入办公室。在会客室等候时，不要看无关的资料或在纸上涂画。接待人员奉茶时，要表示谢意。等候超过一刻钟，可向接待人员询问有关情况。如果受访者实在脱不开身，则可留下自己的名片和相关资料，请接待人员转交。

（4）会谈礼仪

公共关系人员见到拜访对象后，首先应问候、握手、交换名片；当客户请人奉上茶水或咖啡时，应表示谢意；公关关系人员在与拜访对象会谈时，要注意称呼、遣词用字、语速、语气、语调；会谈过程中，如果没有急事，不能打电话或接电话；要注意观察接待者的举止表情，适可而止，当接待者有不耐烦或为难的表现时，应转换话题或口气；当接待者有结束会见的表示时，应立即起身告辞。

14.4.4 会议礼仪

会议本身是各种人员交流、沟通、认识、了解的场所，会议的交流主要是会议内容本身，而要开好会议则要讲求会务礼仪。

1. 会议准备

（1）会议通知

公共关系人员要根据会议的主题和会议步骤（议程、程序、日程等具体内容），拟定与会人员名单或范围，拟定并及时寄发会议通知。

（2）会场选择

会场应大小适中。会场的地点选择要合理，方便与会人员参加会议。会场内的照明、通风、卫生间、电话、服务、音响等设备要一应俱全。会场附近应设有停车场，便于与会人员交通工具的停放。

（3）会场布置

会场布置的气氛要根据会议的性质来确定，一般有隆重庄严、喜庆热烈、和谐亲切等形式。会场布置时要有相应标语、会标、花卉、彩灯等用以烘托气氛。会场形式要根据会议规模与性质，可以采用圆桌式、方桌式、“口”形式、“U”形式等样式。座次排列，包括主席台座次和其他与会人员座次，可按汉字笔画式、地理位置式、行业系统式等排列。

2. 会议进程

（1）迎接与会人员

根据会议性质规模及参会人员的情况，有关人员要分赴车站、机场、码头迎接与会人员。

（2）生活安排

会务人员要热情引领参会者签到，然后将参会者分送到相应住处并告之会议事项。

（3）会场服务

会场服务如茶水供应、会议记录、接转电话等要由专门人员处理，并遵守会议纪律。

（4）会议结束工作

按照会务预先安排，调派车辆送与会人员离开。

14.4.5 宴请礼仪

宴请是公共关系工作中最常见的交际活动形式之一，宴请是为了达到欢迎、祝贺、答谢、饯行等目的而举行的一种餐饮活动。各个国家和民族往往根据自己的特点与习惯，根据活动的目的、对象以及经费开支等因素举办不同形式的宴会。

1. 宴请的桌次安排

传统中主位的位置，在面向上讲究坐北朝南。由于现代建筑风格的变化或多样化，人们便习惯于把面对门的位置定为主桌，故宴请中主座的位置即面向餐厅正门的位置。

按国际惯例，桌次高低以离主桌位置远近而定，右高左低，有左、中、右之别时，中尊右高左低。桌数较多时，要摆桌次牌，这样既方便宾主，又有利于管理。

宴会可以用圆桌，也可以用长桌或方桌。一桌以上的宴会，桌子之间的距离要适当，各个座位之间也要距离相等。团体宴请中，桌子的排列一般以最前面的或居中的桌子为主桌。只有两桌的小型宴会，可根据餐厅具体情况横排或竖排。

2. 宴请的座位安排

正式宴请，一般均排座位，座位高低以离主宾的座位远近而定，有时也只安排部分客人的座位，其他人只排桌次或自由入座。但要在入席前通知到每一个出席者，现场还要有人引导。

安排次序以礼宾次序为主要依据。我国习惯按宾客本身职务排列，以便交谈和餐饮。假如夫人出席，通常把女方安排在一起，即主宾位于男主人右上方，其夫人坐在女主人右上方。按国外习惯，主桌上男女掺插安排，以女主人为准，主宾在女主人右上方，主宾夫人在男主人右上方。

在具体安排席位时，除根据上述基本规则外，还要充分考虑其他实际情况。例如，客人之间如果关系紧张，安排座位时应尽量避开。而对身份大体相同或从事同一专业者，可安排在一起。

无论采取哪种办法，都要事前通知出席人，使之心中有数，现场要有人引导。排座次的宴请应事先放置桌次牌、座位卡。我国举办宴会时，牌卡的中文在上，外文在下。不需排座次的宴请对座位也要有个大致的安排。

座位安排是公共关系宴请礼仪的一项重要内容。实际工作中不仅宴请要安排，会见、谈判、迎送客人乘车等活动也需要安排符合礼仪规范要求的座位顺序。

14.4.6 商务礼仪

1. 开业典礼

举行开业典礼时，要注重“热烈、隆重、节俭”原则。公共关系人员在安排以下活动时要符合礼仪规范的要求。

（1）场地布置的礼仪规范要求

举行开业典礼的场地一般应设在开业项目的门口。现场布置应表现喜庆感和热烈感。会场应悬挂“××庆典”的会标，会场两边应该摆放来宾赠送的花篮，四周悬挂彩带、灯笼等。大型开业典礼，应配有乐队或号鼓队、欢乐队和花鼓队。

（2）开业典礼发言的礼仪规范要求

开业典礼开始时，由主持人先简短致辞，介绍庆典项目并对来宾表示感谢。然后上级领导和来宾可在会上致辞祝贺。发言前后应播放或演奏乐曲，领导来宾发言后可由鲜花队向发言者献花。

（3）参观座谈的礼仪规范要求

开业典礼完毕，应安排客人参观庆典项目的主要设施。以融洽与同行的关系，也可以与同行进行短时间的座谈，或请来宾在留言簿上签名。

（4）欢送客人的礼仪规范要求

开业典礼结束后，项目领导和员工应站在门口欢送客人离开。还可准备一些印有开业

典礼字样的纪念品，赠送给客人作为纪念

2. 剪彩礼仪

组织的剪彩仪式要达到隆重而又热烈的效果，公共关系人员就要在以下剪彩仪式的环节上按照礼仪规范的要求进行安排。

（1）参加者入座。在这个环节中，应先由工作人员组织其他一般参加者坐好或列队，然后再引导贵宾上主席台就座。

（2）主持人在宣布剪彩仪式开始后，应鼓掌向与会者表示谢意，也可以由主持人向到会者介绍参加剪彩仪式的领导、负责人与知名人士，并向他们表示谢意。

（3）简短发言。在这个环节中，应先由剪彩项目的负责人发言，介绍此次剪彩项目的宗旨等。然后，可安排其他有关部门人员作祝贺性的发言。

（4）剪彩。剪彩者一般由上级领导、社会知名人士或建设者当中的劳模担任。剪彩时，主席台上的工作人员一般要和剪彩者保持1～2米的距离。待剪彩完毕后，剪彩者要转身向四周群众鼓掌致意。

3. 签约礼仪

签约礼仪在商务活动中是一个重要仪式，组织出席签约仪式的人员要在礼仪上注意以下要点。

（1）注意遵守时间

出席签约仪式的人员要按照规定的时间准时到场，不能迟到；仪式尚未完毕，不应擅自离开，如果有紧急事务，应向对方说明并表示歉意。

（2）注意座位的安排

签订协议通常使用长方形、椭圆形或圆形的桌子，宾主相对而坐。在座位的安排上，应以正门为准，主人坐在背对门一侧，客人面向正门；主签人居中，其他人员按礼宾顺序左右排列。

（3）注意谈话礼节

出席签约仪式的人员讲话时要注意留给对方发表意见的机会，要善于聆听对方的谈话，不轻易打断别人的发言。在相互交谈时，应目视对方，以示专心。

（4）注意服饰整洁

出席签约仪式的人员，不管穿何种服装，都应注意整洁和挺括。

思考题

1. 公共关系口头语言的表达要注意哪些基本要求？

2. 在公共关系交往过程中，公共关系人员在握手时应注意些什么？

3. 在公共关系场合，作为主持人或中介人为别人作介绍时，应注意些什么？

4. 礼仪所体现的原则有哪些？其中最重要、最基本的原则是什么？

5. 有人说，人与人交往最重要的是坦率、自然，不必拘泥于形式上的礼仪和规矩，你如何看待这个问题？

案例分析

微笑也要有分寸

某日华灯初上，一家饭店的餐厅里客人满座，服务员来回穿梭于餐桌和厨房之间，一派忙碌气氛。这时，一位服务员跑去向餐厅经理汇报，说客人投诉蛤蜊不新鲜，吃起来有异味。

这位餐厅经理自信颇有处理问题的本领和经验。于是不慌不忙地向投诉的那桌客人走去。正巧那桌的客人是熟主顾张经理，经过向张经理了解情况，餐厅经理得知是张经理请来的香港客人尝了蛤蜊后认为这道菜有异味，是变了质的海鲜，不能吃。餐厅经理马上面带微笑，向张经理进行解释，蛤蜊不是鲜货，虽然味道有些不纯正，但吃了是不会有问题的，希望他和其余客人谅解包涵。

不料此时，在座的那位香港客人突然站起来，用手指着餐厅经理的鼻子大骂起来："你还笑得出来，我们拉肚子怎么办？你应该负责任，为我们配药、支付治疗费。"这突如其来的兴师问罪，使餐厅经理一下子怔住了！他脸上的微笑一下子变成了哭笑不得。但他仍旧微笑着准备再做一些解释。

不料，这次的微笑更加深了那位香港客人的恼火，甚至于流露出想动手的架势，幸亏张经理及时拉拉餐厅经理的衣角，示意他赶快离开现场，否则就难以收场了。

事后，这两次微笑终于使餐厅经理悟出了一些道理来。

分析思考：

1. 上述案例，餐厅经理出现错误的主要原因是什么？

2. 如果作为餐厅经理，你认为应如何做？

参考文献

[1] 丁军强．公共关系原理与实务[M]．修订本．北京：清华大学出版社，2008.

[2] 龚荒．公共关系——原理、实务、案例[M]．北京：清华大学出版社，2009.

[3] 栗玉香．公共关系[M]．第二版．大连：东北财经大学出版社，2005.

[4] 杨丽敏．公共关系理论与实务[M]．北京：科学出版社，2008.

[5] 杜创国．公共关系实用教程[M]．北京：清华大学出版社，2007.

[6] 张希东．公共关系实用教程[M]．北京：清华大学出版社，2008.

[7] 张美清．现代公共关系原理与实务[M]．北京：北京大学出版社，2007.

[8] 刘厚钧．公共关系理论与实务[M]．北京：电子工业出版社，2007.

[9] 何伟祥．公关礼仪[M]．大连：东北财经大学出版社，2005.

[10] 蒋楠．公共关系原理与实务[M]．北京：中国人民大学出版社，2006.

[11] 谢红霞．公共关系原理与实务[M]．大连：东北财经大学出版社，2006.

[12] 崔景茂．新编公共关系教程[M]．第二版．北京：北京大学出版社，2006.

[13] 何伟祥．公共关系原理与实务[M]．第二版．大连：东北财经大学出版社，2006.

[14] 何春晖．中外公关案例宝典[M]．第二版．杭州：浙江大学出版社，2005.

[15] 余明阳．公共关系策划学[M]．北京：首都经济贸易大学出版社，2006.

[16] 林祖华．公共关系学[M]．北京：中国时代经济出版社，2005.